权威・前沿・原创

皮书系列为

“十二五”“十三五”国家重点图书出版规划项目

智库成果出版与传播平台

上海服务“一带一路”建设发展报告（2020）

ANNUAL REPORT ON SHANGHAI'S ROLE IN BRI IMPLEMENTATION (2020)

上海研究院和上海国际问题研究院联合项目组／研创
主　编／陈东晓　赵克斌
副主编／王玉柱　林　盼

社会科学文献出版社
SOCIAL SCIENCES ACADEMIC PRESS (CHINA)

图书在版编目（CIP）数据

上海服务“一带一路”建设发展报告. 2020 / 陈东晓，赵克斌主编. -- 北京：社会科学文献出版社，2020. 12

（上海与“一带一路”蓝皮书）

ISBN 978 - 7 - 5201 - 7493 - 0

Ⅰ. ①上… Ⅱ. ①陈… ②赵… Ⅲ. ①“一带一路” - 国际合作 - 研究报告 - 上海 Ⅳ. ①F125

中国版本图书馆 CIP 数据核字（2020）第 204015 号

上海与“一带一路”蓝皮书

上海服务“一带一路”建设发展报告（2020）

主　　编 / 陈东晓　赵克斌
副 主 编 / 王玉柱　林　盼

出 版 人 / 王利民
责任编辑 / 杨　雪

出　　版 / 社会科学文献出版社 · 城市和绿色发展分社（010）59367143
　　　　　地址：北京市北三环中路甲 29 号院华龙大厦　邮编：100029
　　　　　网址：www. ssap. com. cn
发　　行 / 市场营销中心（010）59367081　59367083
印　　装 / 天津千鹤文化传播有限公司

规　　格 / 开　本：787mm × 1092mm　1/16
　　　　　印　张：19. 25　字　数：289 千字
版　　次 / 2020 年 12 月第 1 版　2020 年 12 月第 1 次印刷
书　　号 / ISBN 978 - 7 - 5201 - 7493 - 0
定　　价 / 128. 00 元

上海与“一带一路”蓝皮书
编　委　会

主要编撰者简介

陈东晓　上海国际问题研究院院长，研究员，博士生导师，中国国际关系学会副会长。毕业于复旦大学国际政治系，法学博士。上海市政协委员，市政协外委会副主任，并担任上海市市长国际企业家咨询会议方顾问，上海市外办及台办咨询专家，市政府决咨委特聘专家，国务院政府特殊津贴专家。主要从事中国外交、中美关系、联合国集体安全机制等领域的研究，曾主持国家社科基金、中外办、外交部、财政部和国台办等数十项课题。2012年入选上海市领军人才。兼任外交部国际经济司咨询专家、东盟地区论坛专家名人小组中方专家、联合国经社理事会可持续发展系统改革（2016）高级别独立顾问组专家。

赵克斌　中国社会科学院科研局副局长，上海研究院常务副院长。毕业于武汉大学图书情报学院，获文学学士学位。曾参与中国社会科学院“百县市经济社会调查”“当代中国城市家庭”“企业保障社会化”“中俄社会变迁比较研究”“中国与中东欧国家的社会变迁比较研究”等重点课题研究。兼任中国社会科学院国情调查与大数据研究中心秘书长等职务。

王玉柱　经济学博士，副研究员。上海国际问题研究院“一带一路”与上海研究中心秘书长，金融贸易研究室主任。主要研究领域：“一带一路”理论与实践、经济体制改革、国际发展经济学。出版专著《德国马克及欧元时代的货币政策》《全球化新阶段与上海改革新征程》《市场秩序演化机制与政府角色研究》。发表于学术期刊及媒体文章逾50篇；曾主持国家社科基金一项，主持和参与财政部、外交部、香港特区政府、上海市政府等政策咨询课题十余项。

林　盼　林盼，复旦大学历史学博士、社会学博士后，现为中国社会科学院经济研究所副研究员。主要研究领域：经济史、政治经济学、产业经济、政企关系等。在《光明日报》《解放日报》《China Daily》《开放时代》《中共党史研究》《中国经济史研究》等报刊上发表文章30多篇。作为核心成员参与中央和地方政府课题多项。曾任中国社会科学院—上海市人民政府上海研究院科研处处长（挂职），担任《中国国际进口博览会发展研究报告》蓝皮书副主编。

摘　要

本书从全球化发展新趋势角度分析了中国外部经济环境的变化，认为中国在未来将面临更多的技术民族主义和关税壁垒的挑战，制度型开放是中国在未来适应全球化新形势的重要手段，上海自贸区新片区的开发正是中国开创制度创新、落实试验性政策的重要抓手，可以发挥新实体经济发展引领和促进产业安全的新角色，促进“一带一路”桥头堡建设。

同时，本书分别从上海国际科创中心建设、“一带一路”建设的企业家精神维度分析上海可以扮演的角色和可能的政策实践创新。报告认为上海国际科创中心对引领“一带一路”桥头堡建设具有积极作用。目前，上海国际科创中心建设正进入方案细化、分工体系优化和绩效强化的阶段，将成为上海服务“一带一路”建设的新的动力源。此外，报告还从市场行为主体角度，分析企业家精神对“一带一路”建设的影响机制，认为上海应发掘其城市精神中的企业家精神内涵，树立榜样，形成价值共振，将利益与理念结合。

本书选取了东盟、非洲和中东欧等三个有代表性的地理区域作为研究对象。三个不同区域正对应上海服务“一带一路”建设的不同发展合作阶段。东盟是体现“一带一路”倡议高质量合作的重要样板。东盟是与上海经贸往来最为密切的“一带一路”沿线地区，并且上海与东盟的交往正从单纯要素往来向制度化合作方向发展。非洲是“一带一路”国际公共产品效应与发展红利外溢的重要体现。本书将上海与非洲“一带一路”合作放置于联合国2030年发展目标和非洲地区工业化的背景下讨论，提出上海服务“一带一路”建设是助力非洲工业化的重要催化剂。中东欧地区是上海服务“一带一路”倡议的潜力地区。本书提出，虽然上海与此地区的经贸合作还处于初级阶段，但中东欧在科创和基础设施方面的潜力与投资空间，将有利于此地区成为上海服务“一带一路”倡议的新热点。

本书还从国家发展阶段属性角度，分别分析上海与新兴经济体和发达经济体之间的发展合作状况。新兴经济体和发达经济体之间的综合平衡是高质量共建“一带一路”的重要发展方向。高质量发展时代，上海需要通过深层次制度开放改革，推动高端生产要素流入。发达经济体是重要的国际伙伴，是推动开放型经济建设和实现“两个市场、两种资源”的重要载体。

2020 年是“一带一路”倡议提出的第七个年头，同时也是全面建成小康社会和上海基本建成“四大中心”之年。上海该如何突围、服务“一带一路”建设、优化布局和提升其可持续发展潜力，该如何创新“一带一路”研究等。这些问题的回答不仅关乎上海的发展，更关乎“一带一路”倡议的长远发展。

目　录

Ⅰ　总报告

Ⅱ　分报告

Ⅲ 专题报告

Ⅳ 数据报告

Ⅴ 大事记

皮书数据库阅读**使用指南**

总 报 告

General Report

B.1
上海服务“一带一路”建设
——自贸区临港新片区制度型开放新探索

陈东晓 王玉柱*

摘 要： 自贸区临港新片区是国家主席习近平于首届国际进口博览会期间提出的重要改革构想，是上海浦东开发三十年后，上海开放型经济建设的新经济地理空间。自贸区临港新片区发展不同于既有自贸区模式，除制度改革领域的可复制和可推广外，在产业发展领域具有其独特性，将承担不可替代的特殊功能经济区角色和改革使命。本文在总结上海全面落实中央交予的“三大任务”的基础上，总结分析2019年上海对外投资贸易的逆势前行现状，回顾自贸区临港新片区改革进展情

* 陈东晓，上海国际问题研究院院长，研究员，博士生导师，中国国际关系学会副会长，研究方向为中美关系、联合国集体安全机制等；王玉柱，上海国际问题研究院副研究员，“一带一路”与上海研究中心秘书长，金融贸易室主任。

况，从而提出全球产业竞争背景下上海服务“一带一路”建设的新使命。

关键词： 制度型开放 自贸区临港新片区 新实体经济

高质量共建“一带一路”以制度型开放为基础，有效的制度开放需立足如下两个层面：一是制度的国际对标与接轨，降低两个市场之间的要素流动制度壁垒，同时，推动制度和相关规则的有效调整和执行效率；二是制度型开放要突出双向互动，通过制度型合作提升市场之间的互融，从全球治理角度探索制度合作。自贸区临港新片区（以下简称“新片区”）承担新时代全局性改革试验重任，是探索我国开放型经济建设空间布局和回应未来产业发展走向的重要改革试验田。新片区是上海改革开放的前沿阵地，借助上海在人才、资本和先进制造业发展等领域的深厚底蕴，通过新型实体产业发展将有助于重新优化我国在世界产业体系中的位置。2019 年是上海全面落实中央交予的“三大任务”之年，是上海探索开放型经济发展的新阶段。上海服务“一带一路”建设取得一系列重要进展，随着改革的持续推进，越来越多的开放型政策实践仍在探索的征途中。

一 2019年上海服务“一带一路”建设成果

（一）全面落实中央交予的“三大任务”

2019 年是上海全面推进落实三项任务，全面探索发挥“一带一路”桥头堡功能建设之年。制度型开放是上海深化改革的主线，围绕全面落实国务院批准的自贸区临港新片区改革试验总体方案，上海市进一步出台完善相关机制，完善重大项目优先布局、重大政策优先使用、重大改革优先试点的“三个优先”政策。2019 年全年，新片区共设立企业 4025 家，重点项目签约168个，总投资821.09亿元。[①] 在上海证券交易所设立科创板市场并试点注册制，上市企业数量不断增加，市值规模不断膨胀。在科创板市场开市一年时间内，上市公司数量为144家，市值约2.8万亿元，[②] 设立科创板的最初目标在于为科创企业提供便捷简化的融资平台支持，通过引导国内外资金合理流向科创部门，提升金融支持科创产业发展的有效性。在中美科技“脱钩”背景下，通过引入国际科创资金和技术，促进科创板平台的功能创新，这是解决当前国内资本市场资金结构性错配困境的重要突破口，亦是上海金融市场深化改革的重要抓手和创新发展方向。长三角一体化战略全面推进，制定并发布了一体化发展纲要，目前长三角地区正处于积极实施阶段。绿色一体化发展示范区在体制机制建设方面取得新成效，重大领域的改革顺利推进。长三角地区在一体化联动发展，通过制度改革全面推进对外开放合作方面正取得阶段性进展。

（二）对外投资贸易逆势前行，开放合作有新突破

受发达国家经济下行压力影响，上海本地企业对欧美出口普遍下滑，但对东南亚等“一带一路”热点区域增速显著。与共建“一带一路”国家贸易增速达到12.1%（如表1所示）。2019年全年上海口岸货物进出口总额84267.9亿元，同比下降1.2%。对欧盟和美国的出口贸易同比分别下降2.6%和10.9%。相比之下，对东盟出口增速达6.7%，这很大程度上是受到中国企业对该区域转移投资形成的出口贸易创造效应影响。同时，上海对外开放质量稳步提升，2019年上海高新技术出口占全市比重达41.2%，进口商品中机电类、高新技术类产品增速也较为显著，分别达到1.7%和8.5%。[③] 2019年全年上海吸收外商直接投资项目6800个，同比增长21.5%，投资合同金融502.53亿美元，同比增长7.1%，共建“一带一路”

---

① 应勇市长在上海市第十五届人民代表大会第三次会议的政府工作报告（2020年），2020年1月29日，http://www.shanghai.gov.cn/nw2/nw2314/nw2319/nw11494/nw12330/nw12336/u21aw1423630.html。

② 新京报：《科创板开市满一年：140家公司上市总市值2.8万亿元》，2020年7月23日。

③ 上海市统计局：《2019年12月进出口商品总额》，2020年1月21日，http://tjj.sh.gov.cn/ydsj54/20200121/0014－1004412.html。

国家在沪投资合同金额占全市比重达 8.2%。上海在吸引外资竞争力方面持续提升。即便受到国际大环境影响，上海在对外文化、教育和旅游领域合作方面的发展仍然取得新进展。2019 年全年接待国际旅游入境人数增长 0.4%（如图 1 所示），入境旅游收入同比增长达 13.6%。企业“走出去”方面，2019 年对外投资项目 845 项，同比增长 6.7%，投资额同比下降 17.1%，对外工程承包金额 125.44 亿美元，增长 5.4%。①

表 1　2019 年上海对主要国家和地区货物进、出口总额及其增长速度

国家和地区	出口额（亿元）	比上年增长（%）	进口额（亿元）	比上年增长（%）
美国	2793.71	-10.9	1735.37	-10.3
欧盟	2370.55	-2.6	4905.14	5.8
东盟	1808.00	6.7	2893.38	14.5
日本	1357.95	-4.2	2351.38	-1.1
中国香港	1411.56	6.8	107.31	-4.8
韩国	485.82	7.1	1236.93	-5.5
中国台湾	700.64	37.4	1435.28	11.3
俄罗斯	187.56	0.1	159.28	4.8
共建“一带一路”国家	3330.00	5.9	4312.80	12.1

资料来源：上海市统计局。

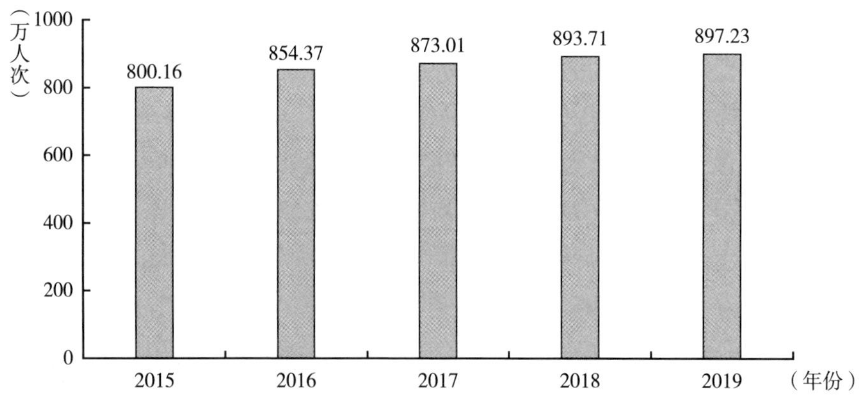

图 1　2015～2019 年国际旅游入境人数

① 相关数据参考《2019 年上海市国民经济和社会发展统计公报》，2020 年 3 月 9 日。

上海在对外开放合作方面不断注重制度创新，注重从国家战略角度，探索与国别之间的“一城一国”合作。2019 年 4 月，李克强总理和新加坡总理李显龙在北京见证签署关于成立上海 – 新加坡全面合作理事会有关谅解备忘录，开启上海与新加坡全面合作的新阶段。2019 年 12 月，中以（上海）创新园开园，成为上海探索科创策源地的重要制度创新。“上海 + 新加坡”“上海 + 以色列”合作模式开创了“一城一国”务实合作之先河。但由于合作仍处于艰难起步阶段，如何推动机制有效运作，实现早期收获，塑造示范效应，是上海探索开放枢纽门户功能的重要创新所在。

二　制度型开放驱动新片区改革

新片区作为特殊功能区，是探索未来中国经济增长机制创新的重要功能载体。生产要素的重新组合能够产生新的增长激励效应。新片区的深层次制度改革将通过制度型壁垒的逐步消除，更好地促进要素流动和培育新的优势生产要素，并通过重新组合形成新型增长机制。

（一）试验型经济政策与上海的改革逻辑

试验型经济政策是政策部门应对知识局限的重要制度创新，能够有效防范未知状态下全局性改革带来的不确定。改革开放以来，中国的经济政策实践总体上遵循了试验型经济政策路线。为避免系统性改革风险，通过小范围试验，逐步推广至其他区域。上海自贸区改革试验即遵循了这样的政策逻辑。当前背景下，国内改革全方位展开，已经初步建立起以国内政策复制和经验推广为导向的国内自贸区体系。

新一轮对外开放进程中，上海的改革功能和角色被赋予深刻内涵。改革开放以来，中央在每一个特殊的历史时期均基于特殊的国际环境和国内发展现状，赋予上海以重要的改革角色。改革开放以来，上海在外资和技术引入方面一直发挥着龙头作用，对当前长三角及周边地区产生深远的辐射和发展拉动。从浦东开放、上海设立自贸区和当前中央交给上海“三大任务”方面来看，上海在发展和改革资源禀赋方面相对其他地区拥有非对称竞争优势。上海改革之于全国发展的引领作用源于历史发展。上海是中国近代工业发祥地，历史上相当长的一段时期内，上海长期发挥中国经济中心功能。

20 世纪九十年代，以浦东开放为先导，上海发挥了长三角地区对外开放的龙头作用，上海产业体系不断健全和完善。尽管相对珠三角等地区，上海的发展曾一度落后，但浦东新区的后来居上，以及长三角地区竞争优势的整体提升使得上海仍然发挥“四个中心”功能。然而，金融危机的发生成为上海产业转型的转折点。受到地租和劳动力成本的影响，上海面临产业“空心化”的发展困扰。一方面，传统劳动密集型产业，尤其是中小规模产业竞争力不断弱化，相当一部分企业为延续经营，不得不转移至长三角及周边地区。这些中小低端产业曾支撑起上海制造业的半壁江山，当前产业淘汰或转移对上海实体产业发展影响颇大。另一方面，上海传统重化工业产业也面临类似的发展困境。

上海产业转型之困境是当前整个国家产业转型困境的体现。如何弥补传统产业转型的产业缺口，推动新兴产业的成长，并且使得这种新兴产业发展更具备市场成长性，上海产业发展的“再实体化”是当前上海发展改革的重任之一。尤其是自贸区新片区的改革需要以未来中国产业发展为导向，在若干产业领域，能够代表中国的产业竞争优势。尽管国内其他省区市在相关领域亦具有较高的发展水准，但上海的发展主导性、产业前沿性和享有的政策优先权限最高。

受政策扁平化的影响，市场机制驱动下生产要素的跨区域流动，使得上海在诸多领域的竞争优势相对减弱。上海在引进外资及所获得的发展溢出方面显著区别于 20 世纪八九十年代的情形。上海的改革试验一方面在探索上海自身发展出路，同时也在回答“中国制造”走向何方的重大命题。试验型经济政策需要新的政策思路，要推动成片改革和联动发展，提升改革的系统性、政策的连贯性和稳定性。上海的改革与全国的改革联成一体，尤其是新片区改革在全局性改革进程中将发挥更为关键性引领角色。

（二）制度型开放与上海自贸区改革机制创新

从2013年上海自贸区改革开始，中国对外资实施准入前国民待遇加负面清单管理制度，意味着在负面清单以外的领域，外资投资主体与国内投资主体享有公平且对等的投资待遇。近年来，负面清单长度持续缩减，2018年底我国已全面实施负面清单投资管理制度，且在证券和保险等金融投资敏感领域推动实质性的对外开放举措，比如，取消外资持股限制等。上海作为全国改革开放排头兵，2018年推出“上海扩大开放100条”举措，开放措施涉及经济发展各个领域，外资独资企业特斯拉汽车落户上海成为新时期中国开放市场的重要风向标。2019年新片区的设立，是一种以制度开放为导向的全方位开放举措“临港50条”对境外人员、跨境资金、金融服务等领域的进一步改革放权，与国际市场全方位接轨。“临港50条”的适用时限为5年，[①] 随着特殊功能经济区建设的推进，新一轮制度开放将陆续推出。

在制度型开放具体实践方面，除市场准入环节外，我国在营商环境塑造等政策领域开展了一系列创新探索。营商环境的改革涉及国内社会经济各领域与国际主流规制的对标和对接。以上海为例，2018年初以来，上海以世行公布的营商环境指标为重要参照，对相关政策和制度进行了一系列有针对性的改革，在2018年底公布的最新排名中，中国营商环境竞争力比上一年上升了32名。在2019年10月公布的《2020年营商环境报告》中，中国排名再次上升15位至第31位。上海在世界银行环境指标构成中占55%的比重，充分体现了上海近年在制度开放和其他诸多领域改革进程中取得的实质性进步。

相比2013年最初上海自贸区的设立，当前国际国内环境发生了重大变化。中国通过设立上海自贸区推动一系列更高标准的改革试验，避免未来竞争中遭遇不利。自贸区设立之初，改革主要基于商事流程、政府职能以及与

---

① 《关于促进中国（上海）自由贸易试验区临港新片区高质量发展实施特殊支持政策的若干意见》中共上海市委、上海市人民政府2019年8月30日发布，并于9月1日实施，实施期限5年。

贸易相关的制度保护建设等。自上海自贸区设立起，已推出一系列改革举措，并复制推广至全国其他地区，目前国内已初步建立起覆盖沿海到内陆的自贸区网状体系，中国在更高标准贸易规制等领域取得了显著的进步。

（三）“五个重要”与新片区制度型开放新探索

新片区的设立作为自贸区改革的升级版，除了注重实体产业基础外，主要通过制度型开放，实现先进生产要素的互动和互补。当前背景下，新片区需要发挥差异化竞争优势，立足高技术和前沿产业，通过开放平台，促进高端生产要素的融合激发创新活力。2008 年金融危机以来，中国通过参与各种多边机制，在全球治理和规制塑造能力不断提升。我国通过 G20、金砖合作机制、“一带一路”高峰论坛、进口博览会等平台机制全方位参与和推动国际经济治理。如何以制度型开放为导向，立足国际国内两个市场两种资源，探索制度型合作和国际规制塑造新路径是当前我国参与全球治理的重要契机。在第二届进口博览会期间，习总书记视察新片区时提出的“五个重要”为新片区发展指明方向，是中国全方位对外开放和主动引领经济全球化健康发展的重要举措。①

“五个重要”的有效实施需要从制度合作层面加以有效破解。第一，作为海外人才国际创新协同的重要基地，上海需要在人才国际化领域增强与世界的开放合作，人才是创新经济发展的高端生产要素，人才流动涉及最复杂的政策层面的对接和协同。第二，在岸和离岸业务的重要枢纽意味着新片区将成为重要的资金枢纽和资本开放新前沿，需要有效破解前期自贸区自由贸易账户等金融创新工具的功能局限问题，是新一轮资本市场开发和金融改革的前沿阵地。第三，作为企业“走出去”的重要跳板，新片区将发挥传统自贸区升级版功能，更好地服务国内企业和资本走向国际市场，以高质量共建为契机，探索构建经济可持续发展的外部经济空间。第四，作为更好地利用两个市场两种资源的重要通道意味着新片区将承载高端生产要素集散的重

① 《“五个重要”为新片区发展指明方向》，《解放日报》2019 年 11 月 13 日。

要功能。同时，作为吸引境外高端生产要素的重要平台，通过吸引和集聚高端生产要素，进一步形成对本地区甚至全国的增长辐射。第五，作为国际经济治理的重要试验田意味着新片区将参与国际规制塑造和国际制度协调，发挥制度合作功能，以服务全球经济治理和推动全球化健康发展为己任，探索制度型开放框架下的机制合作和对接。

三　新片区改革发展现状

自 2019 年 8 月新片区揭牌开始，政策改革的推进速度史无前例，以“开局就是决战、起步就是冲刺”的使命担当，在不到一年的时间内取得了前所未有的成绩。截至 2019 年底，上海市委、市政府为新片区制定的 50 条特殊支持政策已全部落地，从新片区揭牌起，经过近 5 个月的发展，新片区共设立企业 4025 家，共投资超过 821.09 亿元，重点项目 168 个。未来上海将进一步推动新片区在投资、贸易、资金进出、人员从业和信息快捷等方面的流通自由政策落地。[①] 新片区的改革进展表现为如下三个方面：一是改革的全速推进；二是产业项目的全方位落地，关键行业和领域的发展取得重大突破；三是既有改革的全局性架构逐渐成形，改革的系统性、延伸性不断拓展。新片区正形成以高端实体产业发展为基础，以集聚世界一流企业、打造全球高端生产要素配置的核心功能区为发展定位，促进投资贸易自由化和世界有影响力的特殊经济功能区。

（一）新片区的设立及其政策定位

新片区是一块全新的发展功能区域，其最初形态可追溯至洋山深水港的开发建设。2005 年 12 月，洋山港一期工程启用，洋山港的改革功能与早期外高桥自贸区的功能类似，差异之处在于洋山港是国内首个保税港区，发挥

① 应勇：《上海市为临港新片区制定的 50 条特殊支持政策全部落地》，澎湃新闻，2020 年 1 月 20 日。

保税港区功能。在洋山港一期工程用地设立仓储、物流、加工等区域，后来在二期、三期工程中对相应功能区域进行扩大。2013 年 9 月，洋山港区与外高桥保税区、外高桥物流园区和浦东机场一并被纳入自由贸易试验区，总面积为 28. 78 平方公里。自贸区临港新片区提出后，包括洋山港和临港区域总面积 119. 5 平方公里被单独纳入自由贸易试验区。

土地面积的扩大不只是经济体量的扩大，更涉及改革承载功能的重大变革。新片区将成为一片承载先进技术、高端生产制造业和生产要素集聚的特殊功能区域，并且后续扩围空间充裕，还将成为上海自浦东开发以来的新发展引擎和改革动力源。根据计划，新片区要努力实现年均 20% 的 GDP 增速、力争 2035 年总值达 1 万亿元的发展目标，相当于用 16 年的时间再造一个浦东。[①] 新片区的改革需要在总量和质量上实现双重突破。在诸多高端产业领域发挥核心引领角色，打破国际封锁和制裁，服务产业和经济发展安全，解决“卡脖子”之困。

新片区正式挂牌十天后即出台《关于促进中国（上海）自由贸易试验区临港新片区高质量发展实施特殊支持政策的若干意见》（以下简称“临港 50 条”），作为 2019 年 8 月 6 日党中央国务院印发的《中国（上海）自由贸易试验区临港新片区总体方案》（以下简称《方案》）的重要设施意见，二者构成新片区改革试验的总体制度框架。围绕推动核心产业的发展，2019 年 10 月 18 日临港新片区管委会进一步发布《临港新片区发布促进产业发展若干政策和集聚发展集成电路、人工智能、生物医药、航空航天四大重点产业的若干支持措施》（以下简称“1 +4”产业政策）。

2019 年 11 月，习近平总书记在上海调研时提出，上海自贸试验区临港新片区要进行更深层次、更宽领域、更大力度的全方位高水平开放。“要努力成为集聚海内外人才开展国际创新协同的重要基地、统筹发展在岸业务和离岸业务的重要枢纽、企业走出去发展壮大的重要跳板、更好利用两个市场

① 熊鸿军、叶金龙、富立友：《中国（上海）自由贸易试验区临港新片区：历史演进及特征分析》，《国际商务财会》2020 年第 2 期，第 15 ~17、25 页。

两种资源的重要通道、参与国际经济治理的重要试验田，有针对性地进行体制机制创新，强化制度建设，提高经济质量（以下简称‘五个重要’）。”这是继2018年首届中国国际进口博览会期间习总书记提出增设上海新片区一周年后，党中央对新片区功能定位的进一步明确。“五个重要”赋予新片区发挥上海参与“一带一路”桥头堡功能新的政策内涵。

根据国务院2019年8月6日印发的《方案》，新片区在政策定位上不仅延续了传统自由贸易试验区的政策设计，同时也部分借鉴了自由港的政策理念，在制度设计上留有更大的改革试验空间。新片区作为传统自贸区改革试验的升级版，将以制度开放和制度合作为导向，未来将被持续赋予更广的改革功能和更多的改革权限。上海在对外制度开放过程中，一方面围绕对标国际先进制度规则进行相应政策改革，另一方面也将成为“被对标”的对象，成为与诸多发展中国家和地区、国际组织进行政策沟通、协调的世界“会客厅”。

新片区在设立和运作过程中，遵循了分步走的发展战略。根据《方案》，新片区在初始阶段以延续投资和贸易自由化便利化的制度建设为改革主线，探索和建立更高开放度的功能型平台，这一发展目标的时间节点是2025年。但最终的发展目标是到2035年新片区拥有全球高端资源要素配置，发挥产业链枢纽的特殊功能。

新片区拟打造一批更高开放度的功能性平台，集聚一批世界一流企业，区域创造力和竞争力显著增强，经济实力和经济总量大幅度提升。届时将形成更加成熟定型的制度成果，打造全球高端资源要素配置的核心功能，成为我国深度融入经济全球化的重要载体。新片区先行启动区域为119.5平方公里，新片区相当于之前自贸区面积的总和。新片区相对充裕的地理空间可以成为未来重要的高端生产基地，成为国际生产体系分工环节的重要组成部分。

（二）运作体系日益健全

“临港50条”作为《方案》实施的重要细则，是从地方事权角度落实国家战略的具体举措，同时被赋予更多的改革自主权；12 条人才政策举措，针对国内国际人才进行了一系列重大改革；在土地和金融财税领域加大改革，以要素价格市场化形成机制为导向，提升资源要素高效配置。具体包括如下几方面。

一是改革自主权和优先权。新片区管理机构拥有市级和区级管理权限，在诸多领域享有先行先试的优先权。除确需市级机关统一协调管理的事项外，新片区管理机构原则上获得相应管理政策授权。上海市层面的重大改革举措、浦东改革再出发、重大项目（平台、基础设施）等方面可以优先在新片区实施。改革自主权能够提升改革试验灵活性，降低制度协调成本对改革推进的影响。新片区地域范围覆盖浦东新区和奉贤区相关区域，未来这一区域将进一步独立于上海市既有行政区划，进一步发挥特殊功能区功能。本质言之，新片区是继深圳特区、浦东开发和自贸试验区之后的又一里程碑意义的改革试验举措，[①] 实现行政管辖的相对独立是未来持续改革的重要制度保障。

二是海内外人才高地新举措。新片区在人才政策方面进行了一系列改革，一是落户政策更加灵活，服务更加便利。上海户籍制度是影响吸引高端人才的重要阻碍之一，新片区改革有助于从长远优化上海的人才结构问题。人才政策共 12 条，国内国际人才各 6 条，吸引国际人才是新片区的重要政策创新。随着发达国家对华投资和技术输出的结构性调整，如何吸引国际高端人才参与上海国际科创中心建设和服务高端生产制造业发展是新片区改革的重要突破点。此外，新片区还推动人才保障房建设，保障房屋供给，解决外地人才留沪的“老大难”问题。

三是财政金融的政策创新试验。通过财税金融支持科创产业是新片区政策实践的重要举措和创新点。尽管该部分仅为指导性准则，相关政策推动尚处于起步阶段，但该领域的深入改革事关中国资本市场未来发展。新片区跨境金融业务一旦取得有效突破，将助力新片区发挥重要的离岸金融中心功

---

① 熊鸿军、叶金龙、富立友：《中国（上海）自由贸易试验区临港新片区：历史演进及特征分析》，《国际商务财会》2020 年第 2 期，第 15 ~ 17、25 页。

能，使之成为联结国内与国际市场的重要枢纽。对于新片区内的企业境外所募集的资金可自主用于经营投资活动的规定，意味着新片区金融和资本市场开放将进入新时代。新片区在金融领域的开放程度将远高于既有自由贸易区模式。此外，相关产业金融的优惠政策举措，将有助于新片区发展成为科创市场高地。股权和战略性投资平台将有效对接国内外资金，目前相关领域正在加紧细则的制定。

四是土地规划及相关制度改革。新片区建设用地指标单列，允许提高工业用地容积率，推动混合用地改革，提升土地使用的灵活度，降低土地交易刚性成本。尤其是存量土地的收购、转租和再转让，将由园区设立专门的平台化运作，甚至可以土地形式参股相关公司，降低企业成立初期的经营压力。随着国家层面关于用地指标跨区域作价补偿的推进，未来新片区将可以为重点产业发展腾挪出更多的用地储备支持，为高端生产制造业的规模化集聚提供充裕的发展空间。当前背景下，新片区在吸引高端产业入驻的同时，土地供给和配套将成为重要的政策便利化举措。

（三）核心技术领域产业集群体系初步成型

新片区的功能设计实质上超越了自由港的基本功能，其政策设计更加倾向于发挥以高端生产和资源集聚的产业链枢纽功能，同时发挥自由贸易功能。自由贸易试验区是我国探索以推进贸易自由化、深化机制体制改革为主要目的的多功能经济区，是一种“境内关内”的海关监管制度。自由贸易港运用“境内关外”制度，依托港口地理位置优势，是境外资金、货物甚至人员自由进出的特殊监管区。相比之下，新片区兼具二者特征，更强调产业主导特性。根据《方案》，新片区在政策设计后期阶段，充分借鉴了自由港政策设计的若干特征。经过前期的发展累积，临港地区已经形成新能源装备、汽车整车及零部件、船舶关键件等核心主导产业。

“特殊功能经济区”在政策设计上留有巨大空间，是在应对复杂性和不确定问题时给中国经济改革预留的新空间。新片区地域面积相当于之前设立的上海自贸区面积的总和，是未来上海新型产业和先进制造业的重要生产基地，是上海先进制造参与和引领新一轮国际产业分工的重要基地。相比之前自贸区在若干微小领域增强经验复制和推广，新片区在一定程度上具有不可复制和不可推广的特征。其基于实体产业和先进制造业的产业集群，体现了上海在相关领域的竞争优势。尤其是技术、人才和先进生产制造产业体系和系统集成等领域的引领角色需要深厚的工业底蕴和长期的发展积累。

新片区将成为上海重振制造业和引领新型实体产业发展的重要基地。《方案》提出建立以关键核心技术为突破口的前沿产业集群。随着我国相当一部分中低端产业向国际转移，未来需要一些具有核心竞争优势的产业集群实现与转出去产业的联系。根据《方案》，新片区将发挥世界产业体系核心枢纽功能。核心产业枢纽具有不可替代性，通常以高端技术和产业布局为引领，与国际生产网之间形成“中心与外围”的分工关系。以日本产业转型为例，在转移大部分中低端劳动密集型产业后，具有核心竞争力的产业环节和产品类型都保留在国内。尽管日本经济自20世纪90年代以来即长期受到产业“空心化”的冲击，但其核心技术研发和核心产品生产的竞争优势始终无可替代。日本企业与外部投资之间的关系形成了以日本本土为中心的中心外围分工布局体系。

产业政策是新片区发展的核心制度支撑。在“临港50条”基础上，新片区于2019年10月18日发布了“1+4”产业政策。“1”指促进产业发展的16条举措，涉及先进制造业、战略性新兴产业和科创融合等产业促进政策。“4”即四个集聚，围绕集成电路、人工智能产业、生物医药和航空航天四类产业形成以龙头企业为主导的产业集群，增强产业集聚度和产业链抗风险能力。产业政策具有显著的体系性特征，以集成电路为例，10条政策细则涉及集成电路设计、制造、封装测试、设备材料和电子设计自动化（EDA）领域。目前，新片区设立或引入上海人工智能制造基金、集成电路二期基金、集成电路装备材料基金等11个产业基金，覆盖集成电路全产业链。[①] 当前，上海需持续提升新片区产业发展能级，在新型制造、核心部

① 第一财经：《2025年，临港新片区集成电路产业规模力争破千亿》，2020年8月21日。

件、关键性技术和产业领域拥有垄断性竞争优势。这些产业布局将可以借助新片区地理位置优势和政策便利，与国际市场和产业体系实现高频互动。比如，高端芯片、机床和大型成套设备的生产和销售，可以成为链接世界主要产业体系的重要枢纽，通过提供零部件、维修和后期服务配套，发挥新片区在这一领域不可替代的竞争优势。

四　上海服务“一带一路”新挑战及新片区改革新探索

技术“脱钩”及因此形成的市场割裂受到国家间政治和市场主体行为等多重机制的影响。核心技术作为国家竞争力的重要构成因素，是国家行为主体参与国际政治博弈的重要领域。国家需要从竞争力维系和国家利益出发，培育、维系和保护其相应技术竞争力。此外，包括跨国公司在内的市场行为主体是世界产业链布局的主要贡献者，跨国公司需要考虑到既有产业链布局持续性的影响，尽可能推动产业链布局完整可控和内部化，避免国家间政治因素可能导致的“断供”风险及因此对产业体系的破坏。

（一）产业链安全问题与市场主体的发展困境

自20世纪70年代以来，随着跨国公司对外投资的迅速发展，国际分工从产品分工转向产业链分工。尤其是互联网技术的进步和中间品的标准化使得产业链分工成为世界生产的主流范式。产业链分工具有链条状特征，位于上游的高端产品和技术通常掌握在发达国家企业手中。位于下游的组装企业，或者依赖上游技术产品发展的企业，具有较强的可替代性，需要依赖上游技术和顶端产品的供给。较强的替代性意味着，上游高端产品供给与下游若干家企业之间会形成（1→N）具有金字塔形状的供应关系，一旦受到国际政治及其他因素影响，上游企业会对下游相关企业进行“断供”，而使得下游其他企业受益。

尽管自古典经济学以来的市场经济理论都强调分工带来生产效率的提

升，产业链分工是市场收益和分工效率驱动的结果，[①] 但世界市场与民族国家之间向来是一组辩证关系。产业链贸易作为自由市场产物在促进世界增长效率的同时，并未能解决国家间政治因素可能带来的负面冲击。

中国巨大的经济体量孕育了相对完备的产业门类和产业体系。但由于一些高端技术和产品仍然为国际控制，中国产业链在诸多领域仍然存在安全风险。2019 年，中国工程院针对中国产业链安全进行评估，目前 26 个产业门类中，约有 10 类存在安全风险，亦即 40% 左右存在“卡脖子”或者存在无法安全可控的风险。目前，严重“卡脖子”的短板行业包括：集成电路光刻机、通信装备高端芯片、轨道交通装备的轴承和运行控制系统、电力装备产业的燃气轮机热部件、操作系统和工业软件等。[②] 中美贸易摩擦初始，诸多领域的“卡脖子”短板正对公司经营战略产生严峻影响，以美国政府对中兴公司的制裁和惩罚最为典型。后者在相关核心技术产品领域需要完全依赖于前者。除中兴外，类似的巨型中国企业面临类似潜在威胁。一旦上游“断供”或进行技术封锁，将直接关乎企业存亡。

通过增强研发投入提升技术和产品自主供给能力已成为市场主体的重要共识。通过技术和相应环节中间品的自给最直接动力在于解决企业生产成本问题。一般而言，企业推动研发的直接动力在于中长期发展战略下的市场收益因素。[③] 实际上，国内企业在应对外部市场技术垄断时，通过自主研发解决卡脖子技术的努力一直未停息过，举国体制下，国内诸多企业在相关技术领域的“填补空白”都起到产业链供应安全的作用。对于中大型企业而言，它们需要考虑到生产体量对国际市场的冲击及因此可能受到的冲击，企业对于国际政治因素的感知日益增强。特别是大型企业，一旦受到政治因素干

① 杨蕙馨、纪玉俊、吕萍：《产业链纵向关系与分工制度安排的选择及整合》，《中国工业经济》第 9 期，第 16～24 页。

② 21 世纪经济报道：《重磅！中国产业链安全评估：中国制造业产业链 60% 安全可控，光刻机、设计仿真软件存“卡脖子”短板》，2019 年 10 月 16 日。

③ Meredith Wilson. 2019 and the Rise of Technology – Enabled Nationalism［N］. January 16, 2019. https：//emergentriskinternational. com/2019 – and – the – rise – of – technology – enabled – nationalism/.

扰，关键中间品或零部件“断供”都会引发企业生产危机。在中美经济竞赛日益加剧的背景下，产业链安全是更为长久的考量因素，除政策层面引导外，企业技术研发自主性日益增强。越来越多具有科技和资本实力的大企业注重研发投入，这些企业通常具有较好的财力和技术储备，能够通过持续研发投入解决相应技术瓶颈。即便不存在“断供”的领域，企业也开始寻求产品替代方案，比如，国产操作系统、国产芯片和一些关键设备的自我供给。这种研发行为受到国内市场规模和收益前景的激励，中国巨大的市场体量是诸多新技术和新产品成长的重要载体。

（二）上海特殊时期的改革使命

我国通过开放市场促进国内改革。开放为改革提供了重要的外部参照视野，是改革实施的重要依据。改革开放以来，我国先后设立 16 个沿海开放城市以及一系列沿海经济开发区，旨在探索与外部市场的制度和功能对接，同时推进改革试点和在全国范围内的制度推广。开放作为改革的参照和依据，不同城市在不同历史时期发挥着差异化的改革承载功能。深圳特区的设立和浦东开发是中国改革开放的第一波；2008 年金融危机后，应对世界投资和贸易格局变革，国内 18 个自贸区的相继设立是中国深度开放的第二波；以上海新片区和海南自由港为代表的改革是中国开放制度设计的第三波。以此分类标准，每一轮改革都需要具有相应发展和改革能级的城市发挥相应的改革角色。

上海拥有深厚的对外交往文化底蕴，在新中国成立以来的诸多关键性历史时刻，发挥了特殊的对外政治经济交往功能。中美建交前夕，尼克松访华与《中美上海联合公报》的签署见证了上海在中国对外开放进程中所扮演的历史性角色，上海发挥了重要的对外开放桥接功能。20 世纪 90 年代是上海重新发挥其作为经济金融中心功能的起点，浦东开发使得中国开放政策通过长江流域辐射至广阔的内地。上海作为长江经济带的龙头，对包括长三角在内的腹地起到有效的发展拉动作用。

当前背景下，上海需要回答未来中国开放经济格局的新型架构，中国在世界的分工位置及在世界经济中扮演的角色。相比一般意义上的产业竞争，同质性产业之间存在较强的可复制性，产业发展受到成本因素影响较大。上海在土地、劳动力等生产要素成本方面始终存在竞争不利。一旦出现产业的同质化竞争，上海将面临诸多不利。新型实体经济发展方面，自20世纪90年代开始，中国就面临产业结构调整的发展困境。一方面是如何理顺政府主导的产业政策与市场机制下的产业可持续发展问题；另一方面是如何优化产业结构，在降低中低端产业和产能的同时，提升产业技术含量和竞争力。相比之下，高端产业领域具有技术垄断性，其他企业进入的门槛相对较高。产业的同质化竞争和复制面临较高的技术和资本壁垒。上海新片区的产业发展定位即是以高端产业发展为导向，产业具有不可复制性。

新片区产业发展需要突出联结世界产业体系的枢纽型功能，通过构建中国经济发展外部型经济空间的网状分工体系，以“产业网”替代现有链条分工体系，打破单维度线装分工关系受到的外部不确定性冲击带来的可能风险。以系统论视角探索高质量共建“一带一路”的可持续之道。“一带一路”沿线是中国开放型经济的重要外部空间，如何构建与沿线地区的产业网体系，提升经济抗风险能力是高质量共建的重要认识论和实践论。当前，需要从以往单维度产业链建设，朝着共建一个多维度、复合型的产业网方向努力，复合型产业网的形成能够有效降低单一链条断裂所产生的经济风险。系统论视角高质量共建需要将沿线国家和经济体视为重要子系统，通过激活各子系统相应的经济功能，为网状分工创造基础，提升“一带一路”沿线经济发展的“自生能力”，提升其抵抗外部风险的能力。

在方案设计方面，新片区一方面延续原有自贸区改革试验路径，推动制度改革和制度的国际对标；另一方面更加注重新型实体产业基础构建。《方案》提出到2025年建立比较成熟的投资贸易自由化便利化制度体系，推动以投资、贸易、资金、运输、人员从业自由为重点的投资贸易自由化和便利化。这一政策目标设定使得自贸区新片区设立初步具备自由港若干特征，开放集成度甚至更高。此外，制度设计还涉及人员的流动和数据的流动，针对当前境内外数据流动监管的发展困境，进行更深层面的发展改革探索。数据流动涉及复杂的安全监管问题，新片区将试点数据跨境流动的安全评估、数据保护和备份审查等。这些问题的解决将为未来世界数字经济发展提供重要制度支撑，中国在这一改革过程中也将有效推进自身内部改革，回应外界有关质疑。

新片区探索的产业生态具有较强的内生性和产业主导性特征。相关产业发展基于最新科技创新，拥有主导性产业生态，并且在诸多领域已走到世界前列。新片区作为特殊功能经济区，产业发展以新型产业为主导。以临港创新创业带为例，作为新片区的重要组成部分，区域内集中了集成电路、生物医药、航空航天、新能源汽车、智能制造等新兴项目。尽管我国在这些产业领域与世界先进水平仍然存在发展差距，但新的发展优势正在形成，且产业主导性愈发突出。以集成电路产业为例，截至 2019 年 8 月，新片区内已积聚包括中国电子信息产业集团积塔半导体有限公司、上海新昇半导体科技有限公司等在内的 40 多家集成电路企业。未来将形成一个庞大的产业集群，中国巨大的经济体量将成为该类新型产业成长的重要后备支撑。庞大的产业需求通过市场的规模效应能够在较短的周期内收回企业研发投入和降低企业生产成本。市场规模是继产业政策之外，中国新兴产业发展和成长的一个更为重要的发展驱动因素。以新昇半导体为例，能够在投产后迅速实现 28～40 纳米节点，300 毫米大硅片每月安装产能 4.5 万片的生产能力，① 这种产能的实现基于强大的国内市场支撑。通常，我国在大硅片生产领域大多需要依赖国际市场的进口。

（三）新片区功能拓展新探索

当前背景下，需要赋予“桥头堡”功能更丰富的政策内涵，除发挥“走出去”疏导和枢纽功能外，还需要发挥内外资源联动功能，探索内部结构调整和功能优化。借助两种市场、两种资源，发挥科创中心建设的核心引

① 新晟半导体官网：https：//www. zingsemi. com/。

领角色，以新片区科创领域资本市场开放为契机，探索利用境外资本服务国内科创产业发展，引导长三角高质量一体化协同发展。此外，发挥新片区在制度型开放进程中的新型风险防范功能，注重输入型金融风险和国内产业安全，研究网络、数据流动等新领域的风险防范问题。

1.打造以国际科创和新实体产业发展为主导的发展格局

新实体经济是数字经济时代技术创新驱动的新型产业形态，主要表现为产品形态、生产过程和场景适用的创新。新实体经济是中国产业转型的发展方向，是高质量发展的重要体现，是上海探索发挥创新发展先行者角色的重要落脚点。在中美贸易摩擦背景下，科创中心建设具有新的发展内涵。上海需要重新优化“五大中心”功能布局，发挥科创中心的核心引领作用。立足国内市场的技术创新和创新产业化是中国获得大国竞争优势的可持续之道。上海国际科创中心建设要顺势而为，积极对接国际风险资本，引导相关风险资本投入新实体产业。

上海“五大中心”在功能布局上表现为“五龙治水”的分散模式，一定程度上出现“龙多水少”，并未出现“五大中心”建设协同并进的政策设计初衷。新发展动能欠缺和自身产业转型困境客观上导致这一格局的形成。鉴于当前上海产业结构出现的重大变化，“五大中心”建设需以新实体经济发展为基础，发挥科创中心建设核心引领作用，通过科创中心建设协同和引导其他“四大中心”建设；通过发挥科创中心核心引领作用的功能型布局，提升“五大中心”建设的政策发展协同性，发挥科创中心建设的核心引领作用。

先进制造业是新实体经济的重要方面，需以技术创新为支撑。上海需要通过新实体产业和高端制造业的发展改变现有产业结构中的夕阳产业构成，避免汽车、石化、钢铁等重头产业产值下滑对上海稳增长形成挑战。同时，改变当前过度“服务业”化发展现状，在先进生产制造领域形成上海新竞争优势，避免陷入与其他地区同质化竞争的不利局面；金融中心建设需要以服务新实体经济和提升实体经济附加值为归宿，金融服务科创是市场配置资源的有效途径。当前，金融中心建设在服务实体经济和发展提质增效方面的功效尚显不足。过度金融创新和监管缺位甚至诱发一系列金融风险；国际贸易中心发展能级提升需充分融入科创中心建设内涵，突出科创中心建设先导作用。随着新片区的设立，诸多服务高端生产制造的新型服务业的发展和引入是上海贸易中心建设功能创新的重要发展方向。

上海探索科创中心建设在发展新实体经济方面需要有新突破。中国巨大的市场容量充满无限商机，资本市场的进一步开放，将激发越来越多的国外资本流入科创型实体产业。国际发展经验表明，可持续的科创产业发展需充分借助市场机制。科创板注册制试点背景下，宜积极对接国际风险资本，引导相关资本投资上海科创板市场，通过科创板注册制推动资本市场深度开放。进一步探索金融市场与科创中心建设的对接机制，更好地发挥市场主体在创新产业形成过程中的主导作用。

国际科创中心建设是资本市场深度改革和开放的重要契机，科创板市场引入国际资本将有助于提升币值稳定性。在中美贸易摩擦背景下，未来经常账户持续大规模盈余将难以为继，甚至可能会出现一定程度的逆差。当前，研究如何更好地利用境外资本服务国内科创市场，将不仅有助于净化当前科创市场竞争环境，还可通过更多的市场中介主体配置和信息披露，提升科创市场发展的理性和成熟度。同时，国际资本的流入还将有助于捍卫国内金融市场稳定。

与此同时，推动实施降低生活居住成本为导向的人才激励措施，推动人才政策的系统性优化，夯实上海国际科创中心建设之基。高端人才引进政策是科创中心建设的关键和灵魂。上海在相关领域的政策尚显保守，甚至存在缺位状态。目前上海在生活居住成本等领域存在竞争不利。高昂的生活、居住和商务成本不仅影响人才流入量，对人才存量的保有也产生巨大冲击。当前，越来越多的科创人才开始向上海周边地区流出，一旦人才出现集体性流出，将使得科创中心建设失去基础支撑。

上海应积极对标粤港澳大湾区以及深圳和杭州等地的人才政策，出台相关激励措施，弥补吸引人才流入的制度“短板”。推动人才多样化战略，不拘一格降人才，注重吸引工匠型和技术产业化实践型人才。降低居住成本是上海科创中心建设和人才政策的重要任务。上海在住房成本等方面存在明显的竞争劣势，是影响青年科研人才生活和工作的重要成本壁垒。上海尤其需要在住房制度、户籍门槛、其他公共服务配套等领域加强改革探索。

此外，发挥政府主导作用，推动数据开放共享，提升新实体产业生态竞争力。上海将人工智能产业、半导体产业和生命科学产业列为三大核心支柱产业，三大核心支柱产业的发展均离不开数据资源的开放和开发。当前以数字经济为主要内容和特征的新实体经济的进一步发展普遍面临“数据孤岛”效应的困扰，上海需以打破“数据孤岛”为突破口，以政府等公共部门数据开放为先导，有效利用现有公共生产协作平台，进一步探索企业之间的数据共享和互联，探索工业互联网的应用广度和深度，借助西门子公司提供的 MindSphere 等工业互联网平台，引导企业之间进行数字资源协同共享，促进生产流程、产品和技术革新，发挥政策引导功能，进一步探索生产协作、研发和创新的新路径。

2. 促进资本市场改革，驱动长三角一体化协同发展

新片区制度改革将成为长三角一体化发展的新驱动机制。区域一体化能够通过市场规模的扩大，发挥各自所长，促进生产布局优化和推动形成良好的生产分工协作关系，通过生产要素的流动和流通充分激发区域经济发展潜能。区域一体化建设的核心内涵在于促进深层次一体化市场建设，以制度建设为基础和依托，通过生产要素流动壁垒的消除和生产分工体系的优化，发挥市场的规模效应和分工协调效应。区域一体化需要共同的制度平台和政策抓手，需要建立在产业一体化、共同基金投入引导基础上，待市场发展成熟，可实现市场一体化带来的诸多系统集成效应。

在科研等领域向境外资本开放，是上海探索科创中心建设和深化资本市场改革的抓手。在新片区改革方案中，明确提出支持境内外投资者在新片区设立联合创新专项资金，就重大科研项目开展合作，允许相关资金在长三角地区自由使用。这意味着，新片区科创和金融领域的政策改革还将成为驱动和引领长三角一体化高质量发展的重要机制。

（1）面向科研产业创新的资本市场开放是上海金融中心建设的重要契机

上海自贸区自设立以来，在资本市场开放领域已进行了一系列先期探索。以“金改40条”为标志，上海在自由贸易账户、人民币国际化等领域开展了一系列卓有成效的改革探索。2018年以来，上海金融中心对于金融机构市场准入、股东资质、持股比例等方面的限制做了大幅度放开。但受到诸多宏观政策环境和改革路径的影响，既有资本市场开放改革仍受到诸多局限。尤其是考虑到系统性金融风险等因素，我国在资本市场开放进程中始终遵循渐进的改革步伐。

推动金融与新型实体产业的融合是新片区探索创新发展的长效机制。新片区的产业基础和发展路径显著区别于既有自贸区。充分立足实体产业，通过境外金融资本更好地引导国内市场资本流向。未来资本市场进一步开放，需充分考虑到国内实体产业发展、金融市场稳定等方面的权衡。根据方案，新片区将发挥特殊功能经济区作用，新片区的发展建立在新型实体产业基础之上，诸多产业发展代表了科技创新的前沿领域，是科技成果产业化的重要实践平台。新片区方案提出，支持境内投资者在境外发起的私募基金参与新片区创新型科技企业融资，凡符合条件的可在长三角地区投资。

（2）引入境外资本服务新片区科创产业发展的政策思路

面向科创产业创新的资本市场，开放一方面有助于推动资本市场分门别类地有序开放，提升资本市场开放效率，另一方面能够解决监管能力缺乏带来的市场风险。目前我国通过QFII等政策机制向外资开放市场，对于这些机制和渠道的管理已趋向成熟。新片区方案提出，支持境内投资者在境外发起私募基金投资新片区科研项目。这一类基金市场的开放具有目标针对性，对于基金的管理有章可循。相比国内发展历史尚短的科技风投市场，科创基金在科技创新扶持方面缺乏经验，甚至存在很强的投机性。近年来，我国科技产业频繁涌现出的独角兽现象，后来并未得到市场的有效印证，充分说明我国资本市场在驱动科技创新和科技成果产业化方面，经验明显欠缺。

通过国内投资者在境外募集私募基金投资新片区科创市场，是上海探索金融支持实体产业的重要创新路径之一。境外基金尤其是来自欧美的市场基金在推动科技成果产业化方面拥有丰富的经验，能够有效引导国内市场资本实现更优化的资源配置。与此同时，充分挖掘现有政策机制，用足现有政策资源，推动资本市场深层次改革。

（3）引入境外资本服务新片区科创产业和服务长三角一体化创新发展

境外资本流入是探索国内技术市场发展创新的重要模式和路径创新。具体可以在如下方面加强改革探索。

第一，短期内对境内投资者境外募集的资本实施限额管理，在额度上给予足够的空间，参考现有基金管理模式，对用途和流向进行有效监管，以备案监管为主，审批监管为辅。与此同时，推动多方联合监管，从金融安全和风险规避角度，对资金异常流动进行管理和干预。中长期内，可以在科研产业化领域，完全取消境外资本流入额度限制。同时，可以由境外机构在境外市场发起私募基金或公募基金投资国内市场。

第二，探索建立人民币回流新渠道。借鉴现有 QFII 等相对成熟运作机制，未来进一步放开境外人民币资本投资新片区科创市场。作为重要的人民币回流渠道创新，使之成为央行流动性管理的重要政策工具补充，进一步推动资本回流渠道常态化。

第三，研究境外募集基金投资国内科创板市场的路径和监管机制。通过间接投资科创企业，助力科创市场繁荣。国内科创板引入境外资本是未来的重要发展趋势，借助自贸区新片区既有政策，推动和探索离岸人民币资本投资国内科创板市场是重要的政策创新点。

第四，以新片区为基点，进一步探索基金在长三角地区的使用，进一步优化在长三角地区的使用方案和监管操作细则。长三角一体化国家战略是回应国内产业转型、未来中国经济竞争力和中国经济发展走向的重要政策实践。通过资本市场开放服务长三角一体化高质量发展是重要的制度创新。引入境外资本，优先服务长三角地区科创产业发展，能够更好地促进金融资本与实体产业的融合，提升科研成果产业化率。同时有助于在更大范围内进行金融风险的市场监测。

3. 新片区制度型开放风险防范与“桥头堡”功能创新探索

上海作为“一带一路”建设的“桥头堡”，需要针对包括金融安全、产业安全和当前新片区新一轮要素市场开放的系统性改革风险，加强管控和进行相应能力建设。立足开放型经济体系建设进程中的安全风险防范问题，拓展新片区在发挥“一带一路”风险控制功能的政策内涵，弥补政策短板，推动政府在相关领域有新的作为。立足国家经济和产业安全，从全球新一轮产业链重构角度，定位自身在“一带一路”建设中的安全角色，研究和优化核心产业布局，更好地发挥产业链枢纽作用和发挥新一轮产业化发展引领。

第一，上海自贸区建设需要从输入型风险防范角度，拓展和丰富“桥头堡”功能的政策内涵。相对于现行政策实践中“桥头堡”作为对外开放窗口和要素流动通道或枢纽的政策含义，其最初作为一个军事术语，更多地体现在风险防范方面的功能定位。从金融风险控制角度看，充分吸取过往教训，防范资本非常规流出给国内市场可能带来的系统性金融风险；防范资本市场新一轮开放进程可能受到的外部市场冲击。上海市相关政府职能部门需从“桥头堡”风险防范政策内涵出发，对风险类型进行系统分类，研究相应识别机制和政策防范举措。从国家改革全局出发，研究上海在相关事权领域的“短板”，积极争取相关改革权限。

第二，通过服务“一带一路”建设促进国内产业安全。当前，全球正经历产业链重组，在中美贸易摩擦背景下，产业和科技竞争力是大国经济安全的重要内容。上海需要从国家经济安全和未来中国产业竞争力角度，定位自身在全球产业链的位置。上海作为服务“一带一路”建设的“桥头堡”，未来需要将服务“引进来”和“走出去”并重，进一步通过海外优质资源的引入，促进国内供给侧结构性改革，在服务企业“走出去”过程中，加强与国内产业风险相关的预测和预警，避免大规模“走出去”带来进一步经济下行压力的风险。

立足新片区，研究先进制造业的发展路径和改革方向。结合新片区特殊功能经济区政策定位，立足经济安全、产业安全、金融安全及国内“走出去”企业可能遭遇的其他类型风险，从上海发展改革的全局性影响和功能使命出发，总结相关经验和创新型制度设计。研究新片区以及包括上海在内的长三角地区在全球产业链中的位置和政策努力，回应中国制造和产业转型走向何方的问题。研究中国产业竞争力的功能性缺陷，运用新片区改革便利，整合和优化相关要素资源，解决技术产业化发展瓶颈。

第三，提升上海金融中心资金枢纽的金融安全能力建设。上海关键性金融基础设施承载“一带一路”资金流通重任，是新片区金融开放的重要技术支持和平台运行基础。上海服务“一带一路”建设的金融基础设施安全，事关系统性金融风险控制。上海拥有国内最健全的金融要素市场，比如，上海证券交易所、黄金交易所、人民币跨境支付系统（CIPS）、外汇交易所等。这些交易机构与沿线地区的系统性金融风险和经济安全密切相关。上海金融要素市场“走出去”正助力沿线国家和地区建立相关金融交易机制，相关金融设施安全是上海服务“一带一路”沿线资金融通的重要职责和使命。比如，上交所与深交所收购孟加拉国交易所25%的股份，并提供相应的技术改造支持。上交所与深交所、中金所联合收购巴基斯坦证券交易所30%的股权。位于上海的人民币跨境支付系统（CIPS）为越来越多的境外客户提供人民币清算交易。除金融结算和证券交易等关键性金融基础设施外，上海正成为共建“一带一路”国家和地区重要的大宗商品交易中心。位于上海的原油期货交易所正成为“一带一路”新型交易合作平台。在金属铜、液化天然气等其他大宗商品领域，上海正发挥越来越重要的交易枢纽和定价中心角色。

在“走出去”的过程中，上海国际金融中心发挥重要的资金枢纽国家战略功能，为共建“一带一路”国家和地区提供金融服务支持、公共产品和服务设施支持。在网络安全和网络空间政治化背景下，系统重要性金融基础设施的安全防护是上海服务“一带一路”建设的重要领域。上海需要在数据安全、金融监管等领域加强能力建设，探索前瞻性政策设计，增强金融基础设施风险的提前预警和自修复能力，提升服务“一带一路”沿线资金流通的稳定性和便利性。清算交易等关键性金融基础设施的安全维护和风险控制，是上海服务“一带一路”建设的重要功能和职责所在。

分　报　告

Topical Reports

B.2
上海和东盟地区合作机制与模式创新

封帅　郑英琴*

摘　要： 2018~2019年，“一带一路”倡议继续在东盟地区以稳健的节奏持续推进，在全球经济增长普遍放缓，全球化进程不确定因素不断增加的背景下，利用“一带一路”建设的有利条件，中国与东盟国家的经贸合作关系得到了进一步提升，合作机制建设取得了丰硕成果。上海市充分发挥自身优势，确保“一带一路”建设在东盟地区的稳步推进，并且结合东盟地区自身的发展特点，有针对性地与东盟地区关键节点国家新加坡建立起更加紧密的合作关系，不断尝试创建更加有效的合作机制，利用沪新两地合作模式的创新持续释放区域经济发展的潜能，为“一带一路”在东盟地区的扎根与持续成

* 封帅，博士，上海国际问题研究院国际战略研究所副研究员；郑英琴，博士，上海国际问题研究院助理研究员。

长保驾护航。

关键词： 上海　东盟　“一带一路”　新加坡

2018～2019 年，在中国与东盟国家的共同努力下，“一带一路”倡议继续以稳健的节奏在东盟地区持续推进，克服各种困难，不断取得新的建设成果。东盟地区是“21 世纪海上丝绸之路”概念的起点，在经历了 5 年多的成长后，东盟地区的“一带一路”建设逐渐步入稳定深耕的新阶段。在新的发展阶段，很多“一带一路”的早期项目已经取得初步成果，而一些新问题和新挑战也随着倡议的全面推进而逐渐显现。面对新的困难与挑战，中国与东盟国家总体上保持了积极合作势头，推动机制性合作的不断深入，协商解决“一带一路”倡议推进过程中所遇到的各种问题，保证了倡议推进与项目建设行稳致远。

在国家总体规划下，上海市继续积极参与“一带一路”倡议在东盟地区的推进，并且针对东盟地区的部分重点建设区域开展了有针对性的布局，努力将“一带一路”倡议向更深、更广的领域推进。而且随着上海服务“一带一路”建设的持续深入，上海也积极推动与东盟地区的关键节点国家新加坡建立更加紧密的经贸合作关系，在提升互信的基础上不断尝试创造新的合作机制，充分释放区域经济的潜能，不仅为中国与东盟国家的经济合作创造更加有利的条件，而且为“一带一路”在东南亚地区的扎根与持续成长保驾护航。

一　2018～2019年：“一带一路”建设与东盟地区的经济成长

作为沟通亚洲、非洲与大洋洲，联结太平洋与印度洋的重要地理枢纽，东盟地区在全球运输与贸易网络中具有关键作用。同时，东盟地区与我国毗

邻，并且对于我国的改革开放进程产生了重要的影响。在“一带一路”建设全面推进的背景下，东盟地区也同样扮演着不可替代的角色。经过5年的持续推进，“一带一路”倡议在东盟地区经济成长过程中正展现出越来越大的影响力，成为东盟地区发展的重要积极推动力量。

（一）2018～2019年：东盟地区的经济发展状况

2018～2019年，受到各种不确定因素的干扰，世界经济增长普遍放缓。东盟地区经济在2018年虽然出现了一定程度的波动，但总体上仍保持了较快的经济增长速度，东盟各国通过积极的产业结构调整、内部一体化建设和经济转型，继续成为全球经济和贸易最活跃的地区之一。根据联合国贸发组织公布的《2019年世界投资报告》，东盟地区已经成为亚洲范围内除中国之外，国际资本最为青睐的投资目的地。[①] 但从2018年下半年开始，全球经济下行的压力逐渐传导至东盟地区，东盟经济增速开始出现了明显的放缓迹象。

如表1所示，东盟国家在2018年大体上保持了较快的经济增长速度，经济总量超过2.9万亿美元，超过2017年取得的2.77万亿美元，达到历史最高点。作为一个整体的东盟的GDP总量排名世界第五位、亚洲第三位，在全球经济版图中的地位逐步提升。在东盟国家中，印度尼西亚、菲律宾、越南、缅甸、柬埔寨、老挝在2018年都取得5%以上的经济增长速度，柬埔寨、越南两国经济增速更是超过了7%，在全球经济增速中名列前茅。

作为东盟地区最大的经济体，印度尼西亚在2018年继续保持了较好的经济增速，以美元计价的GDP总额再次突破1万亿美元，在亚洲范围内仅次于中、日、印、韩，为亚洲第五大经济体之一，在东盟的经济总量中占比已经超过了30%。在过去10年，印度尼西亚是全球范围内经济平均增速最

---

① 在东盟国家中，新加坡与印度尼西亚是国际资本最为关注的地区，2018年，新加坡吸收外国直接投资776亿美元，同比增长2.5%，而印度尼西亚吸收外国投资220亿美元，同比增加6.8%。具体信息可参考：UNCTAD：World Investment Report 2019，12 June 2019。

表 1　东盟国家 2018 年经济总量及实际增速

国家	2018 年 GDP（亿美元）	2017 年 GDP（亿美元）	本币实际增速（%）
印度尼西亚	10421. 7	10155. 39	5. 17
泰国	5049. 9	4552. 21	4. 13
新加坡	3641. 6	3239. 07	3. 14
马来西亚	3543. 5	3145. 00	4. 72
菲律宾	3309. 1	3135. 99	6. 24
越南	2249. 5	2238. 64	7. 08
缅甸	712. 1	693. 22	6. 20
柬埔寨	245. 7	221. 58	7. 52
老挝	181. 3	168. 53	6. 50
文莱	135. 7	121. 28	0. 05

资料来源：GDP 数据根据 IMF 统计，本币实际增速根据东盟各国官方公布的相关数据归纳而成。

高的国家之一，年均经济增长达到了 5. 7%。而在 2018 年，印度尼西亚国内经济增速也达到了 5. 17%，其中工业增加值 4140. 6 亿美元，失业率为 5. 13%。印度尼西亚经济发展总体保持稳定，已经成为东盟经济成长的稳定器。

2018 年，越南仍然是东盟地区经济增长的“领头羊”。在中美贸易摩擦不断升级的背景下，越南在 2018 年获得了重要的承接产业转移的机会。全年外商直接投资额达到 354. 6 亿美元，投资项目超过 3000 个。同时，越南全年对外贸易总额达到 4820 亿美元，外汇储备首次超过 600 亿美元。2018 年越南实现了 7. 08% 的经济增速，为近十年最高，成为当年全球增速最快的经济体之一。

2018 年，菲律宾也取得了较好的经济增长数据，截至 2018 年第四季度，菲律宾已经连续 15 个季度经济增长率超过 6%，仍然是过去几年内亚洲经济增长最快的经济体之一。但 2018 年菲律宾经济明显进入了减速阶段，6. 2% 的年增长速度不仅是近 3 年来的最低值，也低于年初设定的

6.5%~6.9%的增长目标，且通货膨胀率达十年新高，经济下行压力持续加大。

除此之外，柬埔寨、老挝、缅甸三国在2018年也获得了较快的经济增长速度，其中柬埔寨成为2018年东盟经济增速最快的国家，三国都受惠于“一带一路”框架内的基础设施建设，其经济稳定增长也是“一带一路”建设在东南亚地区推进的重要成果。

东盟经济的另外两个重要引擎泰国和新加坡的经济发展在2018年就呈现出明显的疲态，马来西亚经济增长率的下滑也非常明显。

作为东盟第二大经济体，泰国近年来一直受困于国内政局动荡的干扰，经济增长速度始终难以恢复曾经的高速增长阶段，这也造成了泰国在东盟内部的经济总量占比不断下滑。在2018年，泰国经济增长率达到4.13%，为过去5年来最好的成绩，泰国经济已逐步走出困境，但由于国内政治稳定问题始终没有彻底解决，经济发展的不确定风险仍然存在。

新加坡2018年经济增长率为3.14%，增速较2017年出现了明显下滑，这种下行趋势在2019年上半年更加明显。作为东盟地区最重要的国际贸易枢纽，新加坡经济发展对于全球贸易的依赖更加严重，在全球贸易冲突加剧的大背景下，国际贸易和金融稳定受到冲击，投资者信心也受到严重影响。由于外部环境短期内难以发生根本调整，新加坡经济的下行压力很大。

在2018年，马来西亚政局出现了重大调整，经济增长速度仅达到4.7%，不仅低于2017年，也是近5年来较低的垫底增速。外部因素是影响马来西亚经济增长最关键的问题之一，由于出口放缓，整体增长动力不足，经济下行风险较大。

总的来说，经过十年的成长，东盟国家经济总量几乎翻倍，在国际经济版图上的地位越发重要。而在东盟内部，印度尼西亚继续保持着东盟最大经济体的地位，而越南、老挝、缅甸、柬埔寨等陆上东盟国家所占比重明显上升。在这些经济板块消长的背后，“一带一路”倡议在该地区的推进发挥了重要的影响。在2018年已经渐露苗头的经济下行压力在2019年得到进一步释放，东盟国家在2019年的经济增长势头普遍放缓。其中回落速度较快的新加坡在2019年第二季度经济增速仅为0.1%，经济形势不容乐观。寻找新的有利的外部条件，为地区经济发展注入新的动力，对于东盟国家来说甚为关键，这也将成为“一带一路”倡议进一步在东盟地区拓展的重要契机。

（二）2018~2019年：中国与东盟地区经贸关系的进一步提升

商务部数据显示，2018年我国对外贸易额为30.51万亿元，折合4.62万亿美元，同比增长12.6%，其中出口总额2.48万亿美元，增长9.9%，进口2.14万亿美元，增长15.8%。贸易顺差为3517.6亿美元，收窄16.2%。[①] 我国继续保持全球货物贸易总额第一大国的地位，且全年贸易额再创历史新高。

受中美贸易摩擦带来的投资和贸易转移效应影响，中国与共建“一带一路”国家的经贸关系得到了迅速提升，客观上促使东盟国家在中国对外贸易体系中的地位获得了空前提升。

中国与东盟双边贸易额在2018年再创历史纪录。中国海关数据统计显示，2018年中国与东盟国家双边贸易额已经达到5878.7亿美元，同比增长14.1%，在贸易结构中，中方出口总额为3192.4亿美元，同比增长14.2%，中方进口额则为2686.3亿美元，同比增长13.8%，所有数据在中国主要贸易伙伴中几乎都是增速最快的。

如表2所示，在中国前20大贸易伙伴中，东盟国家独占六席，其中越南、马来西亚两国与中国的双边贸易额都在2018年突破了1000亿美元整数关口。相对于东盟国家的经济规模，如此高的贸易额充分显示中国与东盟国家日益紧密的经贸和产业链互动关系，东盟地区在中国对外经贸版图的位置仍将持续上升。

---

① 商务部网站：《进出口简要情况》，http：//www.mofcom.gov.cn/article/tongjiziliao/cf/201902/20190202832959.shtml。

表 2　2018 年中国对外贸易基本状况

单位：亿美元，%

序号	国家或地区	贸易总额	同比增幅	中国进口	同比增幅	中国出口	同比增幅
	中国对外贸易总额	4.62 万	12.6	2.14 万	15.8	2.48 万	9.9
	与“一带一路”沿线国家贸易总额	1.3 万	16.3	5631	23.9	7047	10.9
	欧盟总额	6822	10.6	2371	9.2	4451	10.6
	东盟总额	5878	14.1	2686	13.8	3192	14.1
1	美国	6335	8.5	1552	0.8	4784	11.3
2	日本	3277	8.1	1806	9.0	1470	7.1
3	韩国	3134	11.8	2046	15.3	1088	5.9
4	德国	1839	9.4	1063	9.7	775.4	9.0
5	澳大利亚	1531	12.2	1057	11.3	473	14.2
6	越南	1478	21.2	639	27	839	17.1
7	巴西	1113	26.7	776	31.8	337	16.3
8	马来西亚	1086	12.9	632	16.1	454	8.8
9	俄罗斯	1071	27.1	592	39.4	479	9.1
10	印度	955	13.2	188	15.2	767	12.7
11	泰国	875	9.2	446	7.3	429	11.3
12	荷兰	852	8.6	123	9.4	728	8.5
13	新加坡	828	4.4	337	-1.5	491	9.0
14	英国	804	1.8	239	7.0	565	-0.3
15	印度尼西亚	774	22.1	342	19.6	432	24.3
	……						
20	菲律宾	557	8.5	206	7.2	351	9.3

资料来源：根据中国海关统计数据核算，https：//www.coowor.com/news/view/20190522161213JLHO.html。

截至 2018 年底，中国已经连续 10 年成为东盟最大贸易伙伴，而东盟连续 8 年成为中国第三大贸易伙伴。在全球贸易格局的调整与变化中，东盟国家与中国的经贸纽带更加牢固，经济依存度进一步提升。

目前，中国与东盟成员国之间的贸易增长趋势仍在延续，据 2019 年 1~6 月的统计数据，中国与东盟国家的双边贸易额在 2019 年上半年达 2918.5 亿美元，同比增长 4.2%，按照实时数据，东盟已经超过美国成为

2019 年上半年我国第二大贸易伙伴。

另外，中国与东盟国家的双边投资也出现了较好的增长态势。据统计，2018 年，中国对东盟国家的非金融类直接投资流量为 99.5 亿美元，同比增长 5.1%，增幅较往年明显提升。同时，东盟国家全年对华投资 57.2 亿美元，同比增长 12.5%。截至 2018 年底，中国和东盟双向累计投资额达 2057.1 亿美元，其中，中国对东盟各成员国累计投资额已达 890.1 亿美元，东盟对华累计投资额则更高，达到了 1167 亿美元，双方双向投资存量在过去的 15 年时间里增长了 22 倍。东盟国家已经成为中国第二大对外投资目的地，特别是新加坡成为中国资本开展海外投资的重要中转站。同时，东盟国家也已经是中国第三大投资来源地。双方均受益于“一带一路”倡议的持续推进，各种投资便利化安排为双方企业在对方区域内投资建厂提供了有效的协助，为区域经济一体化进程提供了充足的动力。

（三）2018～2019年：东盟国家深度参与“一带一路”合作框架建设

经过 5 年多时间的建设，2018 年以来，中国与东盟国家在“一带一路”框架内的合作项目逐渐进入早期收获阶段。基础设施项目的建设与商业投资项目的逐渐成形，东盟国家开始享受到“一带一路”建设的切实成果，这也促使东盟国家继续深度参与到合作框架的建设中来，支持“一带一路”倡议在东盟地区的推进。

东盟国家在政府层面始终支持“一带一路”倡议在本地区的推进，在东盟国家分别与中国签署双边共建“一带一路”合作文件后，中国与作为一个整体的东盟又围绕着“一带一路”倡议与《东盟共同愿景 2025》《东盟互联互通总体规划 2025》等发展议程的对接等方面达成了一致意见。中国和东盟围绕着“一带一路”倡议的合作正不断走向深入，逐步从政治意愿落实为现实。东盟国家参与“一带一路”框架的主动性在不断增强。

2019 年 4 月 27 日，第二届“一带一路”国际合作高峰论坛在北京举行，东盟十国均派出了由国家元首或政府首脑率领的高级别代表团前来参会，与中国领导人相聚于北京，共同探讨如何在“一带一路”框架内进一步深化。在最后公布的成果清单中，论坛达成了六大类283项成果，企业签署了总额640多亿美元的合作协议，其中，中国与东盟国家的合作成果成为高峰论坛成果的重要组成部分。

如表3所示，东盟国家已经成为“一带一路”建设非常重要的合作伙伴，不仅表现在中国与东盟国家之间日益增长的经贸联系，同时也表现在中国企业在印度尼西亚、柬埔寨、缅甸、马来西亚等国的建设项目所取得的重要成果。中国在东盟地区的项目建设已经为东盟国家带来了切实的成效，成为东盟国家保持经济发展的重要动力。

表3　第二届“一带一路”国际合作高峰论坛涉东盟国家部分成果清单

类别	涉及部门	成果内容
政府层面合作倡议	中国政府 老挝政府	签署交通运输领域合作文件，签署科学、技术和创新领域的合作协定
	中国海关总署 新加坡等国相关管理机构	发起设立“一带一路”海关信息交换和共享平台，共建原产地电子联网
签署的双多边合作文件	中国国家发改委 老挝计划投资部	签署中老经济走廊合作文件
	中国国家发改委 缅甸计划与财政部	签署中缅经济走廊合作规划
	中国国家发改委 印度尼西亚海洋统筹部	签署关于区域综合经济走廊建设的合作规划
	中国国家发改委 新加坡贸易与工业部	签署关于加强第三方市场合作实施框架的谅解备忘录
	中国农村农业部 柬埔寨农林渔业部 缅甸农业部 菲律宾农业部 泰国农业部 越南农业和农村发展部 其他国家管理部门	共同发布《促进“一带一路”合作　共同推动建立农药产品质量标准的合作意向声明》
	中国国家监委 菲律宾反腐败机构 泰国反腐败机构	签署合作谅解备忘录

续表

类别	涉及部门	成果内容
签署的双多边合作文件	中国商务部 越南工贸部	签署关于设立贸易畅通工作组的谅解备忘录
	中国商务部 越南工贸部	签署关于 2019～2023 年合作计划的谅解备忘录
	中国商务部 缅甸投资和对外经济关系部	签署关于编制中缅经贸合作五年发展规划的谅解备忘录
	中国财政部 马来西亚证券监督委员会	签署审计监管合作文件，加强跨境审计监管合作
在高峰论坛框架下建立的多边合作平台	中国与新加坡等 13 个国家 33 个交通和海关等机构、重要港口企业、港务管理局和码头运营商	共同成立"海上丝绸之路"港口合作机制并发布《海丝港口合作宁波倡议》
	中国与新加坡等有关国家和地区主要金融机构	共同签署《"一带一路"绿色投资原则》
	中国与老挝、越南等国家会计准则制定机构	共同建立"一带一路"会计准则合作机制并发起《"一带一路"国家关于加强会计准则合作的倡议》
	中国生态环境部与柬埔寨、老挝、缅甸、新加坡等 25 个国家环境部门，以及联合国环境署、联合国工业发展组织、联合国欧洲经济委员会等国际组织，研究机构和企业	共同启动"一带一路"绿色发展国际联盟
	中国国家知识产权局与老挝科技部、新加坡知识产权局、马来西亚知识产权局、泰国商务部知识产权厅等 49 个共建"一带一路"国家的知识产权机构	共同发布《关于进一步推进"一带一路"国家知识产权务实合作的联合声明》
	中国与老挝、缅甸、柬埔寨等 28 个国家	建立"一带一路"能源合作伙伴关系
	中国国际贸易促进委员会、中国国际商会与新加坡、马来西亚、缅甸等 30 多个国家和地区的商协会、法律服务机构	共同发起成立国际商事争端预防与解决组织
	中国科学院与联合国教科文组织、泰国科技发展署等 37 家共建"一带一路"国家的科研机构和国际组织	共同发起成立"一带一路"国际科学组织联盟
	中国国家图书馆与新加坡、文莱等 26 个国家和地区的图书馆	共同成立丝绸之路国际图书馆联盟，并通过《丝绸之路国际图书馆联盟成都倡议》

续表

类别	涉及部门	成果内容
在高峰论坛框架下建立的多边合作平台	中国美术馆与越南等 18 个国家的 21 家美术馆和重点美术机构	共同成立丝绸之路国际美术馆联盟
	中国有关智库与印度尼西亚战略与国际问题研究中心、新加坡国立大学东亚研究所等智库	共同发起成立“一带一路”国际智库合作委员会
投资类项目及项目清单	中国国家发改委与柬埔寨、老挝、菲律宾等国有关部门	签署产能与投资合作重点项目清单
	中国国家发改委 缅甸计划与财政部	签署中缅经济走廊早期收获项目清单
	中国国家发改委 泰国交通部 老挝公共工程与运输部	签署政府间合作建设廊开 - 万象铁路连接线的合作备忘录
	中国交通建设集团有限公司 马来西亚投资促进局	签署关于加强东海岸铁路产业园、基础设施、物流中心以及沿线开发合作的谅解备忘录
	中国中铁股份有限公司、缅甸交通与通信部	中铁公司向缅甸方面递交木姐至曼德勒铁路项目可行性研究报告（技术部分）
	中国投资有限责任公司	投资新加坡樟宜机场投资平台、同江大桥、越南南定电厂、亚太地区可再生能源项目等项目
融资类项目	中国国家开发银行与柬埔寨等国有关机构	签署公路、矿产、电力等领域项目贷款协议
	中国进出口银行 柬埔寨经济财政部	签署公路项目贷款协议
中外地方政府和企业开展的合作项目	涉东盟国家项目	柬埔寨西港特区产业升级及社会发展合作项目 缅甸曼德勒市政交通基础设施提升改造项目 泰国等东南亚国家工厂项目 在印度尼西亚开展红土镍矿生产电池级镍化学品（硫酸镍晶体）（5 万吨镍/年）项目

资料来源：《第二届“一带一路”国际合作高峰论坛成果清单》，新华网，http://www.xinhuanet.com//world/2019-04/28/c_1124425293.htm。

基础设施建设的成果也为中国与东盟国家更加深入地交往提供了有效途径。2018 年，中国与东盟国家的人员交往更为密切，双方因各种原因入境人数已达 5700 万人次，每周有近 4000 个航班在中国和东盟各国之间往返穿梭，形成了流畅的交通网络。经过双方的共同努力，特别是在 2017

年“中国－东盟旅游合作年”活动的有力推动下，东盟国家已经成为中国重要的旅游目的地，新加坡、马来西亚、泰国、柬埔寨、越南和印度尼西亚都在中国旅游产业中享有重要地位，中国也成为上述六国最大的游客来源国。

作为民心相通的重要组成部分，中国与东盟国家间创设了“中国－东盟教育交流周”合作平台。中国高校先后在东盟地区设立三所全日制教育机构，分别为老挝苏州大学、云南财经大学曼谷商学院、厦门大学马来西亚分校，为东盟国家培养了大量相关专业人才。截至2017年底，中国与东盟国家互派留学生总人数已经超过22万人次，其中东盟国家在华留学生达9.5万人次，中国在东盟国家留学生12.87万人次。中国针对东盟地区设立了30多个教育培训中心，涵盖商务会展、文化艺术、金融财税、新能源、农业、电力等诸多领域。并且与东盟国家签署了多项教育交流合作协议，与泰国、菲律宾、马来西亚、越南签署了互相承认学历协议。

随着第二届“一带一路”国际合作高峰论坛的成功举行，高质量发展成为新阶段“一带一路”建设的新主题，作为“一带一路”倡议重要的深耕区域之一，东盟地区在“一带一路”建设的整体架构中发挥着重要作用。中国和东盟各国领导人在政治层面的紧密沟通和有效的顶层设计，保证了中国与东盟国家围绕着“一带一路”倡议的建设与合作行稳致远，通过多层次的机制架构建设，中国与东盟地区其他区域合作机制实现了良性互动。东盟国家自身对于建设项目的投入也不断增加，双方的理解与互信日益紧密。在可预见的未来，中国与东盟国家将在“一带一路”倡议的助力下，建立更加密切的经济纽带、政治合作与人文纽带，为建立更紧密的双、多边合作关系奠定坚实的基础。

二　2018～2019年：上海服务东盟地区“一带一路”建设的总体概况

2018～2019年，上海市在深入总结建设经验的基础上，按照《行动方案》所提出的各项举措，充分发挥综合优势，以上海自贸试验区为制度创新载体，以经贸合作为突破口，以金融服务为支撑，以基础设施建设为重点，以人文交流和人才培训为纽带，以同全球友城和跨国公司合作为切入点，继续深度参与“一带一路”建设，并且在多个领域取得了重要成果。

作为上海最重要的经贸伙伴之一，东盟地区在上海参与“一带一路”建设过程中发挥着举足轻重的作用。多年来上海通过加强同东南亚国家之间的多层次联系，全面推进在东盟地区的全方位合作，充分发挥上海作为中国改革开放的排头兵作用，努力在东盟地区打响“上海品牌”。

（一）2018～2019年：上海与东盟地区的经贸关系继续深化

2018 年，上海对外贸易领域继续保持稳定增长的态势，在全球经贸摩擦的大背景下，上海充分挖掘自身发展潜能，以深化改革作为推动经济发展的核心动力，实现了在对外贸易领域的平稳增长。

根据中国海关统计，2018 年上海全市累计进出口总额 34009.93 亿元，同比增长 5.4951%，其中上海出口额为 13666.85 亿元，同比增长 4.2%；进口额为 20343.08 亿元，同比增长 6.4%，继续保持健康稳定增长的势头。

综合 2018 年全年数据来看，作为一个整体的东盟地区在 2018 年仍然保持了上海第三大贸易伙伴的地位，但贸易额相比 2017 年出现了小幅下跌，由 2017 年的 4237.7 亿元下降到 4221.94 亿元，同比下降 0.37%（见表 4），占上海进出口总额的 12.4%，相对于日本仍保持着明显优势，稳坐上海第三大贸易伙伴的位置。欧盟仍是上海最大的贸易伙伴，全年双边贸易额创纪录地达到了 7068.48 亿元，同比增长 3.7%，占上海进出口总额的 20.78%。美国在 2018 年仍保持了上海第二大贸易伙伴的位置，双边贸易额为 5069.61 亿元，同比下降 2.873%，占全市进出口总额的 14.9%。上海与日本的双边贸易额在 2018 年获得了较大增长，达到 3795.18 亿元，同比增长 7.38%，占上海进出口总额比重为 11.15%，继续保持上海第四大贸易伙伴地位。

表 4　2018 年上海与东盟国家双边贸易情况

单位：亿元，%

国家	进出口总额	增长率	上海出口	增长率	上海进口	增长率
马来西亚	1033.94	1.42	281.5387	12.86	752.40	-2.29
新加坡	905.1123	-18.11	457.3875	-8.13	447.7249	-26.30
泰国	676.4315	10.39	282.849	13.92	393.5824	7.99
越南	665.9404	6.52	237.3725	2.77	428.5679	8.72
印度尼西亚	479.0691	4.09	227.8644	24.17	251.2046	-9.22
菲律宾	348.2303	5.31	137.1817	7.34	211.0486	4.03
柬埔寨	56.9006	40.45	26.366	11.53	30.5346	80.97
缅甸	36.6265	17.54	30.0866	14.41	6.5399	34.46
文莱	14.9336	143.06	13.5832	161.86	1.3503	41.15
老挝	4.7561	-24.23	1.8295	-11.15	2.9266	-30.62
东盟总计	4221.94	-0.37	1696.06	6.33	2525.88	-4.40

资料来源：上海海关 2018 年度统计数据。

如表 4 所示，2018 年上海向东盟国家的出口数额同比增长 6.33%，达到了 1696.06 亿元，但进口额同比下降了 4.40%，为 2525.88 亿元。从国别来看，在 2018 年，马来西亚取代新加坡成为上海在东盟地区的最大贸易伙伴，同时马来西亚、新加坡两国与上海市的双边贸易额在 1000 亿元上下浮动，不仅与其他东盟国家拉开了明显差距，也成为上海在共建“一带一路”国家中排名前两位的贸易伙伴。在马来西亚、新加坡两国之后，泰国、越南、印度尼西亚和菲律宾四国也都保持着很高的贸易额，前两国与上海的双边贸易额都超过了 500 亿元，而且上述四国与上海的双边贸易在“一带一路”倡议的持续推进中保持着继续增长的态势。柬埔寨、缅甸、文莱和老挝四国由于国家经济体量的限制，与上海的双边贸易额均未超过 60 亿元，但除老挝出现明显下降趋势外，各国与上海的双边贸易额增长势头迅猛，同其他地区类似经济体量的国家相比，仍然占据明显优势。无论从存量还是增量来看，东盟地区在上海对外贸易中所占的地位都是越来越重要。如表 5 所示，在 2018 年上海与共建“一带一路”国家贸易额排序中，排名前七位的国家中，东盟国家占六席，充分体现了该地区在上海参与“一带一路”建设中的关键地位。

表5　2018年上海与“一带一路”沿线国家双边贸易额排名

单位：亿元

排名	国家	双边贸易额	排名	国家	双边贸易额
1	马来西亚	1033.94	6	印度尼西亚	479.07
2	新加坡	905.11	7	菲律宾	348.23
3	泰国	676.43	8	俄罗斯	339.14
4	越南	665.94	9	南非	281.72
5	印度	614.63	10	斯洛伐克	211.78

资料来源：上海海关2018年12月公布的年度上海贸易数据。

进入2019年后，东盟地区在上海开展对外贸易的版图上的位置变得更加重要。上海海关2019年1～5月的数据显示，上海与东盟的双边贸易额达到3265.5亿元，同比增长6.5%，已经超越同期上海与美国的双边贸易额，在2019年底东盟成为上海第二大贸易伙伴的可能性很大。在可以预见的未来，随着上海与东盟国家在“一带一路”框架内的各种重点合作机制建设的推进，东盟国家与上海的经贸合作会更加紧密，东盟国家在上海经济发展进程中所发挥的作用也将进一步提升。

（二）2018～2019年：上海企业积极在东盟地区投资布局

除了紧密的经贸关系之外，东盟地区也是上海企业“走出去”的首选区域。对于上海企业而言，东盟具有很多其他地区不可替代的优势。从区位优势来看，东盟地区地处太平洋与印度洋的交汇点，是连接亚洲、非洲和大洋洲的重要十字路口，并且是全球海洋和航空运输的枢纽区域，区域优势明显。从资源禀赋来看，东盟地区是全球人口密集地之一，大部分国家劳动力人口充足，教育水平较高，受过良好的专业训练，且国民收入低于世界平均水平，劳动力成本较低。同时区域内自然资源丰富，经济发展势头良好。从区域政策来看，东盟国家支持自由贸易，东盟地区积极推动内部的自由贸易区建设，推动投资和贸易的自由化，并且积极尝试与周边国家签署各种层次的自由贸易协定，对于外部投资较为友好。

在"一带一路"倡议的推动下，中国企业对外投资总体上保持了合理增长的态势，对企业自身发展和投资对象国的经济成长发挥积极作用。2018年，中国企业在共建"一带一路"国家的非金融类直接投资达到156.4亿美元，同比增长8.9%，占中企境外投资总额的13%，东盟国家是中企最为重要的投资目的地。在这一过程中，上海企业充分发挥"上海品牌"的影响力，借助各种有利条件，积极在东盟地区投资布局，取得了丰硕的成果。

如图1所示，由于国家对于企业境外投资的合规性管理加强，2017年上海市企业境外投资规模出现了明显下降。但进入2018年以后，随着跨国投资管理规范的进一步明确，政策方面的积极向好，上海企业的境外投资活动再次形成增长态势。根据上海市商务委统计，2018年上海企业境外投资备案/核准项目为792项，同比增长30%，其中备案/核准项目中方投资额168.7亿美元，同比增长57.03%，中国企业全年实际投资额为130.35亿美元，同比增长5.46%。

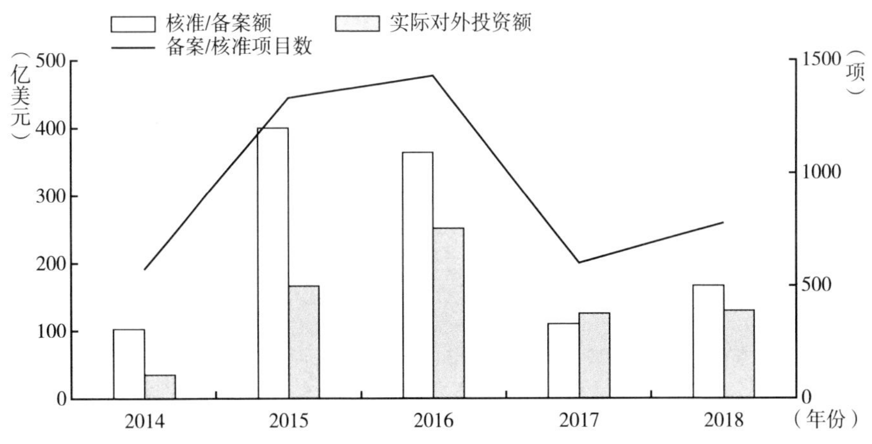

图1　2014～2018年上海对外投资额与投资项目数

资料来源：上海市商务委员会：《上海对外投资合作年度发展报告（2019年）》，第13页。

数据显示，上海企业在共建“一带一路”国家的投资也出现了明显增长，而在共建“一带一路”国家内，上海企业对于东盟地区的投资潜力最为看好。2017 年，上海对共建“一带一路”国家总投资额的备案额是 12.9 亿美元，占全市对外投资总额的比重为 1/10 左右。其中对东盟的投资额达到 11.3 亿美元，占共建“一带一路”国家总投资额将近 90%。到 2018 年，上海在共建“一带一路”国家非金融类直接投资已经增长为 29 亿美元，占全市境外投资的 17.4%，其中对东盟地区的投资额为 20.76 亿美元，占全年共建“一带一路”国家投资总额的 70% 以上。2018 年上海企业对共建“一带一路”国家的投资主要集中于以新加坡、印度尼西亚、泰国为代表的东盟国家。特别是在承包工程方面，对东盟地区的投资额长期超过总投资的 2/3，东盟市场已成为上海市大型承包工程类国企的重要利润来源地。①

2018~2019 年，很多上海企业在东盟地区经济建设过程中扮演着重要的角色，有效带动了投资对象国的经济发展和基础设施建设，并形成地区工业化的系统性发展效应。例如，经过中企与投资对象国的共同努力，上海鼎信投资（集团）有限公司投资建设的中国印度尼西亚综合工业园区青山园区已经成为印度尼西亚钢铁产业发展的重要一环。目前该项目已实现投资 40.3 亿美元，所建发电厂装机容量综合 220 万千瓦，园区码头年吞吐量达到 3500 万吨，年产不锈钢达 300 万吨，该项目的建设投产使得印度尼西亚的不锈钢产量从零提升到世界第二位，2017 年，园区内企业销售收入 26.1 亿美元，2018 年收入已超过 55 亿美元。青山园区雇用本地员工比例约 82%，直接创造就业岗位 2.6 万多个，间接创造就业岗位超过 5 万个，为当地经济发展做出重要贡献。同时，在园区建设过程中，园区所用发电设备、港口设备、冶炼设备等全部机电设备和钢结构厂房 100% 从中国进口，通过产业链的拓展和网状布局，有效地带动了相关的上下游产业共同发展，使中

① 参见上海市商务委员会《上海对外投资合作年度发展报告（2019 年）》，第 23 页。

国企业获得了可观利润，成为一个中外“双赢”的典型案例。[①]

上海建工在东盟地区的发展过程中代表了中国企业另外一条发展路径，作为上海最重要的基础设施建设企业之一，上海建工在几十年的发展过程中积累了丰富的建设经验，借助“一带一路”倡议在东盟地区有序推进的良好发展势头，上海建工积极在东盟国家打响“上海品牌”。以柬埔寨为例，上海建工目前几乎承揽了该国大型基础设施建设数量的50%左右，目前建设重心正在从城市外围和城市间基础设施向城市内部基础设施项目转移，为中国和东盟国家间的设施联通建设做出了重要贡献。在承包工程建设的同时，上海建工还积极在东盟国家开展社会服务工作，推进民心相通，为上海企业在东盟地区的长期发展做好准备。在上海建工承建的项目中，企业主动适应当地文化风俗，努力改善员工的生活与工作条件，并且积极帮助周边社区提升就业、医疗和教育水平，推动当地居民分享经济发展成果，做好民心相通工作。除在本地做好社区服务工作之外，上海建工还积极组织各种教育与培训工作，截至2018年底，共组织8期“一带一路”基础设施人才培训班，邀请相关国家和地区的项目关联方到上海考察、交流培训，并参观上海建工的各种建设项目，增强当地员工对于上海和企业的了解，并进一步提升其工作能力，取得了良好的效果。[②]

除此之外，东盟国家对于基础设施建设的积极性很高，且对于外部投资的需求逐年提升。所有这些都构成了对上海企业参与东盟地区“一带一路”建设的巨大吸引力，很多上海企业已在东盟地区积极布局，不仅使得企业和投资对象国实现了合作共赢，也为上海服务“一带一路”建设的“桥头堡”作用的发挥提供了强有力支撑。

（三）2018～2019年：以深化改革促进东盟地区“一带一路”建设

作为中国改革开放的排头兵，上海在2018～2019年继续积极推动深化

① 相关项目信息可参见 http://www.decent-china.com/index.php/index/info/index? cid=21。

② 相关项目信息可参见 http://www.chinca.org/CICA/info/19042514383611。

改革，以各种有力措施探索高质量发展的新路，并且以深化改革的各项成果为抓手，进一步促进东盟地区“一带一路”建设，充分释放改革红利，为上海和东盟国家各方面合作提供新的动力。

第一，继续拓展人民币跨境支付系统为“一带一路”倡议在东盟地区的推进提供服务。

作为人民币跨境支付系统（CIPS）的运营机构，在上海注册成立的跨境银行间支付清算有限责任公司自2015年以来，在中国人民银行的监督和指导下，为境内外金融机构提供人民币跨境支付清算服务、数据处理服务和信息技术服务。

2018~2019年，CIPS的参与者继续保持增长的态势，截至2019年10月末，CIPS间接参与者共870家，其中亚洲671家（境内379家）、欧洲104家、非洲35家、北美洲26家、大洋洲18家、南美洲16家，覆盖全球91个国家和地区。在所有的间接参与者中，东盟地区的间接参与者约占全球机构总数的40%，是“一带一路”沿线最重要的拓展区域。东盟是中国开展货币金融合作基础最好的地区之一，随着“一带一路”建设的持续推进，东盟国家开始更多使用人民币作为货币进行交易。人民币更多地作为区域内中介货币的存在，将为人民币国际化进程提供有利条件。东盟具有成为人民币国际化的先行区的潜力，而CIPS建设不仅将为“一带一路”建设提供有力的金融支持，而且能够推动人民币国际化进程在东盟地区的拓展。

第二，充分利用上海自贸区优势推动“一带一路”建设。

上海自由贸易试验区以新发展理念为指导，坚持高质量发展方向，对标国际高水平自由贸易园区建设，已经成为当前引领上海新一轮改革的标志性成果。2018年全年总计有361家企业通过了上海自贸试验区进行对外投资合作核准备案，企业对外投资总额达到116.72亿美元，占2018年上海对外新增投资总额的69.18%，同比涨幅达150.38%。上海自贸区建设5年以来，开放程度稳步提升，已经成为上海企业对外投资的重要窗口。随着自贸区范围的扩大以及政策的进一步完善和优化，上海自贸区已经成为“一带一路”制度建设的重要平台，发挥了有力的辐射带动作用。

截至2018年底，浦东新区企业在新加坡等30个国家已投资近200个项目，中方投资额达46.8亿美元。[①] 其中东盟国家是相关企业投资的重点区域。此外，作为自贸区金融改革的重要成果，自由贸易账户业务为各类主体在“一带一路”沿线投资提供了更多的便利。2018年12月19日，在中国人民银行的指导下，《自由贸易账户业务同业操作指引（第一批试行）》正式发布，为自贸区内账户结算提供了官方层面的明确规范。截至2018年底，十个东盟国家的不同类型主体通过自由贸易账户产生跨境收支业务，目前东盟地区已经成为“一带一路”沿线最重要的客户区域之一，为上海服务东盟地区“一带一路”建设提供了便利。

第三，中国国际进口博览会助力东盟国家参与“一带一路”建设。

从2018年起，中国国际进口博览会确定落户上海，为上海服务“一带一路”建设提供了重要的新平台。作为上海最重要的地区经贸合作伙伴之一，东盟国家和企业充分利用了这一新兴平台，为本国深度参与“一带一路”建设创造了更好的条件。

作为中国重要的进口来源国之一，东盟国家和企业积极参与了迄今为止的两届进口博览会活动，为进口博览会的顺利召开提供了重要支持。印度尼西亚、越南被选为第一届进口博览会主宾国，而泰国、柬埔寨则作为第二届进口博览会主宾国参加了相关活动。东盟各国企业也积极利用进口博览会召开的有利时机，积极参与进口博览会框架内的各种活动，不仅促成了大批交易的完成，还借助这一平台推动了与上海相关企业的深度交流，为后续更加广泛的深度合作提供了良好的基础。

例如，在2019年第二届进口博览会上，新加坡工商联合总会率领84家新加坡企业参加了展会，这些新加坡企业来自物流、交通、金融、教育、健康、食品和科技等多个领域，展区占地面积1600平方米。在展会期间，新加坡企业与中国企业共签署了26份合作协议或备忘录，合同总

---

① 资料来源：《2018年上海统计公报》，http://www.stats-sh.gov.cn/html/sjfb/201903/1003219.html。

额价值超过13亿元。对于有意开拓中国市场的新加坡企业来说，进口博览会的召开给予它们更加直接在中国客户面前展示优质产品的良好机会，为其拓展商业网络、洞察市场趋势提供了便利条件，得到了与会各参展商的一致好评。①

进口博览会落户上海彰显了上海作为中国改革开放龙头的重要地位，进口博览会的成功举办为上海服务东盟地区“一带一路”建设提供了新的抓手，随着进口博览会机制的不断完善，该项机制必将对上海进一步深化改革和转型发展提供更加有力的支持。

三　探索新型合作模式：上海与新加坡共建“一带一路”的尝试

2018～2019年，上海与东南亚国家在“一带一路”框架内的建设合作逐渐向更深更广的领域迈进。为了使上海企业在参与东盟地区“一带一路”建设中更好地适应东盟地区国家差距较大的发展状态，上海市在全面推进与东盟地区合作进程之外，开始选择区域内重点国家或地区，尝试探索新的模式，创建更加直接有效的城市或区域间的地方合作机制。上海与新加坡的地方合作机制建构就是其中的亮点。

（一）中国与新加坡在“一带一路”建设合作整体情况

新加坡是最早支持“一带一路”倡议的国家之一，而且，双方在广泛领域达成了高水平自贸协定。整体上看，中新双方互为发展机遇，利益融合度高，是共建“一带一路”的天然伙伴。

1. 新加坡在“一带一路”倡议中的关键位置

新加坡是“一带一路”倡议的支点国家之一，其积极支持和参与共建“一带一路”。中新双方在“一带一路”框架内的合作起步早、起点高、格

① 相关信息可参见 https：//www. yan. sg/xinjiapoqiyecanjiazhongguojinbohui/。

局大。中新两国首次将“一带一路”合作作为自由贸易协定的一部分，充分肯定了“一带一路”倡议对于深化双方全方位合作、实现共同发展目标、建立和强化互联互通以及促进地区和平发展的重要意义。[①]

近年来，中新双方在“一带一路”框架下的务实合作持续深化，呈现出五个显著特点：规模大、层级高、领域宽、融合深、势头好。[②] 2017 年，新加坡在华投资占共建“一带一路”国家对华投资总额超过 80%，而中国对共建“一带一路”国家的投资超过 1/5 经由新加坡投向这些国家。[③] 中新两国共建“一带一路”的合作树立了规模差异巨大的国家之间开展互利合作的典范。

中国与新加坡的合作非常重视机制建设，并且勇于创新合作模式，取得了显著成果。目前，中新之间在多个层级方面设立了合作机制，主要包括：一是中央层面（副总理级）的中新双边合作联合委员会（Joint Council For Bilateral Cooperation，JCBC）；二是政府间合作项目以及国家级合作项目，包括苏州工业园区（1994）、天津生态城（2008）、中新（重庆）战略性互联互通示范项目（2015）、中新广州知识城（2018）；三是地方层面的八个地方级合作机制，包括新加坡与山东、四川、浙江、辽宁、天津、江苏、广东、上海等地建立的双边经贸理事会和合作理事会。其中，与上海的合作机制——“上海市 - 新加坡全面合作理事会”于 2019 年 5 月正式启动，其区别于其他七个地方级合作机制之处在于更强调全面性。

2. “一带一路”建设推动中新之间的多领域合作

自“一带一路”倡议提出以来，中国与新加坡在各个领域的合作均取得较好效果，双方在经贸、金融、第三方市场、科技创新等领域的合作均取

---

① 《中国与新加坡签署〈自由贸易协定升级议定书〉》，商务部网站，2018 年 11 月 12 日，http：//www. gov. cn/xinwen/2018 - 11/12/content_ 5339709. htm。

② 《走进“狮城”新加坡，一起感受中新经贸合作的蓬勃活力》，中新经贸合作网，2018 年 11 月 13 日，http：//www. csc. mofcom - mti. gov. cn/article/doublestate/201811/405397. html。

③ 《新加坡金管局副局长罗惠燕：新加坡与上海优势互补深化金融合作》，中华人民共和国驻新加坡共和国大使馆经济商务参赞处网站，2018 年 11 月 28 日，http：//sg. mofcom. gov. cn/article/dtxx/201811/20181102811275. shtml。

得显著成果。

第一，经贸畅通。

中新双边经贸合作借力“一带一路”倡议取得了长足进展。2013～2018年，中国已经连续6年成为新加坡最大的贸易伙伴，新加坡也连续6年成为中国第一大投资来源国（见表6）。2018年双边贸易额为828.8亿美元，增长4.6%。其中，中国出口额为491.7亿美元，增长9.2%；进口额为337.1亿美元，下降1.6%。[①] 双向投资方面，新加坡对华投资项目998个，增长41.4%；实际投资额达52.1亿美元，增长9.4%。截至2019年5月，新加坡对华投资额累计约976亿美元。新加坡继续成为中国第一大新增外资来源国。此外，中新两国在电子商务、移动支付、智慧城市、人工智能等新领域、新业态的交流合作不断深入，成为双边经贸合作新的增长点。

表6　2013～2017年中国－新加坡双边贸易投资情况

单位：万美元

年份	进出口总额	中国出口额	中国进口额	中对新直接投资净额	中对新直接投资存量
2013	7589638	4583187	3006452	203267	1475070
2014	7973991	4891117	3082873	281363	2063995
2015	7952320	5194244	2758076	1045248	3198491
2016	7052592	4451167	2601425	317186	3344564
2017	7926892	4501930	3424962	631990	4456809

资料来源：国家统计局网站，http：//www. stats. gov. cn/。

第二，资金融通。

金融合作是中新两国在“一带一路”框架内取得合作的重要组成部分。双方从人民币国际化和监管交流起步，发展到金融市场互联互通，再到近年来的金融科技和“一带一路”融资，为东盟地区等共建“一带一路”国家

① 《中国同新加坡的关系》，外交部网站，https：//www. fmprc. gov. cn/web/gjhdq_ 676201/gj_ 676203/yz_ 676205/1206_ 677076/sbgx_ 677080/。

提供了金融支持和服务。2012 年 6 月，中国人民银行批准新加坡金管局在华设立代表处。到 2014 年 10 月，两国外汇市场正式推出人民币和新加坡元直接交易业务。2016 年 3 月，两国金融合作再次获得提升，中国人民银行与新加坡金融管理局续签双边本币互换协议，互换规模扩大至 3000 亿元人民币/600 亿新加坡元。[①] 随着“一带一路”合作的深入，中资银行、券商、保险、交易所等金融机构纷纷在新加坡设立分支机构，开发相关金融产品，累计发行“一带一路”支持债券逾 100 亿美元，离岸人民币清算金额超过 200 万亿元。[②] 目前，新加坡已成为全球第二大离岸人民币清算中心，人民币也成为新加坡五大交易货币之一。

第三，第三方市场合作。

第三方市场合作是中新共建“一带一路”的重要平台之一，也是中新通过共建“一带一路”共同提供更多区域性公共产品的创新实践。2018 年 4 月，中国和新加坡两国签署了“一带一路”第三方市场合作备忘录，双方在“一带一路”框架下，就第三方市场合作展开了务实合作，领域涵盖了物流、基建、制造业、司法等。例如，富春控股集团与新加坡叶水福集团合作开发“一带一路”沿线物流产业；中咨集团与新加坡盛裕集团合作承接“一带一路”框架下相关工程；中国机械设备工程股份有限公司与新加坡星桥腾飞集团合作在印度开发建设园区；新加坡国际调解中心和中国国际贸易促进委员会、中国国际商会调解中心签署谅解备忘录，合作建立解决“一带一路”跨境合作相关争议的机制；[③] 等等。

第四，科创合作。

中国与新加坡在科创领域的互补性强。中国的科技创新体系不断建设

---

① 《中国同新加坡的关系》，以上资料来自外交部网站，2019 年 7 月，https：//www. fmprc. gov. cn/web/gjhdq_ 676201/gj_ 676203/yz_ 676205/1206_ 677076/sbgx_ 677080/。

② 《走进“狮城”新加坡，一起感受中新经贸合作的蓬勃活力》，中新经贸合作网，2018 年 11 月 13 日，http：//www. csc. mofcom – mti. gov. cn/article/doublestate/201811/405397. html。

③ 《龙狮共舞，中新经贸合作地阔天宽》，中华人民共和国驻新加坡共和国大使馆经济商务参赞处网站，2018 年 11 月 15 日，http：//sg. mofcom. gov. cn/article/dtxx/201811/20181102806961. shtml。

完善，拥有一支庞大的科创人才队伍；新加坡在技术转移、资本市场运作和知识产权保护等方面具有比较优势，双方在科创领域展开了广泛而又务实的合作。

第五，科技与人文社会交流。

中国与新加坡在科创领域的互补性强。中新两国在材料、生物医药、智慧城市等多个领域开展了联合研究项目。在“一带一路”科技创新行动计划框架以及中国－东盟科技伙伴计划框架下，双方开展科技创新合作的前景看好。

中国与新加坡在人文社会领域的交流也十分活跃。2018 年，中新双边人员往来 352.9 万人次。两国于 2001 年签署《中华人民共和国外交部关于中新两国中、高级官员交流培训项目的框架协议》，并分别于 2005 年、2009 年、2014 年和 2015 年四次续签。2004 年 5 月，两国共同决定设立“中国－新加坡基金”，以此支持两国年轻官员的培训与交流。2009 年以来，双方已联合举办 7 届“中新领导力论坛”。[①] 2015 年 11 月，新加坡中国文化中心正式揭牌运营。新加坡国立大学、南洋理工大学等研究机构开设了与“一带一路”相关的短期培训课程，两国在第三方人员培训方面合作潜力巨大。

（二）上海在服务中新“一带一路”合作方面所取得的进展

上海与新加坡的合作涵盖了贸易、投资、科技、金融、人文、社会等领域，但双方之前并未建立正式的合作机制，这一定程度上制约了双方的合作深度。2018 年 11 月，中新两国政府签署的联合声明中指出，“双方欢迎新加坡和上海市探讨建立全面合作机制”。2019 年 4 月，李克强总理和新加坡总理李显龙在北京见证签署《关于成立上海－新加坡全面合作理事会有关谅解备忘录》。时任上海市市长应勇与新加坡贸工部部长陈振声分别代表中新双方签署协议。协议指出，上海和新加坡将成立部长级工作机制，在共建

① 《中国同新加坡的关系》，外交部网站，2019 年 7 月，https：//www. fmprc. gov. cn/web/gjhdq_ 676201/gj_ 676203/yz_ 676205/1206_ 677076/sbgx_ 677080/。

“一带一路”、金融服务、科技创新、营商环境便利化、城市治理、人文交流等六大领域深化合作。[①] 2019 年 5 月，“上海市 - 新加坡全面合作理事会”正式启动并成功召开第一次会议，开启了沪新合作的新篇章。

1. “一带一路”推动沪新合作机制建设

沪新经贸合作存在较高的互补性，但也有一定的竞争性，因为新加坡作为国际金融、贸易、服务、航运以及科创中心，与上海的定位有所重合，双方不可避免地在相关领域存在一定的竞争关系，但这并不影响双方通过错位发展合作实现互利共赢。双方不断创新合作模式，开展务实合作，特别是在合作机制建设方面取得了突破性进展，“上海市 - 新加坡全面合作理事会”的成立成为中新合作模式创新的又一个典范。

“上海市 - 新加坡全面合作理事会”是一个具有全面性和先进性的直辖市市长/部长级制度化的合作理事会，是沪新合作的制度化平台。其组织机构如下：沪新双方各设有联合主席、副主席及秘书长。理事会日常办事机构为秘书处，上海方设在上海市人民政府外事办公室，新加坡方设在新加坡企业发展局。理事会的代表包括沪新两地政府部门官员及企业界代表。2019 年 5 月沪新双方在上海召开了首届理事会会议暨理事会启动仪式，并确立了六个重点合作领域：“一带一路”建设、金融合作、科技创新、营商环境、城市治理和人文交流。“上海市 - 新加坡全面合作理事会”的成立为沪新全方位合作构建了崭新的平台，对于深化中新两国“与时俱进的全方位合作伙伴关系”的发展具有重要意义。

2. “一带一路”建设与沪新全方位合作

一方面，沪新双方经贸合作顺利推进，稳健发展（见表 7）。2018 年，上海与新加坡之间进出口总额约为 1105 亿元，同比增长 33.87%。新加坡是上海第三大外资来源投资地。截至 2018 年 12 月底，新加坡在上海累计投资总额约 235 亿美元，累计投资项目 4531 项；共有 109 家沪公司赴新加坡

① 《中新签署协议成立上海 - 新加坡全面合作理事会》，中华人民共和国驻新加坡共和国大使馆经济商务参赞处网站，2019 年 5 月 2 日，http：//sg. mofcom. gov. cn/article/dtxx/201905/20190502859430. shtml。

投资，总额逾62亿美元。上海举办国际进口博览会给沪新增加了一个重要的合作平台。据悉，共有80余家新加坡企业参与2018年召开的首届国际进口博览会，参展规模位列东盟国家之首。莱福士医疗集团、新加坡航空、太平船务等新加坡龙头企业参加展会。在首届进口博览会期间，中新双方企业共签订15项合作谅解备忘录，总值超1.52亿新元。2019年举行的第二届国际进口博览会，共有84家新加坡企业参展，超过300名高级企业代表组成了庞大的商务代表团前来上海，新加坡企业展厅总面积达1600平方米，比2018年增长12%。包括大华银行、星展银行、太平船务、新加坡国际港务集团、叶水福集团等知名企业都参加了本次进口博览会。① 此外，沪新两地在科技创新等领域也开展了较多合作。上海大数据和人工智能发展的重要代表——星环科技于2018年5月与新加坡政府人工智能核心（AISG）项目签订了战略合作协议。这是AISG推出以来首次和中国企业开展合作。②

表7　2013～2017年上海－新加坡历年经贸合作概况

单位：亿美元

年份	上海关区从新进口	上海关区对新出口	上海市从新进口	上海市对新出口
2013	67.32	122.39	50.64	70.45
2014	69.77	119.58	49.21	78.64
2015	73.92	117.74	57.95	70.17
2016	69.92	104.80	58.82	66.25
2017	106.57	113.33	89.83	73.44

资料来源：笔者根据上海统计局网站的相关数据制表，http：//tjj.sh.gov.cn/。

另一方面，沪新两地以人民币国际化和监管交流合作为起点，积极推进金融市场互联互通，特别是金融科技和“一带一路”建设。自2015年起，

① 《“这是个让世界看到我们的窗口”　84家新加坡企业确定参展第二届进博会》，上海市人民政府网站，2019年10月10日，http：//www.shanghai.gov.cn/nw2/nw2314/nw2315/nw4411/u21aw1404541.html。

② 《星环科技发布系列创新产品　与新加坡AISG签署合作》，中国新闻网，2018年5月8日，http：//www.sh.chinanews.com/kjjy/2018－05－08/38534.shtml。

沪新两地每年轮流合作举办“上海－新加坡金融论坛”，现已成为两地开展金融合作的重要平台。2017年在新加坡举行的第三届金融论坛上，沪新两地金融机构和企业共签署了9份合作备忘录；[①] 2018年，在上海举行的第四届金融论坛以“中国扩大金融开放与加强上海－新加坡金融合作”为主题，两地金融管理机构决定加强在以下金融领域的合作：“一带一路”项目融资、资本市场互联互通、金融机构和金融科技发展等，以提升两地在金融领域的优势互补和协作。

沪新两地的金融机构积极在“一带一路”倡议下开展业务合作。例如，2017年4月，浦发银行在新加坡设立首个海外分行，其后在新加坡又开设了全行首个大宗商品交易中心；2018年4月，上海银行与华侨银行签署谅解备忘录；2018年9月，浦发银行与大华银行签署谅解备忘录；2019年8月，申能集团与新加坡大华集团银行签署出资协议，决定在上海合资成立“申能消费金融有限公司”；2019年9月，浦发银行与星展银行签署合作备忘录，助力企业“走出去”。上海正在完善面向“一带一路”的投融资服务体系，沪新两地的金融合作潜力大，互补性强，可通过不断拓宽合作提升双方在“一带一路”建设中的投融资服务功能。

（三）上海与新加坡共建“一带一路”的发展前景

沪新合作在中新共建“一带一路”，推进中新双边经贸、金融、科创合作，深化双边人文交流中发挥重要作用。目前，上海正在加快推进“四大中心”建设，争创国际经济、金融、贸易、航运和科技创新中心，建成具有世界影响力的社会主义现代化国际大都市。新加坡正在实施“智慧国家2025”计划，致力于打造知识密集型、创新驱动型经济体。沪新两地可加强相关领域的政策对接，开拓合作领域。而且沪新两地都是全球供应链和全球贸易的重要节点，可以通过增强双方的互联互通，促进产品和服务的流

① 《沪新金融合作不断加强　第三届“新加坡－上海金融论坛”在新加坡举行》，上海市人民政府网，2017年4月14日，http://www.shanghai.gov.cn/nw2/nw2314/nw2315/nw4411/u21aw1222775.html。

动，促进两地共同发展。“上海市 - 新加坡全面合作理事会”的成立为沪新两地拓展全方位、多领域的合作创建了一个更加稳固的平台，两地共建“一带一路”的合作前景更加开阔。

一是推进“一带一路”合作，特别是在基础设施建设、航运服务、第三方市场合作等方面。新加坡于 2018 年 10 月成立了“亚洲基础设施办公室”，主要管理一些长期的基础设施项目，强调基础设施建设的可持续性，需要有大量的投资。今后沪新两地可在亚洲地区甚至更广范围的基础设施的投资、规划、建设等领域展开进一步的合作。在第三方市场合作方面，可重点开拓两地在东南亚地区的合作。东南亚地区是中国企业“走出去”的重点区域之一，新加坡在东南亚地区有很强的资源网络，上海企业可以新加坡为起点“走出去”，两地的企业在物流、现代化服务等方面可以形成优势互补，通过合作共同开拓东南亚市场。

二是创新金融领域的合作，特别是资本市场互联互通、金融科技以及金融专业服务、金融人才交流等方面。可以通过探索、创制新的合作方式，例如通过共同发行债券等方式开辟新的融资渠道，为“一带一路”项目提供更有效的融资服务。

三是推进科创领域的交流与合作，特别是在前沿科研、创新产业发展等领域具有很大的合作潜力。上海正在加快建设具有全球影响力的科技创新中心，新加坡一直以来是创新推动发展的典范，两地在科创领域的合作具有很强的互补性。今后可加强两地科研机构、高校、企业等在科研、科创领域的交流，例如共同开展大科学计划、共同推动城市赋能行动、共同促进创新产业发展等，进一步深化人工智能、先进制造工程、数字经济和服务、生物科技等产业和领域的合作，共同探索城市可持续发展的解决方案。

四是加强营商环境建设领域的交流，特别是在促进跨境贸易、服务企业和深化监管、加强城市营商环境形象推广等方面的合作。例如，在促进跨境贸易便利化方面，新加坡经验丰富，上海也不断推出新举措。新加坡国际贸易“单一窗口”的经验做法已成为国际通行规则；上海口岸作为世界最大的贸易口岸，推出了跨境贸易管理大数据平台等管理方法以提升口岸通关效率。两地今后可加强该领域的借鉴与交流。在服务企业和深化监管方面，新加坡推行“一窗式整体政府服务”体现整体政府理念，在营造亲商安商环境、激活中小企业创新动力方面取得了显著成果；而上海正在推进“一网通办”建设，为企业提供更为高效便捷的服务。两地今后可在该领域深化交流合作，亦可考虑共同打造两地甚至区域性的企业公共服务平台。

五是深化城市治理合作，特别是在智慧城市建设、城市规划、住房保障等方面。沪新两地都面临超大型城市的管理问题，两地可以互相借鉴城市治理的相关经验。

六是推进人文领域的交流，特别是在旅游、人员培训、教育等方面。通过交流深化两地在教育、卫生、文化等领域的合作，促进两地人民的相互了解与信任。

四　上海服务东盟地区“一带一路”建设的前景展望

2018～2019 年，上海继续努力推动东盟地区“一带一路”建设，不仅支持上海企业在东盟地区投资经营，提升上海与东盟国家的双边贸易往来，还积极支持跨区域产业价值链建设，使双方在经济领域的相互依赖进一步加深。上海充分发挥了自己改革开放排头兵的优势，借力上海自由贸易试验区建设与中国国际进口博览会等重要抓手，为东盟地区“一带一路”建设提供新的动力和优质服务。同时，为了更加有效地推动“一带一路”倡议在东盟地区的成长，上海还与新加坡等东盟地区特定城市开展了城市层面的合作机制建设，并且取得了阶段性成果。在可预见的未来，上海与东盟地区的经济纽带将进一步加深，在“一带一路”框架内的合作也将进一步巩固，上海将充分释放改革红利，为上海企业在东盟地区扬帆出海提供新的动力。

当然，在看到这些成绩的同时，我们也要客观地认识到，“一带一路”

建设在东盟地区的推进也并非一帆风顺，2018～2019 年，在东盟不同国家的项目建设过程中也先后暴露出诸多亟待解决的问题，总结起来有以下几个方面。

第一，政治的不确定性风险不容忽视。

东盟国家从个体状况来看情况各异，国内政治体制格局各具特色，国内政治的运作过程也具有明显的民族特征，因此，不可避免地存在政治上的不确定性问题。一种情况是由于投资对象国中央或地方政府发生意外更迭，新上任的政府官员可能会撤销前任政府与中方企业签约的项目，或以各种方式拖延合同执行，造成较大经济损失。在更极端的情况下，有时甚至因为中方企业和前任执政党之间关系密切，或因项目投资地点有利于其他政党在选举中获得更大声望，从而拒绝与中方企业继续开展合作，或借故拖延项目的执行。类似现象在 2018 年曾经出现，对中方企业在相关国家的投资运营带来了很多不确定风险。

第二，制约经济活动的各种客观条件仍需警惕。

受到中美关系及全球政治格局变迁的影响，在东盟地区投资经营的中国企业也常常受到干扰。部分西方国家制造的舆论使很多国家对中资企业投资项目存有疑虑和偏见，对中企的经营造成了严重干扰。

包括上海企业在内的中资企业在东盟地区的经营活动中还面临着很多难以处理的技术性困难。例如，由于东盟国家大部分土地都为私人所有，政府对于征地活动的推动力非常有限，因此，很多中国企业因为征地问题而造成工期拖延和成本增加。此外，由于担心国内就业问题，东盟国家常常在中资企业申请工作签证方面存在拖延的现象，一定程度上影响企业在重要工作岗位上的人力资源供应，对总体经营造成影响。除此之外，中企员工也曾出现由于对投资对象国的风俗习惯、文化传统等缺乏足够了解，在与当地员工或民众交往过程中产生误会的现象，这些也都会对企业经营造成不必要的麻烦。

第三，上海企业在东盟的投资和经营活动也有进一步扩大的空间。

随着“一带一路”建设在东盟国家的全面推进，全国各地的企业近年来都积极前往东盟地区投资布局，从投资项目的规模上看，上海企业投资项目体量较大，但从投资项目的数量来看，上海企业的项目数量相对较少，落后于浙江、福建等民营经济较为活跃的省份，未来还有很大的提升空间。此外，上海很多企事业单位与东盟国家政府或企业签署了很多合作协议或备忘录，但后续跟进和落实的情况存在滞后，很多合作项目最终没有落到实处，这也在一定程度上影响了双方合作的积极性，对其他中国企业在东盟地区的投资产生了负面影响。

总体上看，上海与东盟国家在"一带一路"框架内的多层次合作已经形成了良好的基础，并且很多项目建设已经取得了早期收获。针对暴露出的局部问题，上海需要做好对内与对外两方面的工作。

从内部来说，继续深化改革，扩大对外开放是推动"一带一路"建设的根本动力。上海是我国深化改革的排头兵，中央将很多领域性改革措施的实验性探索设在上海进行。上海应抓住这个历史性机遇，以自贸区建设、长三角一体化和国际进口博览会等重要改革措施为抓手，充分探索在贸易、金融、科创等诸多领域的深化改革措施。以新一轮改革红利作为促进企业发展的动力，以改革为参与东盟地区"一带一路"建设的企业提供有力支持。敢于先行先试，敢于承担历史责任，以更加积极和灵活的方式探索改革发展的新道路。这也是推动东盟地区"一带一路"建设的根本动力。

从外部来说，为了减少沿线国家政治不确定性及其他因素对"一带一路"建设的影响，增强合作的稳定性与可持续性。上海方面应加强与东盟国家及相关地方政府层面的沟通，一方面要做好战略对接，以机制性安排保证项目建设的稳定，尽量减少政治变动产生的干扰；另一方面也要充分评估项目的合理性，以"双赢"目标为引导，合理规划项目建设。准确把握投资对象国的发展诉求，使投资真正能够令投资对象国民众普遍受益。同时也要充分发挥双方的比较优势，共同做好某些领域的规划，根据投资对象国的实际情况设计具体方案，从标准和思路等方面对投资对象国加以引导。

此外，上海企业在东盟国家开展经营业务时，也需要严格遵守法律法

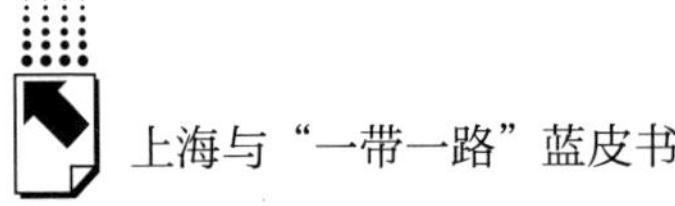

规，并尊重东盟国家特殊的社会文化风俗，保证合法合规经营。企业应加强对中方员工的教育，深入了解对象国，并且广泛开展社区服务工作，建立良好的企业社会形象。上海方面也可以积极行动，以各种方式加强与东盟国家的交流，通过开展广泛的学术交流、教育培训、媒体互动等方式加强双方的了解，为更加深入的合作创造更好的外部环境。

B.3

上海服务非洲地区工业化与可持续发展

张　春*

摘　要： 上海作为中国最发达的地区之一，在积极服务"一带一路"建设的过程中，不仅要重视与全球先进水平的对接、引领"一带一路"建设高质量发展，更要注重自身标杆作用的塑造，带动发展中国家特别是非洲国家的地区工业化与可持续发展，夯实中国外交的基石。自"一带一路"倡议提出以来，上海与非洲地区的贸易和投资关系稳中有进，在非洲急需的资金、人才等领域发挥了积极作用，对推动非盟《2063年议程》和联合国《2030年可持续发展议程》在非洲的落实做出了贡献。但如果与国内其他省区市相比，上海仍有重大的提升空间，未来应重点围绕明确战略定位、确立工作思路、细化行动方案等方面展开。

关键词： "一带一路"　上海　非洲　工业化　可持续发展

作为中国最为发达的地区之一，上海在服务"一带一路"建设的过程中，应在打造全球卓越城市的同时，培育自身的"被对标"能力，特别是带动包括非洲在内的发展中国家的工业化与可持续发展，进一步夯实中国外交和中国可持续崛起的基石。回顾自"一带一路"倡议提出以来的实践可以发现，上海服务"一带一路"建设推动了非洲的地区工业化和可持续发

* 张春，云南大学国际关系研究院研究员。

展，特别是为非洲联盟（以下简称“非盟”）《2063 年议程》和联合国《2030 年可持续发展议程》的落实创造了有利条件。但如果将上海与国内其他省区市加以横向比较，可以认为，上海服务中非共建“一带一路”仍有重大提升空间，特别是在上海拥有相对比较优势的投融资、技术转移、港口建设、经济合作区建设等方面。

一 非洲工业化与可持续发展规划

非洲国家高度欢迎“一带一路”倡议，在 2018 年 9 月的中非合作论坛北京峰会期间，多达 26 个撒哈拉以南非洲国家及非盟与中国签署了共建“一带一路”合作文件。[①] 目前，共计有 31 个撒哈拉以南非洲国家及 1 个国际组织即非盟与中国签署了共建“一带一路”合作文件。对大多数非洲国家而言，参与共建“一带一路”的目的在于通过这一合作促进自身工业化与可持续发展，就中短期而言是非盟《2063 年议程》和联合国《2030 年可持续发展议程》所设定的雄心勃勃的工业化与可持续发展目标。

（一）非盟《2063年议程》及其第一个十年执行规划

随着非洲统一组织（以下简称“非统”）成立 50 周年的来临，非盟在 2012 年 7 月的峰会上达成共识，为规划非洲未来 50 年的发展而制定《2063 年议程》。非盟《2063 年议程》旨在规划非洲至非统成立 100 周年即 2063 年的发展规划，以推动非洲国家、地区和大陆层次的包容性增长与可持续发展。经过近 3 年的多层次磋商，非盟《2063 年议程》于 2015 年 6 月的非盟峰会上通过。

非盟《2063 年议程》确立了非洲到 2063 年实现的七大愿景，20 个目标和 38 个具体目标（见表 1）。根据非盟《2063 年议程》，到 2023 年，非

---

① 《我国与非洲 37 国及组织签署共建“一带一路”谅解备忘录》，中国发展网，2018 年 9 月 7 日，http://special.chinadevelopment.com.cn/2018zt/zflt/2018/09/1348183.shtml。

表 1　非盟《2063 年议程》与联合国《2030 年可持续发展议程》

	非盟《2063 年议程》		联合国《2030 年可持续发展议程》
	目标	优先领域	可持续发展目标
基于包容性增长和可持续发展的繁荣非洲	所有公民的高标准和高质量生活与福利	收入,就业与体面工作	在全世界消除一切形式的贫穷
		贫困、不平等与饥饿	消除饥饿,实现粮食安全,改善营养状况和促进可持续农业
		包括残疾人在内的社会保障	促进持久、包容和可持续经济增长,促进充分的生产性就业和人人获得体面工作
		现代、支付得起和宜居的住所与优质的基本服务	建设包容、安全、有抵御灾害能力和可持续的城市和人类住区
	受教育良好的公民和凸显科技创新的技能革命	教育与科技创新驱动的技能革命	确保包容和公平的优质教育,让全民终身享有学习机会
	健康与营养良好的公民	健康与营养	确保各年龄段人群的健康生活方式,促进他们的福祉
	经济转型	可持续和包容的经济增长	促进持久、包容和可持续经济增长,促进充分的生产性就业和人人获得体面工作
		STI 驱动的制造业、工业化和附加创造	建造具备抵御灾害能力的基础设施,促进具有包容性的可持续工业化,推动创新
		经济多样化与复原力	
	生产力提高的现代农业	农业生产力与生产	消除饥饿,实现粮食安全,改善营养状况和促进可持续农业
	蓝色/海洋经济以加速经济增长	海洋资源与能源	保护和可持续利用海洋和海洋资源以促进可持续发展
		港口与海上交通	为所有人提供水和营造良好的卫生环境并对其进行可持续管理
	环境可持续与气候复原力的经济与社区	生态多样性、保护与可持续的自然资源管理	确保人人获得负担得起的、可靠和可持续的现代能源
		水安全	采取紧急行动应对气候变化及其影响
		气候复原力与自然灾害应对准备	保护、恢复和促进可持续利用陆地生态系统,可持续管理森林,防治荒漠化,制止和扭转土地退化,遏制生物多样性的丧失
		可再生能源	

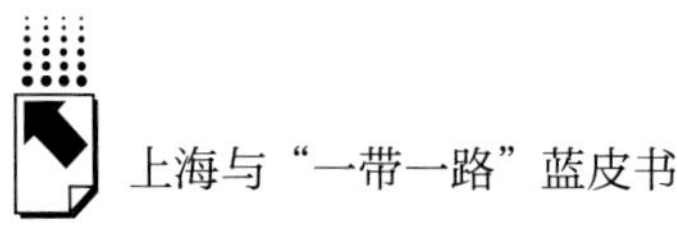

续表

	非盟《2063 年议程》		联合国《2030 年可持续发展议程》
	目标	优先领域	可持续发展目标
基于泛非主义理想和非洲复兴愿景的政治上团结的一体化的非洲	联合的非洲	非洲联邦的框架与机制	
	大陆性金融与货币机制	金融与货币机制	
	世界级基础设施	通信与基础设施互联互通	建造具备抵御灾害能力的基础设施，促进具有包容性的可持续工业化，推动创新
良治、民主、尊重人权、公正与法治的非洲	民主价值观、实践、人权、公正与法治的普遍原路	民主与良治	创建和平、包容的社会以促进可持续发展，让所有人都能诉诸司法，在各级建立有效、负责和包容的机构
		参与式发展和地方治理	
	有能力的机制与转型的领导	机制与领导	
		参与式发展和地方治理	
和平与安全的非洲	和平、安全与稳定	维持和保持和平与安全	
	稳定与和平的非洲	非洲和平安全行业的制度结构	
		防务、安全与和平	
	全面生效与运作的非洲和平安全架构（APSA）	APSA 所有支柱全面生效和运作	
有强大文化认同、共同遗产、共享价值观和道德观的非洲	非洲文化复兴	泛非主义价值观与理想	
		文化价值观与非洲复兴	
		文化遗产、创意文化与商业	
追求以人为本发展特别是释放妇女与青年潜力的非洲	女性全面平等	妇女与女孩赋权	实现性别平等，增强所有妇女和女童的权能
		针对妇女和女孩的暴力与歧视	
	青年和儿童参与和赋权	青年赋权与儿童权利	确保包容和公平的优质教育，让全民终身享有学习机会
			实现性别平等，增强所有妇女和女童的权能

续表

	非盟《2063 年议程》		联合国《2030 年可持续发展议程》
	目标	优先领域	可持续发展目标
强大、团结和有影响力的全球行为体和伙伴的非洲	非洲是全球事务与和平共处的主要伙伴	非洲在全球事务中的地位	
		伙伴关系	加强执行手段,重振可持续发展全球伙伴关系
	非洲对自身发展融资全面负责	非洲资本市场	减少国家内部和国家之间的不平等
		财政体系与公共部门收入	加强执行手段,重振可持续发展全球伙伴关系
		发展援助	

资料来源：African Union, *Agenda 2063*: *The Africa We Want*, *Popular Version*, 3rd Edition, Addis Ababa, Ethiopia, January 2015; The African Union Commission, Agenda 203: The Africa We Want, First Ten-Year Implementation Plan 2014 - 2023, Addis Ababa: AU, Septmeber 2015, pp. 116 - 118。

洲预期实现五大目标，即提高生活水平，如实际人均收入水平比 2013 年高至少 1/3，饥饿发生率限制在 2023 年水平的 20% 以下，90% 的人能获得干净饮用水等；包容与可持续的经济，如 GDP 增长保持在 7% 以上水平且本国公司产值占 1/3 以上，到 2023 年农业生产力翻一番，ITC 行为的 GDP 贡献率翻一番等；非洲一体化，包括实现货币、服务、资本和人员的自由流动，非洲内部贸易到 2023 年增长 3 倍，非洲关税同盟、非洲共同市场、非洲货币联盟到 2023 年开始运作，非洲调整铁路网、非洲航空网、地区电力池（Regional Power Pools）、非洲教育促进署（African Education Accreditation Agency）等均得以建立并运作；妇女、青年和儿童赋权；良治、和平与文化发展。[①] 为推动非盟《2063 年议程》的落实，非盟将既有的一系列大陆性框架加以整合，包括非洲农业发展综合计划（Comprehensive African Agricultural Development Programme, CAADP）、非洲基础设施发展计划（Programme for Infrastructural Development in Africa, PIDA）、非洲矿业愿景（African Mining Vision, AMV）、非洲科技创新战略（Science Technology Innovation Strategy for Africa, STISA）、

① African Union, "Key Transformational Outcomes of Agenda 2063," https: //au. int/agenda2063/outcomes.

刺激非洲内部贸易战略（Boosting Intra African Trade，BIAT）、加速非洲工业发展战略（Accelerated Industrial Development for Africa，AIDA）等。

非盟《2063 年议程》的落实分为五个阶段，即按每十年一个阶段加以划分。第一个十年执行规划已于 2015 年通过，覆盖至 2023 年，由 20 个目标、至少 171 个具体目标组成；它还明确了到 2023 年期间非洲发展的 13 个旗舰项目，即建立四个大陆性金融与货币机构以推动发展，即非洲央行、非洲投资银行、非洲货币基金和泛非股市；建设非洲大陆自由贸易区；发展非洲大宗商品战略；建设泛非高速铁路网；建设非洲单一航空市场；推进以大英加水坝为聚焦的电力生产；推动人员自由流动；年度性非洲经济对话平台；实现 2020 年枪声沉寂计划；建设虚拟大学；建设泛非远程教育与医疗网；发展非洲外空战略；建设非洲大博物馆。①

（二）非盟《2063年议程》与联合国《2030年可持续发展议程》

大致与讨论《2063 年议程》同步，非盟也在 2012 年启动了围绕接替联合国千年发展目标（MDGs）的非洲发展目标的讨论。2014 年初，非洲形成了自身的发展目标，即《2015 年后发展议程非洲共同立场》［Common Africa Position（CAP）on the Post—2015 Development Agenda］。该文件确立了非洲到 2030 年实现可持续发展的 6 个支柱，与非盟《2063 年议程》有很大的共通之处，即经济结构转型与包容性增长，科技创新，以人为本的发展，环境可持续性、自然资源管理及灾害风险管理，和平与安全，融资与伙伴关系。②

随着联合国《2030 年可持续发展议程》于 2015 年 9 月正式通过，非洲积极将自身发展议程与可持续发展目标（SDGs）对接。由于非洲是唯一发展出共同立场的地区，因此非盟认为，对接非洲《2063 年议程》与

① African Union，Agenda 2063：First Ten-Year Implementation Plan，2014 – 2023，Addis Ababa，September 2015，pp. 121 – 124.

② African Union，*Common Africa Position（CAP）on the Post 2015 Development Agenda*，Addis Ababa，Ethiopia，March 2014，pp. 7 – 21.

《2030年可持续发展议程》并不存在任何冲突:《2030年可持续发展议程》的17项目标与《2063年议程》高度契合,都体现在《2063年议程》的20项目标中。《2030年可持续发展议程》仅限于经济、社会和环境三个方面,而《2063年议程》的覆盖范围更大。通过落实《2063年议程》,非盟成员国事实上是在落实《2030年可持续发展议程》。[①] 尽管如此,非盟仍任命了一个特别技术委员会负责两大议程的对接,并发展了同时衡量两大议程指标体系,还建立了帮助非盟成员国实现对接的国内化团队。[②] 作为对《2030年可持续发展议程》和非洲《2063年议程》的回应,非洲开发银行(AfDB)提出“五优”(High Fives, Hi5s)战略,包括照亮非洲(Light up and Power Africa)、养活非洲(Feed Africa)、工业化非洲(Industrialize Africa)、整合非洲(Integrate Africa)和提高非洲人民生产质量(Improve Quality of Life for the People of Africa),作为促进非洲包容性发展和绿色增长的总体目标。[③]

根据联合国非洲经济委员会(UNECA)的研究,非洲的确是全球所有地区中与联合国《2030年可持续发展议程》对接最好的地区。通过对非盟《2063年议程》和联合国《2030年可持续发展议程》的比较可以发现,两大议程之间高度匹配的目标多达11个,约占SDGs的64.7%;即使以具体目标(约36.7%)和指标(39.8%)衡量,两大议程的对接水平也是相当高的(见表2)。需要指出的是,匹配度较低或没有关联的具体目标和指标,很大程度上都涉及非洲自身的特殊情况。如表1所示,两大议程间没有关联的部分均完全涉及非洲,包括非盟《2063年议程》的目标8(联合的非洲),目标9(大陆性金融与货币机制),目标14(稳定与和平的非洲),目标15(全面生效与运作的非洲和平安全架构)和目标16(非洲文化复兴)等。

---

① African Union, “Agenda 2063 – SDGs,” https: //au. int/en/ea/sd/a2063sdgs.

② African Union, “Agenda 2063 – SDGs,” https: //au. int/en/ea/sd/a2063sdgs.

③ 《AfDB的重点发展优先领域“五优”》,非洲开发银行集团,http: //afdb – org. cn/about/high – five/。

表 2　非盟《2063 年议程》与联合国《2030 年可持续发展议程》的对接水平

SDGs	高度匹配	匹配度低	小计	无关联
目标数量	11	6	17	0
目标比重(%)	64.7	35.29	100	0
具体目标数量	62	56	118	51
具体目标比重(%)	36.7	33.13	69.83	30.2
指标数量	96	66	162	79
指标比重(%)	39.8	27.4	67.20	32.8

资料来源：UNECA，Integrating Agenda 2063 and 2030 Agenda for Sustainable Development into National Development Plans：Emerging Issues for African Least Developed Countries，Addis Ababa：UNECA，2017，p. 6。

正是由于较高的匹配度，非盟认为自身《2063 年议程》与《2030 年可持续发展议程》高度兼容，落实《2063 年议程》就是在落实可持续发展目标。因此，非盟成员国并不会面临发展议程过多甚至相互竞争带来的政策困难，因为各国可以将非盟《2063 年议程》作为统领同时推动两大议程的落实。尽管如此，非盟仍试图更进一步地推动两大议程的战略对接。非盟任命了一个特别技术委员会负责这一事项，该委员会有四项使命：建立同步落实、监督和评估《2063 年议程》和《2030 年可持续发展议程》的一致方法；推动地区性国内化进程；发展单一问责工具；递交单一周期性表现报告。非洲的高级统计学家与非盟经济事务委员会、地区经济共同体和伙伴机构一起衡量《2063 年议程》和《2030 年可持续发展议程》的 78 项指标，并于 2017 年 3 月得到批准。为帮助非盟成员国更好地实现对接，非盟成立了国内化团体，应成员国要求提供。迄今已有 32 个国家接受了非盟国内化团队；对其他尚未选择接受的成员国，非盟国内化团队仍随时准备提供支持。①

① African Union，“Agenda 2063 – SDGs，” https：//au. int/en/ea/sd/a2063sdgs.

二　非洲的工业化发展战略

正如联合国非经委报告所承认的，尽管非洲国家自独立后有过多轮的快速发展，特别是在进入21世纪后一度出现被称作“非洲崛起”的时期，但非洲大陆的经济发展很少催生工业化发展，更少有创造更多更好的就业机会，也谈不上推动完整的价值链形成。尽管国际社会似乎始终需要非洲大陆的初级产品，但非洲的制造业事实上在萎缩，从1990年占非洲GDP的15.3%降至2008年的10.5%；在全球制造业出口中，非洲所占比重不足2%。[①] 正因如此，实现工业化一直是非洲的梦想，作为整体的非洲大陆自独立以来发展了多项工业化战略，但都收效甚微；非盟《2063年议程》、联合国《2030年可持续发展议程》的通过及中国“一带一路”倡议的提出和落实，都使非洲的工业化发展更具希望。

随着进入21世纪以来非洲各国经济普遍快速发展，非洲各国领导人重新聚焦整个大陆的工业化问题。2008年1月的非盟峰会以“非洲工业化”为主题，并通过《非洲加速加工业发展倡议》（*Accelerated Industrial Development for Africa*, *AIDA*）；2011年3月举行的第19届非洲工业部长会议上，该倡议的主要机制和规定得以通过批准；2012年3月，非洲各地区经济共同体（RECs）编辑了《地区经济合作协定》下的产业目录并成立相应的指导委员会。至此，非洲最新一轮工业化发展战略得以形成并进入落实阶段。

同样是在2008年1月非盟峰会上通过的AIDA行动计划涵盖七大领域的努力，即工业政策和机制指导；提高生产和贸易能力；促进工业发展的基础设施和能源；工业人力资源开发；产业创新体系、研发与技术开发；筹资和资源动员；可持续发展。更为具体地，AIDA的主要目标在于：将工业化纳入国家发展政策，尤其是减贫战略；制定和执行赋予最大限度地使用当地

① UNECA, Review of Industrial Policies and Strategies in Africa, Addis Ababa: UNECA, 2015, p. 1.

生产能力和投入以优先的工业化政策，提高当地丰富的自然资源的附加值，发展小规模和农业工业；优化投资和采矿法规，支持当地矿产资源的加工；将矿产资源丰富的国家从大宗商品价格飙升中获得的部分收益拨出，投资于经济多样化和工业发展；最大限度地利用非洲的伙伴关系，特别是南方的新兴工业国和新兴大国，促进技术开发和转让，在非洲建立联合工业企业，为非洲制成品提供更大的市场准入；建立健全资本市场，改善企业融资。①

在 AIDA 之外，非洲大陆层面也发起了一些领域性的工业化政策。例如，应非盟要求，联合国粮农组织（FAO）和工业发展组织（UNIDO）于 2010 年 8 月启动了非洲农业商业和农业工业发展倡议（African Agribusiness and Agro-Industry Development Initiative，3ADI）。该倡议旨在提高非洲以农业为基础的工业部门的竞争力、生产力，执行提高附加值、农业工业转型及拓展市场等的相关政策。② 在联合国《2030 年可持续发展议程》通过后，联合国粮农组织和工业发展组织也对该倡议进行了升级，即 3ADI +。又如，为推动非盟《2063 年议程》的落实，非盟正在发展“地区工业化枢纽”（Regional Industrialization Hubs）的概念，其总体框架是：推动学术、研发、科技实践者三方面的制度性协调，以支持价值链、商业发展与服务、创新与孵化、企业家精神等来创造财富和增加就业，强化地区私营部门的发展等。

在非盟《2063 年议程》第一个十年执行规划中，有关工业化的战略得以细化为一系列到 2023 年应当实现的具体目标，主要是在目标 4（经济转型与就业创造）的第一和第二个优先领域：优先领域一“可持续和包容的经济增长”下设有 5 个具体目标，即年均 GDP 增长率至少 7%；非采掘业的工业产值中至少 30% 源于本土公司；采掘业总产出的至少 20% 是当地公司的附加值；每年非正式部门至少 20% 毕业成为小型正式企业；每年毕业成为小型正式企业的非正式部门中至少 50% 是女性拥有。但需要指出的是，上述具体目标的关键行动事实上都来自其他目标的实现手段。换句话说，这

① AIDA，“AIDA-Accelerated Industrial Development for Africa，” https：//au. int/en/ti/aida/about.

② African Uion，“3ADI African Agribusiness and Agro-Industry Development Initiative：A Programme Framework，” FAO/UNIDO，2010，http：//www. fao. org/3/i1587e/i1587e00. pdf.

一目标本身更多的是其他目标实现而得来的。[①] 因此更为重要的是优先领域二“科技创新驱动的制造业/工业化和附加值”，非盟共设立了国家、地区和大陆三个层次上 7 个具体目标和 13 项关键行动（见表 3）。

表 3　到 2023 年非洲工业化的具体目标与行动

<table>
<tr><th></th><th>2023 年具体目标</th><th>关键行动</th></tr>
<tr><td>国家层次</td><td>1. 制造业在 GDP 中的比重相比 2013 年增长 50%
2. 劳动力密集型制造业产出的比重相比 2013 年增长 50%
3. 采掘业总产出的至少 20% 是当地公司的附加值
4. 至少 5 个大宗商品交易所开始运作
5. 到 2023 年研发支出达到 GDP 的 1%</td><td>1. 到 2015 年,发展出基于价值链的工业政策
2. 到 2016 年,工业部内的药品行动计划执行人员得以任命以执行该计划</td></tr>
<tr><td>地区层次</td><td rowspan="4">1. 与全球价值链相联系的工业化/制造业枢纽在所在地区经济共同体均全面运转
2. 非洲矿产发展中心［African Mineral Development Centre（AMDC）］全面运转</td><td>1. 与成员国就典型药品法的咨询在 2014/2015 年完成
2. 成员国工业政策协调于 2017 年完成</td></tr>
<tr><td rowspan="3">大陆层次</td><td>1. 2015 年发展出国家工业政策准备指南
2. 2016 年识别和建立 STI 卓越中心
3. 2017 年发展出建立制造业枢纽/工业区的公私伙伴关系概念
4. 2019 年启动第一个地区枢纽
5. 2020 年在农业加工业和矿产业内建立第一个地区价值链
6. 2023 年第一个大陆性制药公司启动</td></tr>
<tr><td>制药
1. 2013 年发展出规范制药业的典范法律
2. 2015 年非盟峰会通过典型药品法</td></tr>
<tr><td>非洲矿产发展中心（AMDC）
1. 2014 年发展出建立 AMDC 的章程;2015 年非盟峰会通过,2016 年建立</td></tr>
</table>

资料来源：The African Union Commission, Agenda 203: The Africa We Want, First Ten-Year Implementation Plan 2014 - 2023, Addis Ababa: AU, Septmeber 2015, pp. 54 - 55。

① The African Union Commission, Agenda 203: The Africa We Want, First Ten-Year Implementation Plan 2014 - 2023, Addis Ababa: AU, Septmeber 2015, pp. 53 - 54.

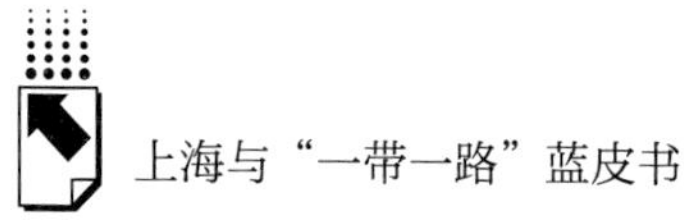

应当承认，尽管基础仍相当薄弱，但非洲在进入21世纪后对工业化高度重视，无论是AIDA的出台还是非盟《2063年议程》及其第一个十年的具体目标设定，都预示着非洲工业化的新阶段。但自2008年开始的全球金融危机和自2013年前后开始的大宗商品价格下跌，很大程度上为非洲工业化发展战略带来新的严峻挑战，尤其是资金不足的问题，为非洲实现工业化目标蒙上一层阴影。正是在这一背景下，中国首倡的共建“一带一路”可谓“及时雨”，而中国地方省区市的积极参与更使“一带一路”建设得以落到实处。

三　上海推动非洲工业化与可持续发展的既有实践

作为中国最为发达的地区，上海不仅承担着对标更为先进的国家和地区，更承担着为较落后国家和地区提供国际公共产品的使命。因此，上海是全国最早承担与非洲交往的省区市之一，在1963年中国首次向阿尔及利亚派遣医疗队时上海就承担了其中部分任务。随着“一带一路”倡议的提出和推进，上海在服务推动非洲地区工业化和可持续发展方面做出了大量有益尝试，取得了较为显著的进步，在地方服务“一带一路”建设中充当了排头兵的角色。

（一）上海对非贸易

上海与非洲的贸易关系充分体现了中国与非洲经贸合作的演变历程。事实上，就全国范围而言，仅上海市可获得1995年以前与非洲的经贸关系的相关数据；相关学术研究几乎没有。仅此便能充分说明在20世纪90年代中期之前，中国地方省区市与非洲的经贸关系是相当不发达的。究其原因而言，主要可能有三个方面：一是在实施“走出去”战略之前中国自身经济发展水平仍相对较低；二是此期中国经济改革开放的重点是在西方发达国家；三是非洲经济发展的水平低下与政治安全形势不容乐观。

在进入21世纪前，上海与非洲的贸易合作总量相当小，且上海对非洲出口占压倒性多数，自非洲进口几乎可忽略不计。1978 年，上海市对外贸易总额为 30. 26 亿美元，其中与非洲的贸易额仅为 2. 89 亿美元，尽管数额不大，但比重仍高达 9. 55%。需要指出的是，上海当年从非洲的进口额为 0，因此当时并不存在双边贸易，仅有上海对非出口，这种情况曾长期持续。例如，1980 年上海对非贸易总额为 3. 28 亿美元，其中出口为 3. 27 亿美元；1985 年上海对非贸易额为 1. 6 亿美元，其中出口 1. 52 亿美元；即使到了“走出去”战略即将出台的 1995 年，上海从非洲的进口仍相当少，仅为 0. 61 亿美元（见表 4）。需要指出的是，尽管难以断言，但在“走出去”战略全面实施之前，上海市很大程度上并不具备推动与非洲贸易关系的充分动力或主动性，这可从上海对非贸易额的变动中看出。早在 1978 年，上海对非贸易额便已达到 2. 89 亿美元，但此后近 20 余年里，这一数额少有变动。1995 年，上海对非贸易额为 3. 02 亿美元；在 1985 年和 1990 年，上海对非贸易甚至下降到 1. 6 亿美元和 1. 64 亿美元（见表 4）。自实施对外开放政策以来，上海的对外贸易发展迅速，1978 ~ 1995 年增长了 5 倍有余，但对非贸易额却陷于停滞；如果从对非贸易占上海对外贸易的比重看，那么下降就相当明显：从 1978 年的 9. 55% 下降到 1995 年的 1. 59%（见图 1）。由此可见，这说明上海对非贸易的动力更多可能是自上而下的。特别是上海市统计局的数据显示，这一时期上海对非出口的主要对象集中于 4 个国家，即埃及、苏丹、阿尔及利亚和摩洛哥；其中，上海曾短暂向阿尔及利亚派遣医疗队，并于 1975 年起向摩洛哥派遣医疗队。

表 4　上海对非贸易情况（1978 ~ 1995 年）

单位：亿美元

		合计	非洲
1978 年	进出口总额	30. 26	2. 89
	出口总额	28. 93	2. 89
	进口总额	1. 33	0
1980 年	进出口总额	45. 06	3. 28
	出口总额	42. 66	3. 27
	进口总额	2. 4	0. 01

续表

		合计	非洲
1985 年	进出口总额	51.74	1.6
	出口总额	33.61	1.52
	进口总额	18.13	0.08
1990 年	进出口总额	74.31	1.64
	出口总额	53.21	1.38
	进口总额	21.1	0.26
1995 年	进出口总额	190.25	3.02
	出口总额	115.77	2.41
	进口总额	74.48	0.61

资料来源：笔者综合上海市统计局历年统计数据制作，http：//www.stats－sh.gov.cn/，2019 年 9 月 4 日访问。

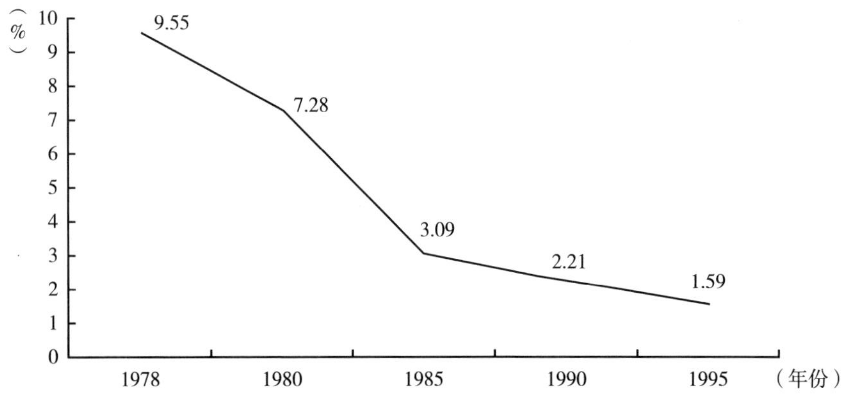

图 1　对非贸易在上海对外贸易中的比重变化（1978～1995 年）

资料来源：笔者综合上海市统计局历年统计数据制作，http：//www.stats－sh.gov.cn/，2019 年 9 月 4 日访问。

随着 20 世纪 90 年代“走出去”战略得以提出并在进入 21 世纪之后全面推进，特别是 2000 年中非合作论坛成立后大大提升了国内对非洲的关注度，上海与非洲的贸易逐渐获得动力。但需要指出的是，在 2003 年之前，上海与非洲的贸易并未实现“起飞”，而更多处于蓄力阶段（见表 5）。上海市 1999 年对非贸易额为 5.7 亿美元，到 2005 年达到 22.5 亿美元，增至近4倍；但明显的增长发生在2003年以后。同样，安徽1999年的对非贸易额为1.6亿美元，到2005年为4.5亿美元，增长不足3倍，且主要的增长也是自2003年以后才实现的。类似的情况也可从天津和江苏的对非贸易增长中看出。2000~2005年，天津对非贸易从1.2亿美元增长至4.7亿美元，最主要的增长出现在2004年和2005年；江苏省2001年对非贸易额为6.9亿美元，到2005年达到23亿美元，增长不足4倍，同样最主要的增长发生在2003~2005年（见表5）。

表5　主要省区市对非贸易额（1999~2012年）

单位：亿美元

年份	安徽	江苏	上海	天津
1999	1.6	—	5.7	—
2000	1.8	—	7.5	1.2
2001	2.2	6.9	8.7	1.5
2002	2.5	8.2	8.6	2
2003	3.4	12.6	13.9	2.6
2004	3.1	17.4	21.3	3.1
2005	4.5	23	22.5	4.7
2006	7.1	31.7	N	7.1
2007	9.3	44.1	36.5	12.7
2008	13.9	60.1	48.5	20.4
2009	13.4	54.6	47.3	16.5
2010	16.9	76.7	69.2	17.8
2011	18.6	98.5	81.2	23.6
2012	30.5	116.6	74.7	—

资料来源：笔者综合安徽省、江苏省、上海市、天津市历年统计数据制作。

随着2006年中非合作论坛北京峰会成功召开，包括上海市在内的全国各省区市对非贸易都获得了快速增长。但需要指出的是，某种程度上由于发展水平的原因，上海对非贸易的增长并非全国最为突出的。如表5所示，上海 2012 年的对非贸易额仅相当于 2005 年的 3 倍多，但邻近的江苏省则达到 5 倍，相对落后的安徽省更是达到约 7 倍（见表 5）。特别是进入 21 世纪以来，国内相对落后的省份对非贸易的热情高涨，表现在贸易额上的增长也给人印象深刻。如安徽省 1999 年仅为 1.6 亿美元，到 2012 年达到 30.5 亿美元。从增长速度看，自 2003 往后，上海的表现就远不如临近的安徽和江苏（见图 2）。

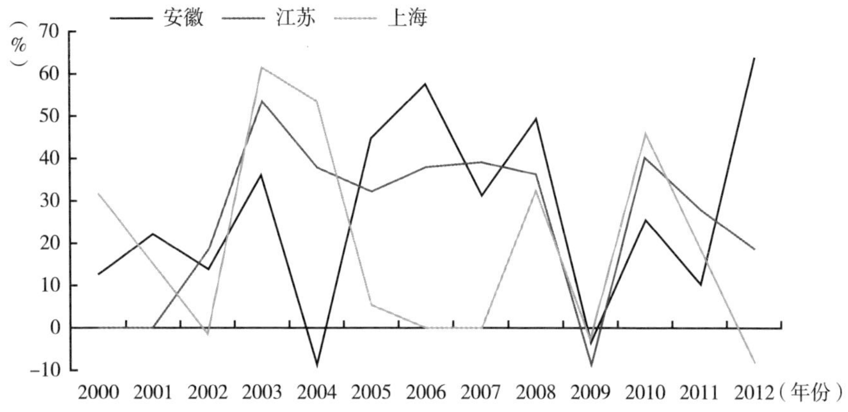

图 2　上海、安徽、江苏对非贸易增长率（2000～2012 年）

资料来源：笔者综合安徽省、江苏省和上海市历年统计数据制作。

值得注意的一个现象是，自 2013 年“一带一路”倡议提出以来，上海对非贸易某种程度上陷入停滞。尽管相比 2012 年上海对非贸易额仍增长超过 10%，但 2015 年、2016 年连续两年下挫，2016 年的对非贸易额甚至低于 2012 年，尽管 2017 年又恢复到 80 亿美元以上（见表 6）。但另一个值得关注的现象是，上海对非贸易在“一带一路”倡议提出后迅速实现了从对非出口占多数转向自非洲进口占多数，其关键年份是在 2016 年（见图 3）。可以认为，尽管贸易总量增长放缓，但上海服务“一带一路”建设特别是促进非洲工业化与可持续发展的一个重要进展，是上海与非洲的贸易结构失衡得到了重大改变，对于培育非洲的对外出口能力特别是对华出口能力有着重要帮助。

表6　上海对非贸易（2013～2017年）

单位：亿美元

年份	2013	2014	2015	2016	2017
上海自非洲进口	35.59	42.63	35.47	36.87	43.71
上海对非洲出口	49.83	44.86	41.8	36.52	38.09
上海对非贸易	85.42	87.49	77.27	73.39	81.8

资料来源：笔者综合上海市统计局历年统计数据制作，http：//www.stats－sh.gov.cn/，2019年9月4日访问。

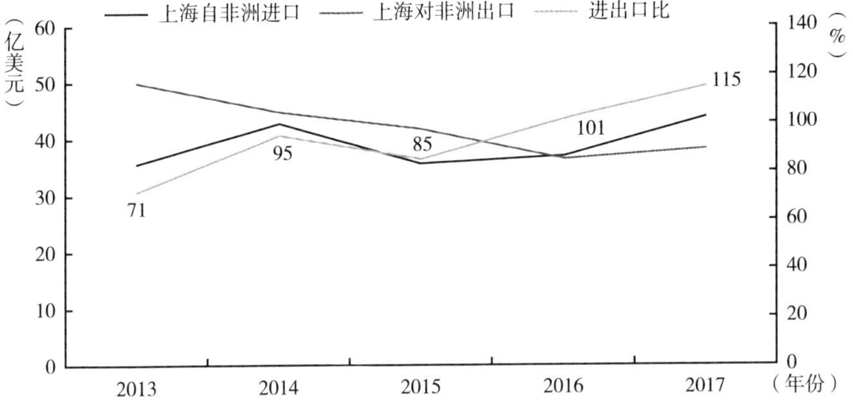

图3　"一带一路"倡议提出后上海对非贸易（2013～2017年）

资料来源：笔者综合上海市统计局历年统计数据制作，http：//www.stats－sh.gov.cn/，2019年9月4日访问。

1995年，上海关区对非贸易额为9.16亿美元，到2000年"走出去"战略正式实施增长了近一倍，达到20亿美元，此后发展较快，但加速发展仍是在2003年之后，到2012年上海关区对非贸易额达到205.3亿美元，相比1995年增长至22.4倍。除2009年因全球金融危机有所下跌外，上海关区对非贸易始终保持增长态势。其中1995～1999年增长相当缓慢，2000～2004年增长速度略有提升，大规模的增长发生在2005年以后。自"一带一路”倡议提出后上海关区对非贸易与上海对非贸易发展相似，特别是在2015 年、2016 年出现较明显下降（见图 4）。

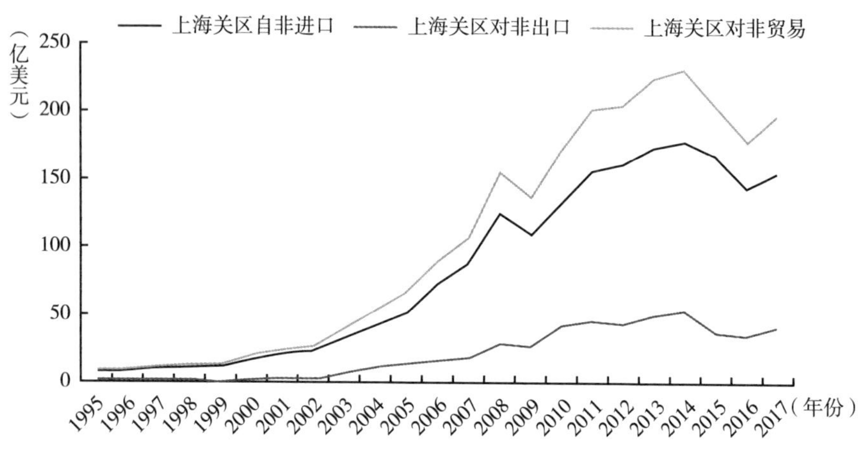

图 4　上海关区对非贸易增长（1995 ~ 2017 年）

资料来源：笔者综合上海市统计局历年统计数据制作，http：//www. stats - sh. gov. cn/，2019 年 9 月 4 日访问。

比较上海与整个上海关区对非贸易的发展态势可以看出，尽管上海周边省区市对非贸易发展迅速，但上海自“一带一路”倡议提出后正逐渐恢复自身在关区内对非贸易的地位。1995 年时，上海对非贸易量占上海关区的 33% 左右，但在“走出去”战略实施后这一占比有较大变化，甚至不时出现较明显下滑。尽管 2008 年全球金融危机爆发后，上海对非贸易在上海关区中所占比重有所上升，但此后又有下降。自“一带一路”倡议提出后，上海对非贸易在上海关区中的占比逐渐稳定在 37% 以上，到 2017 年突破 40%（见图 5）。这充分说明，在“一带一路”倡议的带动下，上海对非贸易不仅实现了结构性再平衡——特别是如果与整个上海关区相比这尤其重要，而且在整个关区中的地位稳步提升。自 2018 年起，上海每年举办中国国际进口博览会，其对上海对非贸易的促进作用的释放还有待进一步观察，相信能相对有效地促进上海对非贸易的发展，进而贡献于非洲的工业化与可持续发展。

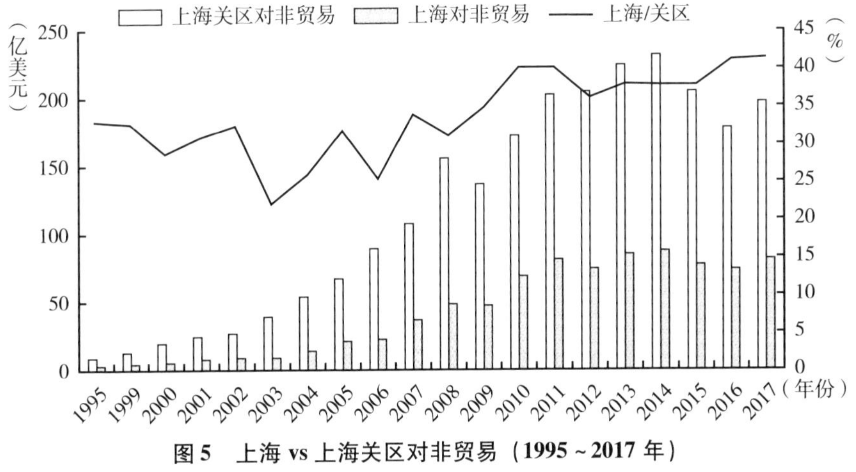

图 5　上海 vs 上海关区对非贸易（1995～2017 年）

资料来源：笔者综合上海市统计局历年统计数据制作，http：//www. stats - sh. gov. cn/，2019 年 9 月 4 日访问。

（二）上海对非投资

与对非贸易相比，上海对非投资起步较晚，这是由整个中国发展水平和发展阶段所决定的。在进入新世纪以前，上海几乎没有真正地对非投资。事实上，在 2000 年“走出去”战略正式实施前，各地方省区市的对非投资均处于高度不发达阶段，事实上并没有太多像样的对非投资。中国对非投资直到 20 世纪 80 年代才正式启动，且很大程度上与中国对非援助相联系。到了 20 世纪 90 年代初，中国进一步调整援外政策，强调单纯的政府对政府援助已不再适应建立市场经济体制的需要，必须推动企业与受援国企业进行直接合作，朝向双方企业合资、合作经营模式发展。从 1995 年起，中国开始推动与非洲国家合作的主体从政府转向企业，实行援外方式和资金的多样化，促进中非企业的直接合作，推行政府贴息优惠贷款及援外项目合资合作方式，帮助受援国建立生产项目，将援外与直接投资、工程承包、劳务合作与外贸出口相互结合。①

① 〔美〕黛博拉·布罗蒂加姆：《龙的礼物：中国在非洲的真实故事》，沈晓雷、高明秀译，社会科学文献出版社，2012，第 11～12、57 页。

这样，在1995～1999年，中国与23个非洲国家签订政府间贴息优惠贷款框架协议，并设立了11个投资开发贸易中心，以帮助中国企业到非洲投资。①

上海的对外投资也是在这一时期才得以启动的。2002年时，上海市累计对外投资总额才仅有6.5亿美元，累计对外投资项目675个，平均每个项目投资额不足100万美元。此后，在到2008年全球金融危机爆发前，上海对外直接投资的项目数据相对稳定甚至略有下降，但每个项目的平均投资额在快速增长。2008年新增对外直接投资项目104个，新增投资额达7亿美元，平均每个项目约700万美元；相比之下，2002年新增64个项目但新增投资金额仅1.3亿美元，平均每个项目为200万美元。2013年“一带一路”倡议提出后，上海对外投资增长迅猛，2014年新增对外直接投资项目近600个，新增投资金额122亿美元，2015年更是分别达到1300个项目和573亿美元，2016年继续增至1420个项目和535亿美元；2017年略有回落，分别为600个项目和110亿美元（见图6、图7）。

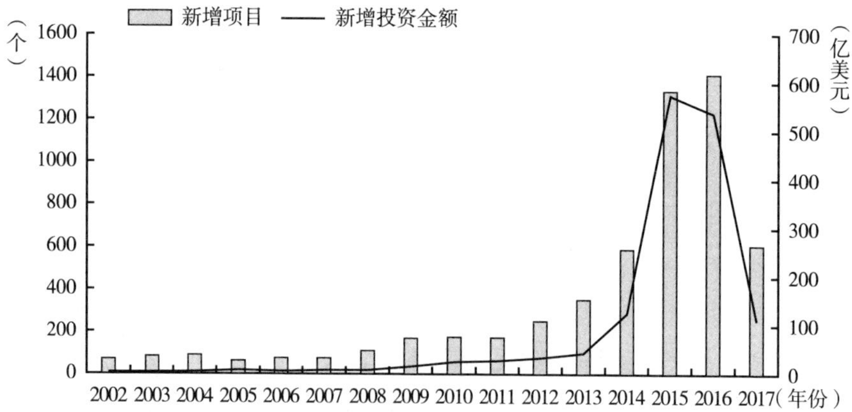

图6　上海对外直接投资的新增项目和金额（2002～2017年）

资料来源：笔者综合上海市统计局历年统计数据制作，http://www.stats-sh.gov.cn/，2019年9月4日访问。

① 杨光、贺文萍：《中东非洲发展报告（2006～2007）》，社会科学文献出版社，2007，第72页。

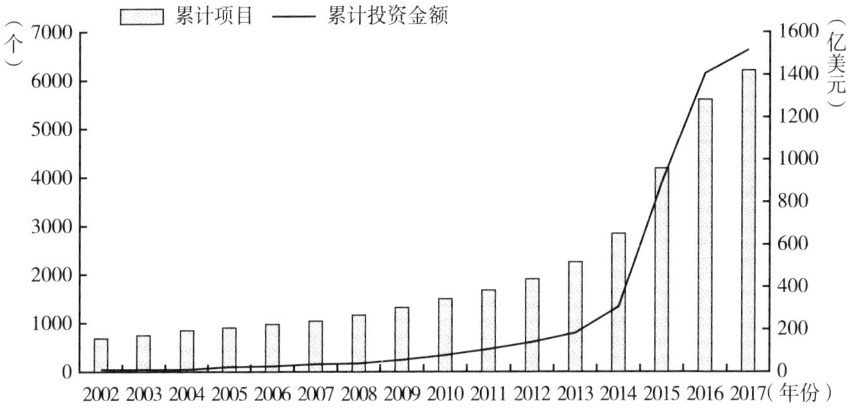

图 7　上海对外直接投资的累计项目和金额（2002～2017）

资料来源：笔者综合上海市统计局历年统计数据制作，http：//www. stats - sh. gov. cn/，2019 年 9 月 4 日访问。

相对而言，上海对非洲的投资在全国各省区市中起步较早。例如，在 2000～2004 年，全国共计对非投资 46 个项目，上海就有 4 项，约占 9%，仅次于深圳市和福建省，位居全国第三，远远领先于其他省区市（见表 7）。

表 7　部分省市获批对非投资项目数（2000～2004 年）

省市	项目数	省市	项目数
深 圳 市	16	四 川 省	2
福 建 省	5	安 徽 省	1
上 海 市	4	河 北 省	1
浙 江 省	3	黑龙江省	1
江 西 省	2	湖 南 省	1
山 东 省	2	江 苏 省	1
山 西 省	2	天 津 市	1

资料来源：笔者根据商务部《境外投资企业（机构）名录》统计，截至 2015 年 12 月 31 日，http：//wszw. hzs. mofcom. gov. cn/fecp/fem/corp，2016 年 2 月 1 日访问。

但随着“走出去”战略实施和中非合作论坛的影响日益扩大，国内其他省区市对非投资的能力和兴趣日增，上海在全国地方省区市对非投资结构中的地位持续下降。截至2012年底，上海对非投资的项目数累计达52家，但排名却已经下跌到全国第10位，不到排名第一的浙江省的1/5，不到排名第二的山东省的1/4，不到排名第三的江苏省的1/3，不到排名第四、第五位的北京市和广东省的1/2，甚至排在了中部省份河南、江西、湖南、河北之后，与西部省份四川持平（见表8）。

表8　地方省区市获批对非投资项目数（1980～2012年）

排名	省份	项目数	排名	省份	项目数	排名	省份	项目数
1	浙江	278	11	四川	52	21	甘肃	9
2	山东	215	12	福建	49	22	广西	9
3	江苏	179	13	天津	44	23	海南	8
4	北京	125	14	辽宁	42	24	新疆	7
5	广东	116	15	湖北	34	25	贵州	6
6	河南	97	16	安徽	25	26	吉林	6
7	江西	69	17	山西	21	27	云南	4
8	湖南	63	18	陕西	20	28	内蒙古	2
9	河北	60	19	重庆	17	29	宁夏	2
10	上海	52	20	黑龙江	14			

资料来源：笔者根据商务部《境外投资企业（机构）名录》统计，截至2015年12月31日，http://wszw.hzs.mofcom.gov.cn/fecp/fem/corp，2016年2月1日访问。

自“一带一路”倡议提出后，上海对非投资的热情有明显上升，根据商务部《境外投资企业（机构）名录》统计，截至2018年底，上海对非投资项目累计达130个。换句话说，自“一带一路”倡议提出后，上海在2013～2018年6年间对非投资项目数量达到78个，远超过从1980年至2012年上海对非投资的项目总数。其中2013年达到创纪录的20个，尽管此后持续回落，但每年对非投资的项目数量均高于2012年前的数量（见图8）。

从地理分布上，上海对非投资分布相对较广，共计对31个非洲国家有对外直接投资。投资项目数超过10个的仅有3个国家，即南非、尼日利亚和毛里求斯。即便排名最高的南非也仅有16个项目。而多达23个国家的投资项目数不到5个，有6个国家仅投资1个项目（见表9）。这某种程度上

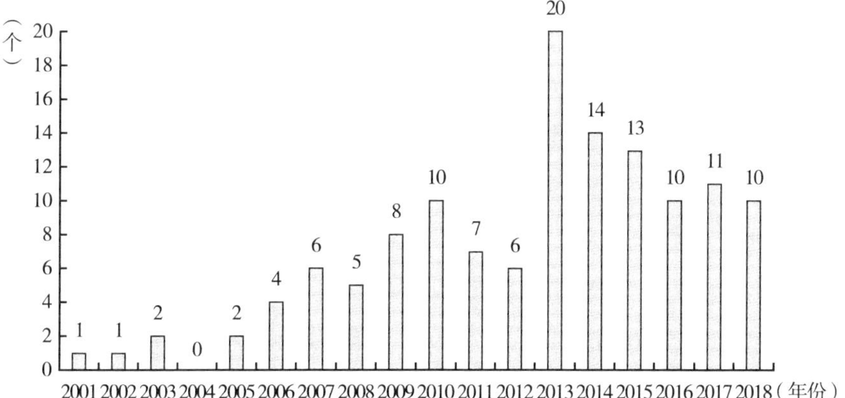

图 8　上海对非投资项目数量（2001 ~ 2018 年）

资料来源：笔者根据商务部《境外投资企业（机构）名录》统计，截至 2019 年 1 月 1 日，http：//wszw. hzs. mofcom. gov. cn/fecp/fem/corp，2019 年 9 月 1 日访问。

说明，尽管“一带一路”倡议已经提出并落实 6 年多，上海对非洲的投资布局结构尚未完全确立，尽管上海投资对非洲国家的工业化与可持续发展具有促进作用，但整体而言仍有待进一步提升。

表 9　上海对非投资的国家分布

国家	项目数	国家	项目数	国家	项目数
南非	16	苏丹	4	摩洛哥	2
尼日利亚	12	赞比亚	4	纳米比亚	2
毛里求斯	11	埃及	3	尼日尔	2
肯尼亚	9	博茨瓦纳	3	乌干达	2
加纳	7	科特迪瓦	3	厄立特里亚	1
坦桑尼亚	7	马里	3	刚果(布)	1
安哥拉	6	莫桑比克	3	津巴布韦	1
刚果(金)	6	南苏丹	3	利比里亚	1
埃塞俄比亚	4	贝宁	2	利比亚	1
吉布提	4	多哥	2	塞内加尔	1
塞舌尔	4				

资料来源：笔者根据商务部《境外投资企业（机构）名录》统计，截至 2019 年 1 月 1 日，http：//wszw. hzs. mofcom. gov. cn/fecp/fem/corp，2019 年 9 月 1 日访问。

从部门覆盖上看，上海对非投资的重点是制造业、商业及交通运输等部门，基础设施建设也是上海对非投资的重点领域之一（见表10），但更多是承包工程，投资的比重相对较小。需要强调的是，上海拥有相对先进的制造业，上海对非投资中制造业也占据较高比例，超过1/7，充分体现了上海对非洲工业化与可持续发展的支持。例如，上海电气集团股份有限公司（以下简称“上海电气”）就在南非、坦桑尼亚、纳米比亚、埃及等国投资多个项目。2018年9月的中非合作论坛北京峰会上，在埃及总统塞西的见证下，上海电气和东方电气联合体与埃及电力控股公司（EEHC）签署汉纳维燃煤电站的建设协议。当然，在上海相对更具优势的领域，如科技发展、社会服务、教育、金融等领域，上海对非投资的项目数量相对较少，也说明上海服务“一带一路”建设和非洲工业化与可持续发展仍有较大提升空间。

表10　上海对非投资的部门分布

部门	项目数	部门	项目数
制造业	47	科技	7
商业	21	社会服务	6
交通运输	18	农业	5
基础设施建设	13	教育	2
能源资源	9	金融	2

资料来源：商务部《境外投资企业（机构）名录》统计，截至2019年1月1日，http：//wszw. hzs. mofcom. gov. cn/fecp/fem/corp，2019年9月1日访问。

如果与其他省区市相比，上海对非投资的确有较大提升空间。以与上海相邻的江苏省为例，尽管数据相对不够全面，但自2007年到2017年的11年间，江苏省对非洲投资超过400个项目，投资金额超过40亿美元；进入21世纪以来随着埃塞俄比亚的快速发展，江苏对埃塞俄比亚的投资也增长迅速，在过去10年间投资超过60个项目，协议投资金额接近10亿美元；江苏对尼日利亚和南非等非洲传统大国的投资也相当多，分列第二、第三位，投资项目均超过30个，协议投资金额分别达到3.5亿美元和2.3亿美元；此外，江苏还在 3 个非洲国家投资项目超过 20 个，在 6 个非洲国家投资项目超过 10 个。相比之下，上海对非投资的确仍有很大提升空间。[①]

（三）上海与非洲的社会交往与可持续发展

上海与非洲的社会交往启动较早，引领了地方省区市的对非交往。例如，根据国家对非外交需要，上海从 1962 年开始为非洲国家提供经济技术援助。1962～1995 年，上海为 19 个非洲国家提供经济技术援助项目 52 个，援助总金额为 5.84 亿美元，派出专家和技术人员 2600 余人次，接受非洲国家来沪实习生近 70 人。[②] 上海与非洲的社会交往也因此而逐渐发展，并可为非洲的工业化与可持续发展贡献积极力量。

上海与非洲的社会交往主要有三个渠道。一是上海市地方与非洲国家的友好城市、友好关系建设。中国国际友好城市活动始于 1973 年天津市与日本神户市的友好城市关系建立，此后大致经历了三个阶段的发展：1973～1978 年为第一个阶段，中国共缔结了 6 对国际友好城市，仅限于和日本一个国家，处于“起步探索阶段”；1979～1991 年为第二个阶段，结好城市发展到 390 对，扩展到许多国家，而且友好往来拓展到经济、文化、教育、人才培训等领域，进入“深入发展阶段”；1992 年至今为第三个阶段，随着中国改革开放的深化，中国各城市经济实力的增强，友城工作取得了巨大发展，迎来了“蓬勃发展阶段”。

与对全世界的友城关系相比，对非洲的友城工作发展相对不够。中非友城关系始于 1982 年湖南省长沙市与刚果（布）布拉柴维尔市建立友城关系，截止到 2014 年 10 月 4 日共计有 120 对友城关系，但这与中非关系的快速发展形势相比，显然很不够，亟待加强。中非友城关系的第一个发展阶段为 1982～1997 年，始终保持在较低水平，属于“起步探索阶段”，这 15 年时间共计有 23 对友城关系。1998 年迎来中非友城关系的井喷，当年结对数

---

① 笔者根据江苏省统计局（http：//tj. jiangsu. gov. cn/）历年数据计算得出。

② 《上海对外经济贸易志》编纂委员会编《上海对外经济贸易志》，上海社会科学院出版社，2001，第 1273 页。

量达到8对，尽管1999年有所放缓，但2000年再度迎来井喷达到10对，这三年时间里中非友城结对数量就接近此前15年的总和，为20对。究其原因，一方面是国家“走出去”战略于20世纪90年代末进入正式的政策议程，再是2000年中非合作论坛的成立。但如同中非合作论坛成立之初并没有引起国内外重视一样，与非洲国家建立友城关系的热情迅速消退，在2001～2004年中非友城工作不愠不火，4年时间共计建立了16对友城关系，平均每年4对。自2005年起，中非关系再度升温，到2006年中国“非洲年”和举办中非合作论坛第三届部长级会议暨首脑峰会，中非友城工作再度升温，此后一直持续到2013年，每年结对数量从未少于5对，2010年再度达到年结好10对的纪录。这9年共结成友好关系60对，其中2012年8月首届中非地方政府合作论坛后至2014年10月1日期间新建立11对友城关系，中非友城工作真正迎来其“蓬勃发展阶段”。

截至2019年9月，上海共与非洲4个国家结成了6对友好城市，其中马桥镇与纳米比亚奥卡汉贾市1998年的结好级别相对较低，其余5对均为市级友好城市，依时间顺序分别为1986年与摩洛哥卡萨布兰卡市，1992年与埃及亚历山大省，1995年与纳米比亚温德和克市，1999年与莫桑比克马普托市，及2001年与南非夸祖努－纳塔尔省。① 需要指出的是，上海与非洲的友城关系中，有3对为外交部建议设立的：与摩洛哥卡萨布兰卡市的友城关系是由中国驻摩洛哥大使馆于1985年推荐并得到两国政府赞同，与埃及亚历山大省的友好关系是由拜会亚历山大省提出并建议上海设立的，而与纳米比亚温德和克市的友城关系则是中国驻纳米比亚大使馆和全国友协分别致电上海市外办建议设立的。

二是上海对非洲的医疗队派遣。上海是最早参加医疗队派遣的省区市，1963年中国派往阿尔及利亚的首支医疗队中，上海市选派了53人参与。此后，上海曾多次为其他省市医疗队派遣选派医疗队员，为其他省区市的医疗队派遣传经送宝，大多数是在20世纪六七十年代（见表11）。

① 上海市人民政府外事办公室，http://www.shfao.gov.cn。

表 11　上海为其他省区市医疗队派遣贡献情况

承派省区市	援助国家	始派时间	上海选派人数	备注
北京	利比亚	1983～1990 年	4	1990 年协议到期未续
天津	刚果(布)	1967～1997 年 2000～	1	1997 年刚果(布)内战撤回,2000 年复派
河北	扎伊尔	1973～	1	1997 年战乱撤回,2006 年复派
浙江	马里	1968～	2	
福建	塞内加尔	1975～1996 年 2007～	1	1996 年断交,2007 年复交后复派
江西	突尼斯	1973～	1	
湖北	阿尔及利亚	1963～1992 年 1997～2013 年	53	1992 年因内战中断,1997 年复派
宁夏	贝宁	1978～	1	

资料来源：笔者根据原卫生部、各省（区、市）卫生厅、外交部、中国驻非洲各国使馆、新华网及其他网站报道自制。

目前，上海仅对摩洛哥一国派遣医疗队，尽管历史上曾向索马里和多哥派遣过医疗队。上海于 1965 年起向索马里派遣医疗队，吉林从 1968 年起开始接替，上海于 1970 年起不再向索马里派遣医疗队员。上海于 1974 年起向多哥派遣医疗队达 10 年，于 1983 年改由山西派遣。1975 年，上海开始向摩洛哥派遣医疗队，迄今已经派遣超过 160 批，有 1.7 万名医疗队员先后赴摩洛哥执行医疗队任务。目前，上海派遣摩洛哥的医疗队规模保持在 79 人左右，在摩洛哥共设 8 个医疗点和 1 个队部（见表 12）。

表 12　上海援摩洛哥医疗队组队任务分配

总承派(79 人)	序号	医疗点
18 人	1	拉西迪亚(13 人)
	2	默罕穆迪亚(5 人)
32 人	3	沙温(12 人)
	4	塔扎(12 人)
	5	阿加地尔(8 人)
4 人	6	队部(4 人)

续表

总承派(79 人)	序号	医疗点
25 人	7	塞达特(10 人)
	8	梅克内斯(7 人)
	9	本格里(8 人)

资料来源：《关于调整本市援外医疗队组派任务的通知》，上海市卫生局，沪卫国合〔2010〕020 号，2010 年 8 月 9 日。

三是人文交流，其中最重要的是教育交流。上海不仅广泛接受来自非洲国家的留学生，还承担着国家各类培训任务，特别是与非洲国家的政党交流、治国理政经验交流、对非技术培训等任务。为配合国家对非外交，上海大学与非洲大学合作设立了 3 个孔子学院，即上海师范大学与博茨瓦纳大学、上海外国语大学与摩洛哥哈桑二世大学、东华大学与肯尼亚莫伊大学。而在依据中非教育合作设立的中国和非洲大学“20 + 20”合作计划中，上海师范大学、华东师范大学和东华大学也得以入选，分别与博茨瓦纳大学、坦桑尼亚达累斯萨拉姆大学和肯尼亚莫伊大学结成合作伙伴。此外，在外交部中非联合研究交流计划的中非智库“10 + 10”伙伴计划中，上海国际问题研究院、上海师范大学非洲研究中心也得以入选。上述机制性交流为中非人文交流的发展贡献了不小力量。例如，上海国际问题研究院每年举办“上海国际问题研究院非洲论坛”，2019 年论坛于 3 月 28 ~ 29 日在上海举办，会议邀请到 15 位来自联合国、非盟、非洲开发银行等国际组织及埃塞内加尔、南非、津巴布韦、冈比亚等非洲国家代表参会；2019 年 7 月底，上海国际问题研究院又与欧盟 - 欧中非让・莫内网络共同主办“全球秩序变动下的中欧非三方合作：机遇与挑战”国际研讨会，促进了中非人文交流。

尽管与其他省区市相比存在不足，但上海的相对优势仍较为明显，部分优势的发挥也相当充分，特别是在贸易结构调整、投资领域聚焦、人文交流促进等方面。但上海在发挥自身优势方面仍存在明显短板或不够充分的地方，需要进一步强化。

四　上海助力非洲实现可持续发展目标的展望

早在联合国《2030 年可持续发展议程》通过前，非洲便致力于与新发展议程的战略对接。事实证明，非洲的确是全球各地区中与《2030 年可持续发展议程》对接最好的地区。尽管如此，非洲仍严重缺乏落实《2030 年可持续发展议程》和非盟《2063 年议程》的手段和资源，这既是共建“一带一路”高质量发展的重要机遇，也是非洲实现工业化与可持续发展的重要机遇。作为中国最为发达的省份，上海在助力非洲实现工业化与可持续发展方面已经作出了重要努力，但仍有重要的提升空间。随着 2018 年 9 月中非合作论坛北京峰会提出未来几年中非合作的“八大行动”，上海在服务“一带一路”建设、助推非洲可持续发展方面需要进一步明确战略定位，确立工作思路，细化行动方案。

第一，要结合上海“四个新作为”“五个中心建设”的国家要求，明确上海在中非合作中的战略定位。依照习近平总书记继续当好全国改革开放排头兵、创新发展先行者的要求，上海应在当前中国与西方发达国家关系进入转型时期，及时调整对外工作重心，积极贯彻落实习近平同志“发展中国家是我国在国际事务中的天然同盟军”的精神，从“做好同发展中国家团结合作的大文章”的战略高度，开展上海与非洲关系，服务中非合作大局。

第二，要结合国家“四个新作为”、“五个中心”与自身“四大品牌”，确立对非工作基本思路。一是要聚焦高端，上海是中国最发达的地区之一，无论是经济发展、社会服务还是政治治理等都足以为非洲国家提供榜样模范。下一阶段，上海应当以中非合作论坛北京峰会“八大行动”中的“产业促进行动、设施联通行动、贸易便利行动”为重点，围绕“一带一路”建设、自贸区/港建设、国际金融中心建设、中非治国理政经验交流等领域展开合作，凸显上海的独特优势。二是侧重服务，以中非合作论坛北京峰会“能力建设行动”为重点，充分发挥上海服务业发达的优势，重点参与对非“软”基础设施援建工作，特别是能力培养、系统建设等。三是强调先行先

试，在国家总体外交难以突破或不宜突破的领域，协调统筹地方外事、地方外经、地方外宣先行先试，缓解国家总体外交的压力，探索、培育新的外交路径。

第三，结合上海自身特色与中非合作既有基础，围绕共建“一带一路”高质量发展目标，精细化、系统化落实中非合作论坛北京峰会的上海版“八大行动”。

一是以上海“四个新作为”为核心，积极承担中非合作论坛的各类分论坛，响应中非合作论坛——北京行动计划（2019～2021）要求，推动完善“中非地方政府合作论坛”机制，提升上海服务国家总体外交的城市能级，强化上海与非洲的地方政府间合作，为推动非洲各国工业化与可持续发展提供制度保障。

二是聚焦上海国际金融中心建设，与财政部建立部市合作机制，共同推动对非金融援建工作。系统化对非金融援建工作，是帮助非洲缓解工业化与可持续发展过程中所面临的最大障碍，即资金不足的重要手段。其一，配合落实《“一带一路”融资指导原则》，积极参与为非洲国家及其金融机构来华发行债券提供便利，支持非洲国家更好地利用新开发银行等的落实工作；其二，在中非开发性金融论坛、中非金融合作银联体的建设工作中发挥重要甚至是主导作用；其三，重点参与非洲三大金融机构即非洲投资银行、非洲中央银行和非洲货币基金的创建；其四，可考虑介入非洲其他金融机构的创建努力，如非洲50基金、非洲信贷保证基金、非洲基础设施发展基金、侨民债券等；其五，与筹建中的泛非股市建立经验交流机制。

三是着眼上海国际贸易中心建设，推动非洲国家对华出口能力建设。其一，落实习近平主席支持非洲国家参加中国国际进口博览会的相关承诺，为非洲国家参加进博会创造良好条件；其二，将进博会与自非洲进口贸易融资专项资金的更好使用相联系，推动进博会和上海国际贸易中心建设，为非洲经济融入世界经济体系创造更好条件。

四是着眼上海国际航运中心建设，结合服务中非合作与“一带一路”建设，打造上海港在非洲的辐射和支撑体系，可优先从肯尼亚、坦桑尼亚、马达加斯加、南非、尼日利亚等国择优质港口加强合作，打造上海与非洲的“海上丝绸之路”。

五是以上海科创中心建设为基础，与科技部建立部市合作机制，积极参与中非创新合作中心建设，在非洲建设低端研发中心和技术示范基地，推动对非技术转移工作，使上海科技中心建设形成既有引领也有追随的复合体系，不仅促进非洲国家工业化与可持续发展，也提升上海科技中心建设的水平。

六是前瞻思考“上海服务”品牌的国际推广，帮助非洲提高社会治理能力，促进联合国《2030 年可持续发展议程》、非盟《2063 年议程》的落实。其一，可考虑与国家统计局合作，在非洲设立统计能力培养基金或培训学校，落实行动计划中有关加强与非洲国家在标准和计量领域合作的要求，既及时掌握非洲国家经济信息，又服务于当地统计能力提高；其二，可与国家卫健委合作，积极参与中非疾病控制中心建设工作，积极援建非洲国家公共卫生体系；其三，强化与非洲国家的社区治理经验交流，在社会治理、从严治党等方面取得新作为。

七是以“上海购物”品牌建设为契机，推动上海各类期货交易所与非洲的经济交流，并逐渐参与非洲大宗商品统一市场建设，为未来中国战略资源需求预备后手。

八是以“上海文化”品牌建设为抓手，积极参与中非“人文交流行动”，强化上海与非洲人文交流，推动形成中非工业化与可持续发展理念经验交流的良性循环。其一，强化上海与非洲教育交流，如上海开放大学可参与泛非网络大学的筹建（2024）工作，上海交通大学可参与中国援非交通大学筹建；其二，优化上海高校非洲留学生的管理与后续利用；其三，加强上海与非洲的友城工作，恢复既有友城联系，并考虑新建友城；其四，强化上海与非洲的文化交流工作，上海电影节等文化品牌可考虑多引进非洲作品。

B.4

上海与中东欧地区打造更紧密的经贸关系

曹嘉涵*

摘　要： 作为联通欧亚两大市场的枢纽地带，中东欧地区在“一带一路”建设中的角色和作用历来受到我国的高度重视。随着希腊加入中国－中东欧国家合作机制，中国与中东欧国家在“17+1”框架下共建“一带一路”的合作又迈上了新台阶。当前，中国与中东欧国家共建“一带一路”的政策沟通日益成熟，设施联通、贸易畅通、资金融通和民心相通也不断取得丰硕成果。总体上看，上海在服务中东欧地区“一带一路”建设过程中扮演着独特而重要的角色，在经贸促进、金融开放、科创引领、人文交流等领域优势显著。现阶段，上海与中东欧国家的贸易虽有较大增长，但占全国的比重仍然较低，上海企业在中东欧国家的投资规模也相对较小。未来，上海应牢牢抓住“五个中心”“四大品牌”建设以及实施中央交给上海“三大任务一大平台”的历史性契机，在全面提升城市能级和核心竞争力的过程中当好高质量服务中东欧地区“一带一路”建设的“桥头堡”。

关键词： “一带一路”　中东欧　上海

中东欧国家区位优势鲜明，与独联体国家和欧洲联盟左右相连，其在

* 曹嘉涵，上海国际问题研究院比较政治与公共政策研究所，博士，助理研究员。

“一带一路”建设中的角色和作用历来受到我国的高度重视。随着希腊加入中国－中东欧合作机制，中国与中东欧国家共建“一带一路”合作再上新台阶。近年来，上海积极投身“一带一路”建设，努力发挥“桥头堡”作用。现阶段，上海与中东欧国家的进出口贸易和双向投资总体规模相对不大，仍处于蓄势待发的状态。随着“一带一路”建设走向高质量发展和上海加快建设“五个中心”并承担三项新的重大国家任务，上海服务中东欧地区“一带一路”建设潜力巨大、机遇无限。持续总结和探索上海服务中东欧“一带一路”建设的成果、经验以及面临的机遇和挑战，有助于提升上海服务“一带一路”国家战略的水平。

一　中国－中东欧“一带一路”建设合作整体状况

作为联通欧亚两大市场的枢纽地带，中东欧是“一带一路”建设的重点区域。2016 年 3 月，习近平对捷克成功进行建交 67 年来的首次国事访问，中捷两国宣布建立战略伙伴关系。同年 6 月，习近平对塞尔维亚和波兰进行国事访问，并宣布中国与塞、波两国建立全面战略伙伴关系。习近平对中东欧国家的密集访问，充分显示出中国－中东欧国家合作在“一带一路”建设整体合作中的地位。2018 年以来，中国与中东欧国家共建“一带一路”的合作继续稳步推进，成果显著。2019 年 10 月，习近平与保加利亚、罗马尼亚、捷克、斯洛伐克、匈牙利、波兰等中东欧六国元首互致贺电，庆祝双边建交七十周年，并愿以此为起点，抓住共建“一带一路”和中国－中东欧国家合作的机遇，推动传统友好合作关系再上新台阶。

（一）中东欧在“一带一路”建设中的地位

中东欧国家是共建“一带一路”的重要合作伙伴。作为陆海“丝绸之路”沿线的重要国家，中东欧国家对畅通“一带一路”建设可以发挥支点作用。中国与中东欧国家历来具有良好的交往传统，双方近年来合作关系发展顺畅。目前，中国－中东欧国家合作机制已成为“一带一路”建设融入欧洲经济圈的关键接口。2019 年 4 月，在克罗地亚杜布罗夫尼克召开的第八次中国 - 中东欧国家领导人会晤上，希腊作为新成员正式加入中国 - 中东欧国家合作框架。这是中国 - 中东欧国家合作机制启动八年以来的首次扩容，由“16 +1”升级为“17 +1”。希腊的加入，体现了中国 - 中东欧国家合作机制的吸引力和开放性，同时也为中国与中东欧国家高质量共建“一带一路”提供了新的动力。①

作为中国企业“走出去”的重要投资目的地，中东欧国家目前仍经历着从新兴经济体向发达经济体转型和过渡的阶段，对来自中国的资金存在较大需求，因此也是中国企业进军传统西欧发达国家市场的平台和跳板。中东欧国家具有劳动力受教育程度高、生产成本较低、产品销售渠道靠近西欧市场等优势，因此备受中国企业的青睐。2019 年 8 月上海市商务委联合德勤管理咨询公司发布的第二份《“一带一路”国家投资指数报告》显示，捷克、爱沙尼亚、拉脱维亚、波兰、保加利亚、立陶宛、斯洛文尼亚等 7 个中东欧国家入选综合投资吸引力最高的前 20 个国家行列，其中，捷克、爱沙尼亚和拉脱维亚位于投资风险最低国家的前五位。② 根据中国国际经济交流中心和国家开发银行研究院 2019 年 5 月共同发布的《一带一路贸易投资指数报告》，8 个中东欧国家的投资环境达到了中等至较高水平，6 个国家为一般水平（见表 1）。可见，中东欧国家仍是中国企业赴海外投资兴业的重要目的地。

表 1　共建“一带一路”国家投资总指数排名情况（中东欧国家）

排名	国家	得分	指数级别
7	捷克	0. 261	较高水平
8	波兰	0. 251	较高水平
11	罗马尼亚	0. 234	中等水平
12	爱沙尼亚	0. 221	中等水平

① 刘作奎：《希腊赋能“中国 - 中东欧国家合作”：实践创新与学术展望》，《中国社会科学报》2019 年 9 月 3 日。

② 德勤：《“一带一路”沿线国家和地区的整体经济吸引力上涨》，中国一带一路网，2019 年 8 月 7 日，https：//www. yidaiyilu. gov. cn/xwzx/roll/99376. htm。

续表

排名	国家	得分	指数级别
13	拉脱维亚	0.215	中等水平
16	塞尔维亚	0.206	中等水平
17	斯洛伐克	0.205	中等水平
18	斯洛文尼亚	0.202	中等水平
19	立陶宛	0.199	一般水平
20	克罗地亚	0.198	一般水平
21	马其顿	0.195	一般水平
23	保加利亚	0.194	一般水平
24	匈牙利	0.189	一般水平
40	波黑	0.119	一般水平

资料来源：中国国际经济交流中心、国家开发银行研究院：《一带一路贸易投资指数（BRTII）报告》。

（二）“一带一路”建设与中国－中东欧战略对接

强化战略对接是中国－中东欧国家高质量共建“一带一路”的基石所在。迄今为止，中国－中东欧国家合作机制不断增强，合作领域持续扩展，合作成果愈发丰富。中国－中东欧国家领导人自2012年举行首次会晤以来，双方已连续举行八次领导人会议（见表2）。随着希腊的加入，中国－中东欧国家合作机制正式从“16＋1”升级为“17＋1”。作为“一带一路”沿线重要的支点国家，希腊加入“16＋1”合作对于中国与中东欧国家扩大经贸投资往来、强化互联互通、推动中欧人文交流和文明互鉴具有重要意义。

2019年4月，第八次中国－中东欧国家领导人会晤举行，李克强总理出席，并与中东欧国家领导人就推进共同维护多边贸易体制、进一步扩大贸易规模、推进共建“一带一路”合作、大力拓展创新合作、持续推动中小企业和产业园区建设合作、深入开展人文交流合作等议题进行了探讨，在公路、港口、能源基础设施建设以及农业、金融、教育、影视、文化、卫生等领域达成39项会晤成果。此次会晤的最大亮点，是接纳希腊加入中国－中东欧国家合作机制。希腊位于巴尔干半岛最南端，区位独特，交通便利，长期以来都被视为进出欧洲的重要门户。同时，希腊也是首个与中国签署共建“一带一路”合作谅解备忘录的欧盟成员国。希腊加入“16 + 1”可以帮助其自身更好地发挥地区枢纽作用，同时也让中国 – 中东欧国家合作与欧盟经济发展对接，为中欧共建“一带一路”合作发挥锦上添花的作用。

表 2　中国 – 中东欧国家领导人会晤

	地点	时间	主要成果文件
第一届	波兰华沙	2012 年 4 月	《中国 – 中东欧国家领导人会晤新闻公报》
第二届	罗马尼亚布加勒斯特	2013 年 11 月	《中国 – 中东欧国家合作布加勒斯特纲要》
第三届	塞尔维亚贝尔格莱德	2014 年 12 月	《中国 – 中东欧国家合作贝尔格莱德纲要》
第四届	中国苏州	2015 年 11 月	《中国 – 中东欧国家合作中期规划》 《中国 – 中东欧国家合作苏州纲要》
第五届	拉脱维亚里加	2016 年 11 月	《中国 – 中东欧国家合作里加纲要》 《中国 – 中东欧国家领导人里加声明》
第六届	匈牙利布达佩斯	2017 年 11 月	《中国 – 中东欧国家合作布达佩斯纲要》
第七届	保加利亚索非亚	2018 年 7 月	《中国 – 中东欧国家合作索非亚纲要》
第八届	克罗地亚杜布罗夫尼克	2019 年 4 月	《中国 – 中东欧国家合作杜布罗夫尼克纲要》

资料来源：笔者根据外交部网站信息制作，https://www.fmprc.gov.cn/。

“一带一路”建设开展六年多以来，中东欧国家予以积极响应，双方各层次往来日益频繁，全方位合作不断深化。迄今为止，中国与中东欧国家在“17 + 1”合作机制下先后建立了农业经贸合作论坛、文化合作部长论坛、国家教育政策对话、地方领导人会议、高级别智库研讨会、旅游合作高级别会议、经贸促进部长级会议、环保合作部长级会议、交通部长会议、卫生部长论坛、海关合作论坛、文化遗产论坛、体育协调机制等一系列合作平台，为各领域开展深入务实合作提供了重要载体。

《中国 – 中东欧国家领导人会晤杜布罗夫尼克纲要》提出将根据各自需求和重点继续落实《中国 – 中东欧国家合作中期规划》，并在必要时制定新合作规划。2020 年，将在中国和中东欧分别召开协调员会议。各方认为，有必要及时回顾现有合作机制和会议及其成果，完善现有和拟议中的合作平台，以高效利用成员国的行政资源，让合作更有针对性和结果导向性。这一纲要为中国与中东欧国家在“17+1”框架下共建“一带一路”明确了政策导向，与会各方欢迎“一带一路”倡议和欧盟欧亚互联互通战略进行对接，愿利用两者对接提供的机遇进行合作，并以此对相关欧盟倡议进行补充。

（三）“一带一路”建设与中国－中东欧经贸合作

六年多来，中国与中东欧国家相关合作稳步推进，双方在设施联通、贸易畅通、资金融通等方面均已取得显著成果，各领域机制安排的建设不断发展完善。

第一，设施联通。

其一，中欧班列和中国－中东欧直航航线不断增加。2018 年，中欧班列共开行 6363 列，同比增长 73%。其中返程班列 2690 列，同比增长 111%，累计开行超过 12000 列，提前两年实现《中欧班列建设发展规划 2016～2020 年》设定的“年开行 5000 列”目标。目前，中欧班列开行数量达 68 条，国内开行城市达到 59 个，通达欧洲 15 个国家 49 个城市。[①] 其中，“蓉欧”（中国成都－波兰罗兹）、“苏满欧”（中国苏州－波兰华沙）班列的终点均设在波兰。2019 年 9 月 24 日，中国铁路物资集团有限公司承运的匈塞铁路物资专列从山东济南出发前往贝尔格莱德，成为国内首发塞尔维亚的中欧班列。[②] 此外，中国已与匈牙利、捷克、塞尔维亚、波兰等中东欧国家实现直航，其中包括新开通的深圳至布拉格直飞航线，未来还将继续拓展国内城市与中东欧国家之间的直航航线。

其二，重大基础设施建设项目持续推进。目前，中国－中东欧国家已建立起交通基础设施合作联合会、物流合作联合会以及海关合作联合会等政府间合作机制。塞尔维亚贝尔格莱德跨多瑙河大桥、E763 高速公路、黑山南北高速公路、黑山铁路修复改造、马其顿米拉蒂诺维奇－斯蒂普和基切沃－奥赫里德高速公路等基建项目不断推进。此外，鉴于铁路运输在促进经济社

① 参见“中欧班列”，中国一带一路网，https：//www. yidaiyilu. gov. cn/zchj/rcjd/60645. htm。

② 《中欧班列首发塞尔维亚》，2019 年 9 月 25 日，国务院国资委网站，http：//www. sasac. gov. cn/n2588025/n2588119/c12317879/content. html。

会发展和环境保护方面的作用日益突出，铁路交通正成为中国与中东欧国家互联互通的合作重点。截至目前，中国与塞尔维亚、匈牙利在匈塞铁路及其亚得里亚海、黑海和波罗的海延长线项目上已经取得了重要进展。

其三，陆海联动式物流通道建设步入快车道。目前，中国和大多数中东欧国家之间的互联互通水平仍然十分有限，双方合作潜力巨大。作为中欧海上丝绸之路的标志性工程，中欧陆海快线正在紧锣密鼓地推进之中。随着希腊加入中国－中东欧国家合作机制，中欧陆海快线建设将进一步提速。未来，中国货轮抵达希腊比雷埃夫斯港之后，可望经由马其顿和匈塞铁路向北直达中东欧腹地，从而为中国商品对欧出口和欧洲商品输华开辟更便捷的物流通道。《中国－中东欧国家领导人会晤杜布罗夫尼克纲要》提出，中国与中东欧国家可共同探讨利用和建立物流中心，推进铁路交通和包括海关合作在内的多式联运合作。该纲要还继续支持推进中欧陆海快线合作，并利用中欧互联互通平台推动多式货物运输的发展，欢迎中国与中东欧国家开展港口合作，利用内河航运和多式联运共同推动亚欧货物运输。2020 年，第五届中国－中东欧国家交通部长会议计划在克罗地亚举办。

第二，贸易畅通。

中国与中东欧国家之间产业互补性强，中国在基础设施建设和装备制造领域的优势可以满足中东欧国家经济转型和基建升级的需求。李克强总理指出，中国与中东欧国家经贸合作潜力巨大，中方将在进一步扩大贸易规模的同时优化贸易结构，想方设法扩大包括特色优质农产品在内的商品进口，以促进贸易平衡。为此，中方将加快检验和检疫准入程序，为中东欧国家的优质农产品进入中国市场提供更多便利。

其一，“一带一路”建设启动六年多来，中国－中东欧国家经贸合作成绩显著。据中国海关统计，中国与中东欧 16 国 2018 年进出口贸易额增加至 822.3 亿美元，较上年增长 21%。其中，中方出口 591.9 亿美元，增长 19.6%，进口 230.4 亿美元，增长 24.6%。与此同时，中国与中东欧国家之间贸易参差不齐的现象仍较突出。波兰、捷克、匈牙利依旧是我国在中东欧地区最主要的贸易伙伴，与三国贸易额占中国与中东欧国家贸易总额的近

63%。其中，波兰仍是中国在中东欧最大的贸易伙伴和欧盟内第九大贸易伙伴，中国则是波兰第二大进口来源国和在亚洲最大的贸易伙伴，中波贸易额占中国－中东欧国家贸易总额的30%。捷克是中国在中东欧的第二大贸易伙伴，中国则是捷克在欧盟以外的第一大贸易伙伴。2018年，中捷贸易总额超过160亿美元，占中国－中东欧国家贸易总额的19.8%。相比之下，中国与黑山、前南马其顿、波黑等国家的贸易额仍相对较小（见表3）。

表3　中国－中东欧国家贸易畅通（2018）

单位：万美元

国家	进出口总额	中国出口额	中国进口额	累计比去年同期±%		
				进出口	出口	进口
波兰	2452391	2087896	364495	15.5	16.8	8.7
捷克	1630916	1191010	439906	30.6	35.5	19
匈牙利	1088339	654180	434160	7.5	8.1	6.5
罗马尼亚	667579	450712	216867	19.2	19.3	18.9
斯洛伐克	778031	253584	524447	46.4	-7.1	102.9
斯洛文尼亚	501589	442483	59106	48.3	53.3	19.3
保加利亚	258830	144029	114801	21	23.2	18.5
立陶宛	209304	176294	33010	12.8	10.2	29.4
克罗地亚	153900	132700	21200	14.6	14.4	15.8
拉脱维亚	138031	116719	21311	4.1	1.7	20.2
爱沙尼亚	127690	103154	24536	0.8	2.5	-5.8
塞尔维亚	95267	72817	22450	25.8	33.5	6.1
阿尔巴尼亚	64794	54009	10785	-0.4	19	-45
黑山	22001	17820	4182	10.6	34.5	-37
前南马其顿	15610	10774	4836	-5.2	38.1	-44.2
波黑	18713	10973	7740	37.5	39.2	35.2
合计	8222985	5919154	2303832	21	19.6	24.6

资料来源：笔者根据商务部欧洲司网站资料整理制作，http://ozs.mofcom.gov.cn/article/zojmgx/date/201903/20190302846188.shtml。

其二，中国与中东欧国家之间的相互投资持续扩大。2019年6月，中国商务部和浙江省人民政府在宁波共同主办了第五届中国－中东欧国家投资合作洽谈。截至2019年5月底，中国企业在中东欧国家的投资已超100亿美元，中东欧国家在华投资也超过15亿美元，涉及金融、环保、新能源、机械制造、化工、物流等领域，双向投资带动产能合作，成为中国－中东欧国家经贸合作的新增长点。①

其三，产业园区继续成为中国－中东欧国家强化供应链合作的主要形式。2018年，中国－中东欧国家经贸合作宁波示范区、中国－中东欧（沧州）中小企业合作区先后启动运营。2019年6月，宁波成功举办了首届中国－中东欧国家博览会暨国际消费品博览会，而中国－中东欧国家经贸合作宁波示范区的顺利推进，为国内其他省区市参与中国－中东欧国家产业合作发挥了良好的示范作用。此外，2019年4月发布的《中国－中东欧国家合作杜布罗夫尼克纲要》提出将继续支持中国－中东欧国家开展农业合作示范区建设。

其四，中国与中东欧国家之间继续加强海关检验检疫合作。2019年4月第八次中国－中东欧国家领导人会晤签署了与农产品贸易及海关流程等领域的一系列合作协定。② 同年6月，第四届中国－中东欧国家海关检验检疫合作对话会在宁波召开，其间签署了《中国海关总署与斯洛伐克共和国国家兽医与食品管理局关于斯洛伐克输华南美貘兽医卫生证书的备忘录》《中国海关总署与阿尔巴尼亚共和国农业和农村发展部关于进出口食品安全合作的谅解备忘录》等文件，以进一步深化检验检疫合作、优化跨境贸易环境。

尽管2018年中国与中东欧国家贸易额同比增长了21%，但双方贸易规模仍只占中国与欧洲贸易额的11.2%、中国与世界贸易额的1.78%，增长空间较大。③ 与此同时，2018年中东欧国家对华贸易逆差状态仍较明显，双方贸易畅通水平尚有很大提升空间。

---

① 《商务部：2018年中国与中东欧16国贸易额为822亿美元》，中新网，2019年5月29日，http：//www. chinanews. com/gn/2019/05－29/8850546. shtml。

② 《第八次中国－中东欧国家领导人会晤成果清单》，外交部网站，2019年4月12日，https：//www. fmprc. gov. cn/web/zyxw/t1653928. shtml。

③ 中华人民共和国商务部欧洲司：《2018年1～12月中国与欧洲国家贸易统计表》，2019年3月25日，http：//ozs. mofcom. gov. cn/article/zojmgx/date/201903/20190302846188. shtml。

第三，资金融通。

金融合作是中国－中东欧高质量共建“一带一路”的重要内容。考虑到中东欧国家金融市场发展仍处于起步阶段，深化金融合作将为推动双边经贸投资合作向更高水平发展提供新平台。

其一，政府间金融合作继续加强。2018 年 2 月，中国中东欧投资合作基金二期正式运营。至当年 4 月，中国中东欧投资合作基金二期资产已达 8 亿美元，完成对中东欧地区能源、制造业、医疗保健、教育和电信等 12 个项目的投资，目前正朝向 10 亿美元的目标资产规模迈进。2018 年 11 月，首次中国－中东欧国家央行行长会议在匈牙利首都布达佩斯举行，中国人民银行行长易纲参加了会议，就中国－中东欧国家宏观经济形势、人民币在储备管理中的作用以及中国－中东欧国家央行合作等议题与中东欧各国央行行长和高级代表进行了深入探讨。2019 年 4 月第八次中国－中东欧国家领导人会晤期间，中国与部分中东欧国家共同签署了《国家开发银行与克罗地亚复兴开发银行在一带一路倡议下 3 亿欧元金融合作协议》《国家开发银行与匈牙利开发银行 5 亿元人民币贷款协议》《国家开发银行与罗马尼亚进出口银行 1 亿欧元金融合作协议》《国家开发银行向塞尔维亚邮储银行提供 2500 万欧元贷款协议》《国家开发银行与保加利亚发展银行 3 亿欧元贷款协议》等金融合作文件。

其二，中国与中东欧国家在金融科技领域的合作日趋紧密。中国移动支付等金融创新成果受到中东欧国家的普遍关注。其中立陶宛在中东欧金融科技行业中扮演的角色越发重要，逐渐成为地区性行业枢纽。截至 2018 年 10 月，已有 120 多家金融科技企业在立陶宛注册成立，其中包括 5 家中国企业。未来，中国－中东欧国家的金融创新合作预计将进一步深入。

根据《中国－中东欧国家领导人会晤杜布罗夫尼克纲要》，中国－中东欧国家将加强政府金融监管部门合作，为金融机构创造良好的监管环境，以便在遵守相关法律法规并尊重各国国情基础上开展合作；中方鼓励符合条件的中东欧国家将人民币纳入本国外汇储备，欢迎更多中东欧国家金融机构加入中国－中东欧国家银联体，鼓励中国－中东欧国家加强沟通，共同应对经济数字化给税收带来的挑战。

（四）“一带一路”建设与中国－中东欧人文交流

民心相通是中国与中东欧国家共建“一带一路”的社会基础。“一带一路”建设启动六年多来，中国与中东欧国家之间创建了一系列人文交流机制，并在这些机制框架下开展了各式各样的人文交流活动。双边地方合作和旅游合作，以及青年、教育、文化、体育、妇女儿童保护、中医药等领域合作全面展开。

截至2018年底，中国－中东欧国家人文交流年、中国－中东欧国家媒体交流年、中国－中东欧国家文化合作论坛、中国－中东欧国家地方合作年、中国－中东欧青年政治家论坛、中国－中东欧国家教育政策对话、中国－中东欧国家高级别智库研讨会等系列活动先后成功举办。2019年，中国与中东欧国家重点开展了教育和青年交流年活动，通过访问、对话、培训等多种形式增进相互了解，深化教育和青年领域合作。目前，参与“17＋1”合作的中东欧国家已全部设有孔子学院（28个）和孔子课堂（4个）。其中波兰设有孔子学院6个、孔子课堂1个，匈牙利设有孔子学院5个、孔子课堂1个，罗马尼亚设有孔子学院4个、孔子课堂1个，斯洛伐克设有孔子学院3个、孔子课堂1个，捷克设有孔子学院2个、孔子课堂1个，斯洛文尼亚设有孔子学院和孔子课堂各1个，保加利亚、塞尔维亚、波黑、希腊各设有2个孔子课堂，爱沙尼亚、阿尔巴尼亚、克罗地亚、拉脱维亚、立陶宛、马其顿和黑山目前也各开设了1个孔子学院。[①] 2019年，中国与中东欧国家继续拓展旅游合作空间，进一步扩大双向旅游交流规模，特别是加强了地方政府和旅游企业间的合作。第五次中国－中东欧国家旅游合作高级别会议在拉脱维亚里加成功举办。同年，第四届中国－中东欧国家文化合作部长论坛在马其顿成功举办，第四届中国－中东欧国家文化创意产业论坛在匈牙利成功举办，第二届中国－中东欧国家文化遗产论坛在中国成功举办。

---

① 详见孔子学院总部/国家汉办网站，2019年10月1日，http：//www. hanban. org/confuciousinstitutes/node_ 10961. htm。

根据《中国－中东欧国家领导人会晤杜布罗夫尼克纲要》，中国与中东欧国家将继续加强教育、青年和体育合作，支持2020年在捷克举办第八届中国－中东欧国家教育政策对话以及中国－中东欧国家高校联合会第七次会议，支持由阿尔巴尼亚牵头设立中国－中东欧国家青年发展中心，支持在中东欧国家设立中国－中东欧国家体育协调机制，合作加强2022年北京冬奥会和2022年北京冬季残奥会的筹备工作。此外，中国和中东欧国家还将继续加强旅游、文艺合作和出版合作，支持中国与中东欧国家发展多元化和全方位的旅游业，鼓励艺术家和文艺创意作品交流，充分发挥中国－中东欧国家出版联盟的作用，推动出版机构间的合作交流，提升联合出版的水平。

总体上看，中国－中东欧国家共建“一带一路”的政策沟通、设施联通、贸易畅通、资金融通和民心相通均取得显著成绩，未来合作空间和发展潜力巨大。

二　上海服务中东欧地区“一带一路”建设的既有进展

上海作为我国推动新一轮改革开发的重要门户，正加快迈向经济、金融、贸易、航运、科技创新等五个中心，不断提升城市能级和核心竞争力，打造高质量服务“一带一路”建设的“桥头堡”。当前，尽管中东欧国家在上海外贸中所占比例依然较低，但上海在中东欧国家对华贸易中发挥的作用越发突出。上海地理区位优势显著，在服务中东欧“一带一路”建设方面具有独特的实力和基础。“一带一路”建设启动至今，上海积极发挥专长，在政策对接、经贸合作、金融服务、人文交流等领域不断提升服务中东欧地区“一带一路”建设的力度和水平。

（一）中东欧凸显上海服务“一带一路”“桥头堡”地位

与全国其他省区市相比，上海在服务中东欧地区“一带一路”建设方面的“桥头堡”地位更加显著。上海独特的地理区位，使其得以成为“联通内外”的海陆交汇点。

首先，上海服务中东欧“一带一路”建设拥有强大的经济基础。作为我国最大的经济中心，上海的经济社会发展成就令人瞩目，并以长三角龙头的身份对周边省市进行辐射和带动。因此，不少中东欧国家的企业十分重视上海的经济“领头羊”地位，通过与上海企业合作进军长三角地区，并向中国内陆甚至整个亚太地区发展。与此同时，上海也高度重视与中东欧地区的经贸合作，目前已与中东欧国家搭建起广泛的经贸合作网络。2015年以来，上海市商务委、进出口商会、贸促会、国际商会、上海自贸试验区管委会等已先后与捷克工业与贸易部、斯洛伐克亚洲商会、匈牙利布达佩斯工商会、匈牙利匈中经济商会、保加利亚中小企业促进署、拉脱维亚投资发展署、波兰信息与外国投资局、罗马尼亚工商会、克罗地亚经济商会驻沪代表处、波兰卡托维兹工商会、塞尔维亚共和国工商总会等机构签署了合作协议或备忘录，为双方长期交往提供了机制保障。

其次，上海服务中东欧“一带一路”建设具有坚实的开放基础。上海“海纳百川、追求卓越”的城市精神使其中西交融、活力四射的特点更加突出，上海力争成为“改革开放排头兵、创新发展先行者”，让这座城市的国内和国际吸引力与日俱增。旅沪中东欧国家人士对上海充满认同感和归属感，上海在中东欧国家企业和游客当中有较高知名度和良好口碑，许多中东欧国家民众将上海视作中国最发达的城市和旅游、留学的首选城市。与此同时，许多中东欧国家的外交机构、跨国公司和非政府组织也纷纷在上海设立分支或代表处。

截至2019年3月，有76个国家在上海设立了总领事馆。[①] 参与“17+1”合作机制的中东欧国家当中，波兰、捷克、塞尔维亚、罗马尼亚、匈牙利、斯洛伐克、希腊、保加利亚、斯洛文尼亚等9国均在上海设有总领事馆。截至2019年7月，上海及相关区与世界上59个国家的90个市建立了友好城市或友好交流关系。其中，上海与克罗地亚萨格勒布市、希腊比雷埃夫斯

① 《各国驻沪领馆》，上海市人民政府外事办公室，2019年3月，http://wsb.sh.gov.cn/wsb/node466/node499/node505/node577/u1ai22257.html。

市、波兰滨海省、罗马尼亚康斯坦察县、斯洛伐克布拉迪斯拉伐州、匈牙利布达佩斯市、保加利亚索非亚市、塞尔维亚贝尔格莱德市、黑山巴尔市、波兰索伯特市都建立了友城或友好交流关系[①]。2001 年，捷克就在上海设立了商务办事处，成为捷克最早驻中国的贸易办事处。无独有偶，匈牙利国家贸易署驻上海代表处也是该国在华设立最早的代表处之一。2007 年 11 月，斯洛文尼亚企业家与外国投资局在上海设立代表处。2008 年 1 月，爱沙尼亚企业管理局上海代表处成立。2015 年，拉脱维亚投资发展署设立上海代表处。2017 年 2 月，波兰信息与外国投资局成立“上海波兰经贸中心”。同年 9 月，保加利亚也在上海设立旅游信息中心中国总部，负责组织推广该国旅游资源和信息，向中国游客提供服务，促进两国旅游企业合作。11 月，克罗地亚经济商会驻上海代表处宣告成立。

最后，上海在服务中东欧地区“一带一路”建设方面具有深厚的智力基础。近年来，上海高校纷纷设立与中东欧国家相关的语言学科专业，如上海外国语大学希腊语、匈牙利语、波兰语、捷克语等小语种本科专业。同时，上海高校和智库也纷纷设立针对中东欧国家的研究中心并承办相关研究论坛，如上海对外经贸大学（中东欧研究中心）、上海大学（承办第三届中国－中东欧论坛）、上海社会科学院、上海国际问题研究院等，这些智力资源将为上海深入开展中东欧国家的研究和交流提供人才储备和学术支撑。

2017 年 10 月，上海市推进“一带一路”建设工作领导小组办公室发布《上海服务国家“一带一路”建设发挥桥头堡作用行动方案》[②]（以下简称“上海行动方案”），为上海服务中东欧“一带一路”建设提供了政策上的指引。总的来看，上海服务高质量共建“一带一路”的政策路径与中东欧国家发展战略与规划颇为契合，有助于中东欧国家在科技创新的世界大潮之下

① 《友城统计》，上海市人民政府外事办公室，2019 年 7 月，http：//wsb. sh. gov. cn/wsb/node466/node548/node550/index. html。

② 上海市推进“一带一路”建设工作领导小组办公室：《上海服务国家“一带一路”建设发挥桥头堡作用行动方案》（2017 年 10 月），http：//www. shanghai. gov. cn/nw2/nw2314/nw2319/nw12344/u26aw53799. html。

加快调整经济结构，培育新的增长点和竞争优势。

第一，由于中国与中东欧国家的贸易受世界经济形势变化影响较大，上海可与中东欧国家共同努力，通过扩大进口改善贸易结构和质量，培育新贸易增长点，逐步提高高技术和高附加值产品在往来贸易中的比例；创新贸易方式，在做好一般贸易的同时加大力度发展加工贸易，用投资带动贸易水平不断提高；除坚持产业间和产业内贸易同步发展外，还应保持商品贸易和服务贸易发展相同步，力争进一步提高服务贸易比重和贸易便利化水平。

第二，通过继续深化产业投资合作，满足中东欧国家实现（再）工业化的需要。中东欧地区从发展水平来看属于欧洲的“经济洼地”，绝大多数为中低收入国家，因此这些国家必须经历工业化或再工业化过程才能实现经济的快速追赶。近年来，塞尔维亚等中东欧国家已明确提出（再）工业化战略。在这方面，上海完全可以通过参与中国与中东欧国家的产能合作，推动本地企业“走出去”，帮助中东欧国家实现（再）工业化的目标，实现经济飞跃。在这方面，“上海行动方案”提出了若干目标，如发展“一带一路”跨境电子商务、促进“一带一路”服务贸易创新、加强“一带一路”国际产能和装备制造合作、建立“一带一路”综合性经贸投资促进服务平台等，这些与中东欧国家经济转型的实际需求十分匹配。

第三，上海可利用和发挥自身资源优势，进一步深化与中东欧国家在金融领域的合作。“上海行动方案”提出的长远目标，是要把上海建成“一带一路”投融资中心和全球人民币金融服务中心。

第四，中东欧地区基础设施水平普遍较差，部分国家由于受战争影响，基础设施破坏短缺情况严重。因此，中东欧国家均把基础设施建设作为国家长期发展战略的重要组成部分，基础设施改进的空间十分巨大。以塞尔维亚为例，为加强铁路联通，该国计划到2020年对基建项目追加投资48亿欧元。鉴于中国的基础设施建设经验已得到较广泛的国际认可，中国与中东欧国家未来在该领域的合作前景十分广阔。目前，中国与中东欧国家之间的互联互通水平远未能满足经贸往来日益密切的需求，而中欧班列的成功运营，已成为密切我国与中东欧国家贸易联系的有效手段。“上海行动方案”将极大助力中东欧国家建设陆海联动式物流通道的目标。

第五，中东欧国家尽管总体发展水平并不十分靠前，但在部分高科技领域具有很强的国际竞争力。捷克的纳米技术、克罗地亚的电动汽车技术等均位居世界前列，部分中东欧国家的创新能力和新技术使用也在全球名列前茅，另一些国家虽缺乏技术优势，但高科技人才成本较低。这为上海与中东欧国家开展科技与创新合作提供了良好机遇。当前，上海正加紧建设具有全球影响力的科创中心，因此可与中东欧国家在促进新材料、新技术、新能源等科技成果产业化方面相互学习借鉴，通过科技创新提高各自的生产效率和生产水平。“上海行动方案”提出建设“一带一路”技术转移中心，并与共建“一带一路”国家一起创建科技园区和联合实验室或联合研究中心，这些政策举措深受中东欧国家欢迎。

第六，由于语言、历史、文化、宗教等多重因素，中国与中东欧国家的人文交流和民心相通相对其他领域而言比较缺乏。实际上，中东欧地区旅游资源丰富，拥有多处联合国教科文组织认定的文化遗产，但旅游相关基础设施和产业仍有待完善和发展。与世界其他地区相比，中东欧地区接待中国游客的比例非常低。考虑到中国庞大的人口规模和居民消费水平的不断提升，未来进一步密切旅游合作与人文交流的潜力很大。为此，“上海行动方案”的“人文合作交流专项行动”提出要在教育、卫生、旅游、文艺、体育等各领域搭建更多合作机制与交流平台，全面提升与共建“一带一路”国家之间的民心相通水平，这对于大力弘扬和传承古丝路精神、夯实中国在中东欧国家的民意基础无疑具有重要意义。

（二）“一带一路”建设与上海－中东欧经贸合作

长期以来，上海在服务中东欧“一带一路”建设中发挥着重要的“桥头堡”作用，主要体现在互联互通、贸易投资、金融和人文交流等领域。

第一，上海与中东欧国家的互联互通。

长三角中欧班列是上海参与高质量共建中东欧“一带一路”的重要途径。2018 年 4 月 10 日起，中国铁路总公司对长三角中欧班列进行了调整，不仅进一步增加了班次，还根据市场需求变化对运输结构进行了优化。2019年，长三角中欧班列已逐步从“比开行数量”向“比开行质量”发展，更多中欧班列的开行城市与沿海港口开展合作，争取把更多原先走海运的货源通过中欧班列进行陆地转运。可以预见，上海将在抢占海铁联运市场份额中逐步显现出巨大的竞争优势。航空方面，上海也积极布局，进一步开拓和完善航班网络布局。中国东方航空公司继2016年6月开通上海与捷克布拉格直航航线后，于2019年6月又开通了上海至匈牙利布达佩斯的直航航线，从而极大方便了中国游客赴匈牙利和其他中东欧国家旅游，同时也有力促进了中国与中东欧国家的经贸往来和人文交流。

第二，上海与中东欧国家的贸易畅通。

2018年，上海与中东欧国家间的进出口贸易额达108.1亿美元（见表4）。中东欧国家当中，斯洛伐克、捷克、波兰、匈牙利是上海主要的贸易对象。值得注意的是，2018年上海从斯洛伐克的进口额增长了8倍多，进出口贸易额也增长了4倍多。斯洛伐克一举超越捷克成为上海在中东欧地区第一大贸易伙伴，占比达29.5%。2018年，捷克在上海与中东欧国家贸易额中的占比下降到25.4%。波兰紧随捷克，成为上海在中东欧地区的第三大贸易伙伴（见图1）。

表4 上海-中东欧国家的贸易畅通（2018）

单位：万美元，%

国家	进出口总额	出口额	进口额	累计比去年同期增长情况		
				进出口	出口	进口
捷克	273967	192554	81413	23.282	23.6874	22.3337
波兰	192933	113302	79631	2.7808	12.3403	-8.3194
匈牙利	95134	27919	67215	9.4874	32.1025	2.2189
罗马尼亚	84391	24563	60368	8.2612	7.4981	8.5747
斯洛伐克	319243	29126	290117	419.2569	-2.4372	817.296
保加利亚	24267	9053	15214	0.7595	27.8897	-10.5337
斯洛文尼亚	25074	14892	10182	26.3639	20.3515	36.3251
立陶宛	19049	8039	11010	24.5877	21.4088	27.0159
爱沙尼亚	11707	7212	4495	-19.9372	-4.5498	-36.3906

续表

国家	进出口总额	出口额	进口额	累计比去年同期增长情况		
				进出口	出口	进口
拉脱维亚	9626	6177	3449	-5.7317	-13.8099	13.2859
克罗地亚	8593	6341	2252	8.9795	39.4633	-32.5437
塞尔维亚	6844	3497	3347	14.778	66.37	-13.3073
波黑	4060	320	3740	32.3256	-20.7613	40.3777
阿尔巴尼亚	2202	914	1288	-6.344	-5.4242	-6.9865
前南马其顿	1705	431	1274	7.899	42.8339	-0.3484
黑山	1268	557	711	81.0956	67.2549	93.6372
合　计	1080603	444897	635706	45.5459	17.1370	75.3000

资料来源：笔者根据中国海关数据整理制作，http：//www.customs.gov.cn/。

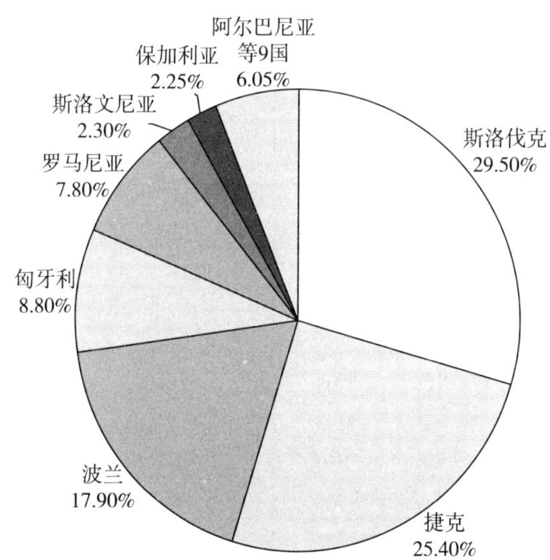

图1　上海与中东欧国家贸易分布（2018年）

资料来源：笔者根据中国海关数据整理制作，http：//www.customs.gov.cn/。

总体上看，从2014年至2018年，上海与中东欧国家间的贸易具有一定的波动性。2014年，上海与中东欧国家的进出口贸易额已达70.7亿美元，2015年至2016年一路小幅下滑降至70亿美元以下，2016年更是接近60亿美元低位。2017 年开始，上海与中东欧国家贸易开始反弹，进口规模增长显著，拉动和提升了贸易水平。至 2018 年，上海对中东欧国家的进出口总额已达 108.1 亿美元，占全国比重为 13.1%，体现出上海在中国与中东欧国家贸易中所处的地位日益突出。与此同时，上海对中东欧国家的进口额首次超过出口额，呈现井喷态势（见表 5、图 2）。

表 5　上海－中东欧国家进出口贸易（2014～2018）

单位：万美元

国家	2014 年	2015 年	2016 年	2017 年	2018 年
捷克	220241	226307	170646	222225	273967
波兰	188354	191394	166476	187717	192933
匈牙利	74752	67434	75339	86889	95134
罗马尼亚	78555	64908	67941	78450	84931
斯洛伐克	52242	38654	50037	61481	319242
保加利亚	35809	30639	20601	24187	24266
斯洛文尼亚	15195	15016	18884	19839	25074
立陶宛	14529	13749	13415	15289	19049
爱沙尼亚	1262	12775	1456	14622	11707
拉脱维亚	11776	7511	9543	10211	9626
克罗地亚	6478	5474	7906	7876	8593
塞尔维亚	3491	4032	5346	5963	6844
波黑	1978	3706	2523	3068	4060
阿尔巴尼亚	2326	2193	2153	2351	2202
前南马其顿	1149	800	766	1580	1705
黑山	483	1189	370	700	1268
合计	707358	685781	611946	742448	1080603

资料来源：笔者根据中国海关数据整理制作，http：//www. customs. gov. cn/。

2018 年 11 月成功举办的首届中国国际进口博览会，吸引了中东欧国家踊跃来沪参展。比如，斯洛伐克就利用参加首届进博会之机扩大了高质量农副产品的对华出口。作为中国在中东欧地区的第二大贸易伙伴，捷克对首届进博会高度重视，不仅是首批确认参展的欧盟国家，还为此专门成立由外交部、工贸部、农业部以及地方发展部等政府部门组成的联合小组负责协调参

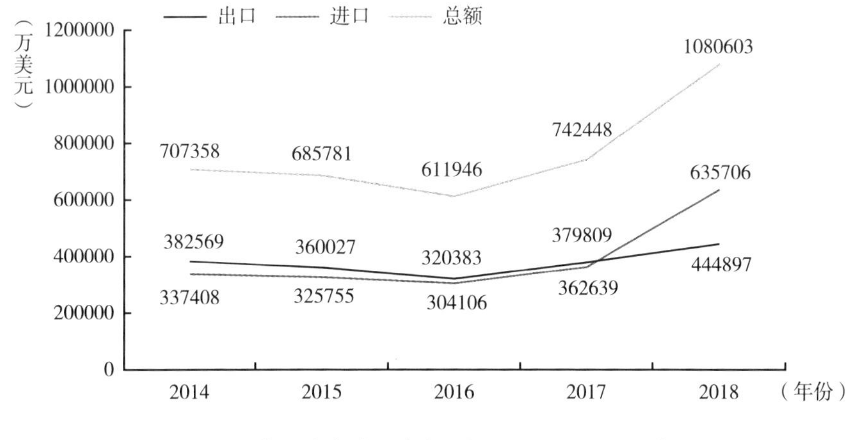

图2　上海－中东欧国家贸易畅通（2014～2018年）

资料来源：笔者根据中国海关数据整理制作，http：//www.customs.gov.cn/。

展事务。泽曼总统在竞选连任后不久，亲自率团赴上海出席进博会。在首届进博会食品及农产品展和服务贸易展上，多家捷克企业踊跃参加，涉及酒类、甜点等特色食品和旅游、航空等服务品类。中国在中东欧的第三大贸易伙伴波兰，也将进博会视作扩大其优质产品对华出口的绝佳机遇。此外，匈牙利作为首届进博会上中东欧地区唯一的主宾国，多年来一直积极推动产品对华出口，大力推动“向东开放”政策与“一带一路”建设对接。匈牙利在首届进博会上不仅带来了葡萄酒、蜂蜜、萨拉米肉肠等著名特产，还借助中东欧商贸物流园区和中匈宝思德经贸合作区这两个国家级境外经贸合作区的大面积展位进行展示，吸引国内外企业入驻，共同打造境外产业集群。可见，中国国际进口博览会已成为推动上海更好服务中东欧地区“一带一路”贸易畅通的新平台。

第三，上海与中东欧国家的投资合作。

总的来看，上海企业在中东欧国家的投资主要集中在捷克、匈牙利、波兰、塞尔维亚、保加利亚、爱沙尼亚、立陶宛、希腊等国（见表6）。其中，上海华信国际集团有限公司、上海电气集团股份有限公司、上海华测导航技术股份有限公司、乐鑫信息科技（上海）有限公司、上海汇实信息科技股份有限公司、如东信息技术服务（上海）有限公司等企业均在中东欧国家开设了分公司，涉及酒店、旅游、钢铁、地产、装备制造、信息技术、航空服务等投资领域。值得注意的是，上海汇澳进出口有限公司牢牢抓住2018年首届中国国际进口博览会召开的大好机遇，在捷克、波兰、塞尔维亚等多个中东欧国家设立了华东（上海）-东欧直销交易平台有限公司，推动中东欧国家优质产品对华出口的便利化。

表6 上海-中东欧国家的投资合作

国家	境内企业/机构名称(境外企业/机构名称)
捷　　克	上海华信国际集团有限公司(捷克佛罗伦萨开发公司) 上海华信国际集团有限公司(捷克扎达斯钢铁厂股份有限公司) 上海华信国际集团有限公司(皇宫艺术酒店有限责任公司) 上海华信国际集团有限公司(布拉格文华东方酒店股份有限公司) 上海华信国际集团有限公司(英维亚旅游股份有限公司) 上海华信国际集团有限公司(Prikopy Property 开发有限公司) 上海汇澳进出口有限公司[华东(上海)-东欧直销交易平台有限公司] 乐鑫信息科技(上海)有限公司[乐鑫信息科技(捷克)有限责任公司]
匈牙利	上海宝烟化工科技有限公司(宝思德特种胺有限公司) 上海华测导航技术股份有限公司(CHC 导航欧洲有限公司)
波　　兰	上海保隆工贸有限公司(隆威波兰有限公司) 上海汇澳进出口有限公司[华东(上海)-东欧直销交易平台有限公司]
塞尔维亚	上海电气集团股份有限公司(上海电气集团股份有限公司欧罗巴子公司贝尔格莱德) 上海汇澳进出口有限公司[华东(上海)-东欧直销交易平台有限公司]
保加利亚	如东信息技术服务(上海)有限公司[如东科技航空服务(保加利亚)有限公司]
爱沙尼亚	上海网讯新材料科技股份有限公司(东方科技集团有限公司)
立陶宛	上海汇实信息科技股份有限公司(Glocash 支付)
希　　腊	上海九龙山仓储有限公司(海江希腊有限公司) 上海九龙山仓储有限公司(中青旅希腊有限公司)

资料来源：笔者根据商务部“走出去”公共服务平台境外投资企业（机构）备案结果公开名录制作，http：//femhzs. mofcom. gov. cn/fecpmvc/pages/fem/CorpJWList. html。

第四，上海-中东欧国家的金融合作。

2017年5月，由中国和中东欧16国政府共同倡议、中国工商银行牵头设立的中国-中东欧金融控股有限公司落户上海。同时，中国-中东欧金融公司以发起方身份设立了规模 100 亿欧元的中国 - 中东欧基金，作为服务中东欧“一带一路”建设的融资平台，通过商业化创新金融模式支撑跨区互联互通、产能合作和产业投资。中东欧基金以“中东欧元素”和“优质标的”作为投资的核心标杆，秉承“政府支持、市场导向、商业运作”原则，聚焦中东欧国家的同时将业务关联延伸至整个欧洲及“一带一路”沿线其他地区，现有投资目标领域已覆盖基建、制造业和大众消费等多方面。

近年来，中东欧基金积极关注中东欧地区新能源领域的投资机会，通过加强国际能源合作来支撑和服务“一带一路”建设。中东欧国家风能和太阳能资源丰富，在欧盟 2030 年可再生能源发展目标的推动下，中东欧国家对绿色低碳电力的需求持续增长。可再生能源正得到中东欧各国政府的普遍青睐并持续享有政策红利。中东欧基金现已签约 50 兆瓦太阳能项目，预计很快便可实现并网发电。未来，中东欧基金将以波兰、匈牙利两国为重点，聚焦新能源项目、酒店管理及相关产业项目以及高端工业制造和医疗器械项目等三个重点领域，通过与国内龙头企业建立战略合作关系，以项目投资带动中资工程承包与设备产能输出，支持优秀民营企业走向海外，实现国际化发展。①

（三）“一带一路”建设与上海 - 中东欧人文交流

2019 年，上海充分利用中国与保加利亚、罗马尼亚、捷克、斯洛伐克、匈牙利、波兰等中东欧国家建交 70 周年的契机，重点组织开展与上述中东欧国家的人文交流，进一步推动了中东欧地区“一带一路”民心相通。

2019 年 3 月 30 日至 7 月 21 日，上海明珠美术馆推出了捷克国宝级艺术家和“新艺术运动”大师阿尔丰斯·慕夏经典作品回顾展，作为中捷建交 70 周年的重点文化交流系列活动之一。捷克驻上海总领事理查德·卡尔帕

① 《专访中国 - 中东欧基金首席投资官秦靖：中东欧是“一带一路”投资新引擎》，2019 年 4 月 3 日，第一财经，https：//www. yicai. com/news/100154858. html。

奇先生以及慕夏基金会代表 Marcus Mucha 亲临开幕式现场并致辞。6 月，上海七立方文化创意科技国际合作交流中心在沪举办了中捷 5 人摄影展，以纪念捷克已故著名摄影大师 Daniel Reynek 及其父亲（捷克著名诗人和版画家 Bohuslav Reynek 先生）。摄影展上，中捷两国五位摄影人分别通过各自的审美情怀，将他们源于生活中的人物风情，用光影汇聚成一幅幅不同地区文化传承的摄影作品。8 月，上海新华发行集团与捷克驻上海总领事馆合作，在中国上海国际童书展期间举办了“橙梦想 · 小小插画家大赛”，以捷克人气少儿绘本《穿越神秘屋——这是一本必须画完的书》中的故事情节为背景，围绕“我眼中的美好”进行主题创作，让孩子们投身自我探索、自我发现的过程，表达各自心中独特而美好的世界。与此同时，上海与罗马尼亚的电影和文艺交流也进行得如火如荼。继罗马尼亚籍导演克里斯蒂安 · 蒙吉担任 2017 年上海国际电影节评委会主席之后，曾在罗马尼亚锡比乌国际剧场艺术节上首演的锡比乌国家剧院改编剧《俄狄浦斯》也来到上海国际艺术节上进行展演，引起观众的热烈反响。

值得一提的是，上海与斯洛伐克、匈牙利这两个中东欧国家有着特殊情缘。在上海民众心中，斯洛伐克裔匈牙利籍建筑师邬达克的名字可谓如雷贯耳。这位旅沪建筑师设计的房子，如诺曼底公寓（武康大楼）、爱神花园（巨鹿路 675 号刘吉生旧居，现为上海市作家协会）、番禺路 129 号住宅（邬达克旧居和纪念馆）、国际饭店和大光明电影院等，如今仍遍布上海滩的各个角落，已经成为这座城市人文景观的重要组成部分。自 2015 年起，上海长宁区邬达克文化发展中心每年 12 月都会联合斯洛伐克和匈牙利驻上海总领事馆在邬达克纪念馆举办“邬达克建筑遗产文化月”，迄今已成功举办四届。文化月期间进行的艺术展览、公益讲座、读书分享会、高峰论坛等一系列活动，为上海市民尤其是城市文化遗产爱好者奉上了用目光和心灵回望历史、阅读上海城市品格的文化盛宴。

2018 年 5 月，上海市副市长陈群应邀率团出席了上海市与斯洛伐克布拉迪斯拉发州结好十五周年庆祝活动，其间双方签订了谅解备忘录。在上海市对外文化交流协会的支持下，“致敬邬达克，‘一带一路’畅想”画展与中国多元文化艺术斯洛伐克、匈牙利行活动于2018年5~6月成功在布拉迪斯拉发和布达佩斯举行。为纪念中国与匈牙利建交70周年，上海市虹口区文化局创建的上海多伦现代美术馆联合匈牙利驻上海总领事馆于2019年9月11日至10月10日举办“当艺术走进生活——匈牙利当代艺术展”，吸引了班·萨拉尔塔（Bán Sarolta）、巴拉克依·容博（Barakonyi Zsombor）、博尔希·芙拉尔（Borsi Flóra）、马克斯·戈尔德松（Marcus Goldson）等多名匈牙利艺术家前来参展。

教育合作方面，华东师范大学与斯洛伐克科技大学于2017年10月签署了共建“中欧高校智慧可持续发展及创新联盟”的合作备忘录，旨在以科技创新为基础构建国际性开放平台，吸引其他高水平的中欧高校加盟，共同申请国际科技合作项目，举办联合学术研讨会等。2018年底，斯洛伐克科技大学SPECTRA卓越中心与华东师范大学生态环境学科深度合作，联合启动了崇明国际生态岛建设项目，目标是助力上海崇明岛早日建成具有全球引领示范作用的世界级生态岛。

三 上海服务中东欧地区“一带一路”建设的未来展望

上海在服务中东欧地区“一带一路”建设过程中扮演着独特而重要的角色，在经贸促进、金融开放、科创引领、人文交流等领域优势显著。现阶段，上海与中东欧国家的贸易虽有较大增长，但占全国的比重仍然较低，上海企业在中东欧国家的投资规模也总体不大。未来，上海应牢牢抓住“五个中心”“四大品牌”建设以及实施中央交给上海“三大任务一大平台”的历史性契机，在全面提升城市能级和核心竞争力的过程中当好高质量服务中东欧地区“一带一路”建设的“桥头堡”。

第一，应充分利用上海自贸试验区这个“一带一路”“桥头堡”建设的制度创新载体，进一步增强其对内对外的辐射力度，推动上海企业通过自贸区加大对中东欧国家的投资。2018年是上海自贸区建设的第五年。据上海市商务委统计，当年共有361家企业经上海自贸区进行对外投资合作，对外投资总额达到1167176.19万美元，占全年上海对外新增投资总额的69.18%，同比涨幅达150.38%。[①] 随着上海自贸区范围的扩大尤其是临港新片区的增设，上海自贸区的对外投资预计将继续高速增长，对中东欧国家投资也将有所增加。目前已在中东欧国家投资布局的上海企业，应充分利用先行优势和品牌形象，通过并购等方式积极搭建平台，吸收借鉴中东欧国家的先进技术和经验，带动更多中企与中东欧国家企业进行跨国投资合作。近期，由上海市国资委全资控股的锦江国际集团就会同中东欧基金，在中东欧国家完成了对全球领先酒店管理品牌——丽笙酒店集团的全资收购，使其跃居成为仅次于美国万豪的全球第二大酒店集团。“锦江”是具有80多年历史的中国民族品牌和上海市著名商标，此次收购丽笙酒店集团，使锦江国际集团得以强化其中高端酒店板块，丰富其酒店全品类布局，弥补其在海外全服务酒店方面的短板。更为重要的是，此次收购增强了锦江国际集团在包括中东欧国家在内的欧美市场的知名度，有利于集团的区域规划和国际布局，扩大了集团的业务板块，加速了其国际化进程。

第二，应充分发挥中国国际进口博览会这一创新性平台的集聚效应，使上海早日成为服务中东欧“一带一路”贸易畅通的“桥头堡”。中国－中东欧国家贸易互补性总体不强，有待进一步提高。这具体表现在中国出口商品的结构与中东欧国家进口商品的结构相似度不高，在中东欧国家中，只有波兰、捷克、匈牙利三国的进口商品结构与中国出口商品结构重合度较高。因此，中国出口商品在上述三国的市场竞争力也相应较大，与此同时，中国与其他中东欧国家的贸易合作仍有很大潜力和空间。长期以来，中国在与中东欧国家的贸易中一直居于顺差地位，近两年差额虽有所缩减，但仍处于绝对顺差状态。对中东欧国家而言，长期保持贸易逆差会削弱其对华贸易的积极性，随之而来的是越来越多的贸易争端。因此，中国亟须在保持与捷克、波兰和匈牙利等国经贸合作的基础上，强化与其他中东欧国家的贸易合作，扩大从中东欧国家的进口，建立起协调的多边贸易关系，最终实现中国与中东

① 普华永道、上海市商务委：《上海对外投资合作年度发展报告（2019年）》，第17页。

欧各国的贸易平衡。中国国际进口博览会恰好为解决中国与中东欧国家之间的贸易不平衡问题提供了绝佳平台，而上海在其中的贡献尤为显著。2018年上海与中东欧国家的贸易额实现了大幅增长，进口额首次超越出口额而呈现井喷状态，其中从斯洛伐克的进口同比增长了8倍多。这与首届进博会的成功举办密不可分。与此同时，鉴于中东欧各国已在上海自贸区内设立了国家馆作为中国与中东欧国家间经贸投资、文教旅游的双向综合服务平台，未来上海应继续加大对自贸区中东欧国家馆建设的投入，并在此基础上以长三角龙头城市身份拉动整个长三角城市群密切与中东欧国家的经贸往来，提高长三角地区对中东欧地区“一带一路”建设的服务力度。

第三，希腊作为新成员正式加入中国－中东欧国家合作机制将给上海更好服务中东欧地区“一带一路”建设带来新机遇。2019年4月第八次中国－中东欧国家领导人会晤的最大亮点，就是对中国－中东欧国家合作机制进行了升级。“中国－中东欧国家合作”推进7年之后，首次由“16+1合作”变为了“17+1合作”。希腊的加入，无疑将很大程度地改变现有的合作格局，从而也给上海参与中国－中东欧国家合作创造出许多新的机会。作为中国－中东欧国家合作机制中仅次于波兰、罗马尼亚和捷克的第四大经济体，希腊航运业产值全球排名第一位，已成为中国在欧洲最为重要的合作伙伴之一。“17+1合作”的成形，首先，有助于上海更好发挥自身优势地位，在经济、金融、贸易、航运等领域深度参与中东欧地区“一带一路”建设；其次，作为西方文明的发源地，希腊的加入将进一步激活中国与中东欧国家的文明互鉴和文明对话，希腊与上海之间具有良好的经贸与文化交往传统，上海与希腊开展文化交流与合作的基础深厚，进一步发展空间巨大，未来可期；最后，鉴于希腊的加入丰富了中国－中东欧研究的内容，研究焦点和热点也将显著增加，上海的高校和智库可以通过理论探索和方法创新为中国－中东欧国家合作提供更多学理支撑，以更好地服务国家在中东欧地区推动“一带一路”建设的决策过程。

总体上看，上海应结合特点和资源优势走出一条有别于国内其他省市的特色之路，以“桥头堡”定位在高质量服务中东欧地区“一带一路”建设过程中发挥更大作用。当前，全国多个省市（如浙江宁波、河北沧州等）均在积极加强与中东欧国家间的务实合作，并在产业园区、物流中心建设等方面取得了领先地位。有鉴于此，上海应以更加积极主动的姿态，充分结合自身加快“五个中心”建设和打响“四大品牌”的发展规划，在实施好中央交给上海的“三大任务一大平台”的过程中精准定位，找到自身服务中东欧地区“一带一路”建设的重点和焦点，从而收获事半功倍的效果。

B.5
上海与发达经济体共建“一带一路”新伙伴

周亦奇*

摘　要： 参与“一带一路”倡议的发达国家虽绝对数量不多，但参与质量和发挥作用十分关键。在上海服务“一带一路”建设过程中，上海与发达经济体的关系扮演了“四两拨千斤”的作用。本报告以此为切入点，评估探讨上海与发达经济体共建“一带一路”的合作背景、合作现状以及未来展望。本报告认为，发达经济体正成为“一带一路”建设的关键组成部分，而上海由于自身的经济结构和发展基础，具备了与发达经济体开展经贸合作的先天条件与现实基础，未来，上海应进一步增强与发达经济体在“一带一路”建设中的合作，将其打造为“一带一路”建设合作的新伙伴。

关键词： 上海　发达经济体　新伙伴

伴随着“一带一路”建设的迅速推进，参与“一带一路”建设的国家数量与日俱增。在“一带一路”建设过程中，参与的发达国家经济体数量并不占据多数，但却扮演着极其重要的角色。发达经济体参与“一带一路”建设，可从中获得重要的发展机遇，获得深度介入中国市场的桥

* 周亦奇，上海国际问题研究院比较政治与公共政策研究所，博士，助理研究员。

梁。发达经济体还可成为“一带一路”建设的重要支持者，其自身在发展理念、技术商品和知识能力的优势成为中方推进“一带一路”倡议的重要助力，为“一带一路”的长远可持续发展做出重要贡献。本报告以“一带一路”建设中的发达经济体为切入点，回顾上海在服务“一带一路”建设过程中与发达经济体之间的合作，分析发达经济体参与“一带一路”的重要影响和作用。本报告主要分为三部分：第一部分介绍当前发达经济体参与“一带一路”建设的情况，分析其现状和重要意义；第二部分介绍上海与相关发达经济体在“一带一路”建设中的具体合作；第三部分提出了上海与发达经济体共建“一带一路”合作的未来展望和相应的政策框架。

一　参与“一带一路”共建的发达经济体

发达经济体是指人均国民生产总值、工业化水平、科技水平和人类发展指数都达到较高水平的经济体和国家。近年来，伴随着“一带一路”倡议影响力的日益提升，越来越多的发达经济体正成为“一带一路”倡议的新伙伴。在本研究中，发达经济体的定义参考国际货币基金组织提出的“先进经济体”的概念。在“一带一路”倡议提出初期，多数发达经济体并未立即参与到这一倡议的建设中，仅有中国与中东欧“17 +1”合作机制内的部分发达经济体，利用既有合作基础和合作平台，直接参与到“一带一路”倡议的合作之中。但自 2017 年开始，越来越多的发达经济体开始对“一带一路”倡议产生浓厚兴趣，先后有新加坡、葡萄牙、奥地利、卢森堡、瑞士、意大利等国与中国签署“一带一路”合作备忘录，将双方“一带一路”合作从机制建设层面进行制度化（见表 1）。

2019 年 3 月，国家主席习近平对意大利正式访问期间，意大利与中国签署“一带一路”合作备忘录，成为首个与中国签署该协议的“七国集团”成员。而其他一些发达经济体成员虽然没有与中国签署正式的“一带一路”合作备忘录，但也对该倡议产生浓厚兴趣。在 2017 年和 2019 年举办的

“一带一路”国际合作高峰论坛中，出席该论坛的发达经济体的领导人及其代表数量稳步提升。出席2017年第一届论坛的发达经济体领导人有四名，分别是捷克总统泽曼、瑞士联邦主席多丽丝·洛伊特哈德、意大利总理保罗·真蒂洛尼、西班牙总理拉霍伊，而出席2019年的第二届合作论坛的发达经济体领导人数量上升近一倍，达到7名，包括意大利、奥地利、瑞士、葡萄牙、捷克、希腊、新加坡等。此外，还有更多发达经济体通过其他方式表示对“一带一路”倡议的兴趣，例如，意大利2019年3月正式加入“一带一路”倡议后，包括德国和法国在内的七国集团成员也展现出对“一带一路”倡议的浓厚兴趣，2019年习近平主席对法国的正式访问中，德国总理默克尔和欧盟委员会主席容克专程前往法国与习近平主席进行四方会谈。会后，德国总理默克尔宣布德中两国拥有广泛共同利益，德方希望深化数字化时代的德中经贸关系，愿积极参加第二届“一带一路”国际合作高峰论坛。此外，“一带一路”倡议提出初期对该倡议有较多疑虑的日本，也开始对该倡议展现出浓厚兴趣。在第二届“一带一路”高峰论坛上，日本首相特使二阶俊博专程赴会，日本首相安倍晋三与习近平主席也就中日两国在“一带一路”框架下开展第三方合作事宜达成了重要共识（见表2）。

表1　发达经济体官方对“一带一路”倡议参与程度

国家	是否签署“一带一路”协议	是否有领导人参加“一带一路”峰会
澳大利亚	无	无
奥地利	2019年4月8日，中国与奥地利发表《关于未来就共建“一带一路”倡议开展合作的联合声明》	奥地利总理库尔兹参加第二届高峰论坛
比利时	无	比利时副首相克里斯·佩特斯参加第二届高峰论坛
塞浦路斯	无	塞浦路斯总统阿纳斯塔夏季斯参加第二届高峰论坛
捷克共和国	“17+1”	捷克共和国总统泽曼参加两届“一带一路”高峰论坛
丹麦	无	无

续表

国家	是否签署“一带一路”协议	是否有领导人参加“一带一路”峰会
爱沙尼亚	“17+1”机制	无
芬兰	无	无
法国	无	无
德国	无	无
希腊	2018年5月,希腊与中国共同签署共建“一带一路”合作谅解备忘录	希腊总理齐普拉斯参加第二届“一带一路”高峰论坛
冰岛	无	无
爱尔兰	无	无
意大利	2019年5月,中国与意大利签署“一带一路”合作谅解备忘录	意大利总理孔特参加第二届“一带一路”高峰论坛
以色列	无	无
日本	无	日本首相特使二阶俊博参加第二届“一带一路”高峰论坛
韩国	无	无
拉脱维亚	“17+1”机制	无
立陶宛	“17+1”机制	无
卢森堡	2019年3月与中国签署“一带一路”合作备忘录	
马耳他	无	无
新西兰	新西兰贸易与出口增长部部长戴维·帕克已坚定地承诺,新西兰将加入中国的“一带一路”倡议	无国家领导人出席,但派出部长级官员出席
挪威	无	无
荷兰	无	无
葡萄牙	2018年12月,葡萄牙与中国签署共同推进“一带一路”谅解备忘录	葡萄牙总统德索萨参加第二届论坛
新加坡	2017年,与中国签署“一带一路”谅解备忘录	新加坡总理李显龙参加第二届论坛
斯洛伐克	“17+1”机制	
斯洛文尼亚	“17+1”机制	
西班牙	无	西班牙总理拉霍伊参加第一届“一带一路”合作论坛
瑞典	无	无
瑞士	瑞士于2019年4月签署“一带一路”倡议合作备忘录	瑞士联邦会议主席参加两届论坛
英国	无	无
美国	无	无

表2　出席“一带一路”峰会的发达经济体领导人

第一届	第二届
捷克总统泽曼	意大利总理孔特
瑞士联邦主席多丽丝·洛伊特哈德	奥地利总理库尔兹
意大利总理保罗·真蒂洛尼	瑞士联邦主席毛雷尔
西班牙总理拉霍伊	葡萄牙总统德索萨
	捷克总统泽曼
	新加坡总理李显龙
	希腊总理齐普拉斯
	日本首相特使二阶俊博

从全局分析，“一带一路”倡议在发达经济体中地位和影响力不断提升，其背后有着深刻的经济与政治动因。在经济上，中国日益成熟的市场和稳步增强的影响力是吸引发达经济体参与“一带一路”倡议的首要原因，而在政治上，众多发达经济体对于主权独立、多边主义等国际政治经济新秩序的需求，也使其将目光投向了“一带一路”倡议。

经济上的互惠互利是促进中国与发达经济体共建“一带一路”的首要动因。发达经济体对于“一带一路”的兴趣既是其内部经济增长的需要，同时也是中国自身在全球经济地位提升的体现。

发达经济体自身的经济增长需要新的国际发展倡议来支持。自2008年国际经济危机以来，发达经济体普遍进入了衰退－复苏的新周期，虽然其中部分国家凭借其特殊的霸权地位实现了相对较快的复苏，但是在总体上，包括大部分西欧国家在内的发达经济体依然面临着发展动力不足的问题。以意大利为例，在近十年内先后经历了三次衰退，近二十年经济近乎零增长。2019年2月欧盟发布的冬季预测报告中，欧盟大幅度下调了2019年意大利的经济预期，从1.2%降为0.2%。[①] 根据相应的分析，导致意大利经济增长乏力的动因一方面与其萎缩的出口市场有关，另一方面与其内需不振、投资不旺和国内陈旧的基础设施有关。意大利面临的问题其实并非孤例，许多其

① 第一财经：《20年近乎“零增长”，10年内3次衰退，意大利经济怎么了?》，https://baijiahao.baidu.com/s?id=1624853722573636158&wfr=spider&for=pc，登录时间：2019年9月28日。

他发达经济体近年来也都进入了发展转型的关口。在法国，根据2018年的数据，其失业率依然高达9.1%，在欧元区高居第四位，并且自2006年以来，法国经济中的经常项目赤字始终保持为负，这表明法国面临着进口多于出口的情况，这也从一个侧面反映了法国当前的经济竞争力不足的困境。同样，作为欧洲经济的传统“领头羊”的德国，近年来也出现了发展动力严重不足的问题，2018年第四季度一度出现增长为0的现象，这其中包括英国脱欧、中美贸易摩擦带来的贸易市场萎缩等影响其经济发展的重要因素。

根据国际货币基金组织的统计，自1980年以来，全球发达经济体的经济增长率为1.7%，而中国同期平均增长率为6.1%。中国经济长期稳定高速增长使得发达经济体对中国的重视程度日益提升。中国经济的稳定发展和其全工业门类布局使得中国成为世界工厂，并成为全球产业链中链接高端市场和原材料的枢纽。这些都使中国成为发达经济体需要加强合作的重要伙伴。并且，伴随着中国经济发展和整体居民收入的提升，中国成为全球重要的市场。以西欧发达国家较为领先的奢侈品行业为例，2018年，中国在境内外的奢侈品消费额达到7700亿元，占全球奢侈品消费总额的三分之一。[①] 这些都使众多发达经济体的企业将目标转向东方，将中国视为其业务的重要增长点。在这些因素的驱动下，发达经济体对于“一带一路”倡议的重视程度日渐提高。

此外，伴随中国经济实力与地位的日益增长，其在全球贸易网络和产业链中的地位逐步从边缘走向中心。中国自身地位的提升也是促使发达经济体越发看重中国“一带一路”倡议的另一项重要原因。根据本报告的统计，在与中国建立或存在“一带一路”合作关系或合作潜力的发达经济体中，中国大多在其外贸格局中占据重要地位。对于意大利、法国、德国等三个七国集团欧洲成员国而言，中国是其在欧盟外的第一大进口伙伴，并且在欧盟外都是前两位主要出口伙伴。而在七国集团唯一的非西方成员——日本的贸易格局中，中国更是稳居其进出口贸易的第一位（见表3）。对新西兰、奥

① 麦肯锡：《中国奢侈品报告2019》，https://www.mckinsey.com.cn/%E4%B8%AD%E5%9B%BD%E5%A5%A2%E4%BE%88%E5%93%81%E6%8A%A5%E5%91%8A2019/，登录时间：2019年9月19日。

地利和新加坡等中小发达经济体来说，中国也是其对外贸易的重要伙伴。在“一带一路”所倡导的“五通”中，贸易畅通是其中的重要环节，并且对于发达经济体，其自身所有的先天发展优势也需要通过稳定和便捷的全球网络才可以转化为经济增长的强劲动力。目前，中国与发达国家经济体的贸易中，贸易商品具有很强的互补性。以意大利为例，意大利出口中国的主要商品前三位分别为机电产品（占 35.1%）、化工产品（占 12%）、纺织品（占 10.2%），中国出口意大利的主要商品为机电产品（占比 38.6%）、纺织品及原料（占 14.5%）、贱金属及制品（占 9.7%）。从近年进出口商品的发展趋势来看，中国出口至意大利的机电商品贸易额逐年增加，至 2018 年高达 100 亿美元，而意大利出口的机电商品贸易额为 50 亿美元，占比逐年下降。而就纺织品及原料商品贸易额而言，意大利出口贸易额及占比逐渐上升，中国出口贸易额占比逐年下降，表明中国对意大利出口贸易逐渐转向出口技术密集型商品，而意大利向中国趋向出口资源、劳动密集型产品，这些数据都说明了两国双边贸易的互补性逐渐增强。[①] 这些积极因素的累积，导致越来越多的先进经济体将越发重视“一带一路”倡议。

表 3　中国与有关发达经济体进出口贸易伙伴排位

国家	总体进口	总体出口	欧盟外进口	欧盟外出口
意大利	第 3 位	第 7 位	第 1 位	第 2 位
法　国	第 2 位	第 7 位	第 1 位	第 2 位
德　国	第 1 位	第 3 位	第 1 位	第 2 位
日　本	第 1 位	第 1 位		
葡萄牙	第 6 位	第 9 位	第 1 位	第 3 位
奥地利	第 3 位	第 7 位	第 1 位	第 2 位
新西兰	第 1 位	第 1 位		
新加坡	第 1 位	第 1 位		

数据来源：联合国商品贸易统计数据库。

① 曾浩、徐雨婷、李亚男：《“一带一路”背景下中意经贸合作现状、机遇与对策》，《对外经贸实务》2019 年第 7 卷第 22 号。

二 上海与发达经济体在“一带一路”合作中的地位与作用

根据党中央部署，上海在“一带一路”建设中要发挥“桥头堡”作用，其定位是全国服务“一带一路”建设的龙头。上海是中国大陆发展程度最高的城市之一，根据2018年上海统计局发布的《2018年上海市国民经济和社会发展统计公报》，2018年上海人均GDP升至13.5万元，首次超过2万美元达到发达经济体标准。由于上海本身的发展结构，上海与既有的发达经济体之间已具备了较为深厚的联系与交往基础，这也使上海成为建立发达经济体与“一带一路”倡议联系的关键枢纽。

（一）上海与发达经济体之间的经济合作基础

受自身经济发展历史和开放型经济结构影响，上海与发达经济体之间的联系十分密切，拥有相对坚实的经济合作基础。

第一，发达经济体是上海对外经贸的主要伙伴。就贸易领域而言，根据本研究报告数据库部分所做的统计，2018年上海与七国集团等发达经济体之间的贸易已然高达2000多亿美元（见表4），而同期上海与共建“一带一路”国家的贸易往来为1000多亿美元。并且，上海在与共建“一带一路”国家的合作中，其主要贸易伙伴也聚焦于发展基础较高的国家。例如，新加坡长期以来都是上海在共建“一带一路”国家中首要的贸易伙伴。[①] 自2014年上海宣布建立自贸区以来，根据习近平总书记“大胆试、大胆闯、自主改，力争取得更多可复制推广的制度创新成果”的指示，上海自贸区进一步优化体制机制、拓宽负面清单、加速贸易自由化和便利化流程。2019年8月6日，国务院印发《中国（上海）自由贸易试验区临港新片区总体方案》（以下简称《总体方案》），设立中国（上海）自由贸易试验区

① 具体讨论可参考本研究的数据库分析部分。

临港新片区。这一片区的突出标志就是对标先进发达经济体的制度水准，从原先的投资贸易便利化向投资贸易自由化转变。《总体方案》提出到2025年，要建立起比较成熟的投资贸易自由化便利化制度体系，并最终建立以投资贸易自由化为核心的制度体系。这些制度的推进与配套，都更加促进上海与发达国家经济体之间的贸易互动。

表4 2018年上海与七国集团发达国家经贸往来的情况

单位：亿美元，%

国家	进出口总额	同比增长率
美　国	768.8685	-0.15
加拿大	68.8799	31.03
英　国	107.6032	0.65
法　国	102.2597	9.24
德　国	333.6969	0.59
意大利	102.8039	-2.77
日　本	575.3824	10.09

第二，发达经济体也是上海吸收外资的主要来源地。早在20世纪20年代，上海就被誉为远东第一大都市，有大批来自发达国家的外资企业入驻，十里洋场和海纳百川在当时成为上海这座城市的特征。新中国成立后和改革开放以来，上海再次成为我国改革开放的排头兵，这其中，来自发达国家经济体的外资企业在上海新一轮发展中起到了重要作用。早在1984年，上海就与德国大众合资设置桑塔纳品牌，一度成为我国改革开放初期的重要标志性交通载体，累计销量400万余量。[①] 上海市商务委2019年公布的统计数据显示，2019年8月底之前，上海引进跨国公司地区总部达到701家、外资研发中心451家[②]。近年来，在打响“四大品牌”战略的驱动下，上海吸引发达经

① 《上海：改革开放40年累计引进外资项目9.5万个》，新华网，http://www.xinhuanet.com/2018-11/20/c_1123743246.htm，登录时间：2019年9月21日。

② 《上海引进跨国公司地区总部超过700家》，新华网，http://www.xinhuanet.com/2019-09/14/c_1124996565.htm，登录时间：2019年9月21日。

济体外资更是呈现出高端制造和高端服务双轮驱动、齐头并举的局面。在高端制造业方面，2017 年，美国新能源汽车企业特斯拉确认在上海南汇新城镇工业区新建全球第三家超级工厂，2019 年该工厂顺利动工。2019 年 5 月 30 日，全球规模最大的制药企业——美国辉瑞集团，首次将其重要业务板块（辉瑞普强）设立在上海静安区。2019 年 9 月，世界 500 强、德国科技集团贺利氏的光伏业务单元也决定在上海建立全球研发中心。[①] 目前，主要由发达经济体公司组成的总部经济已经成为上海建设“五个中心”、打响“四大品牌”的重要支撑，而上海也成为中国大陆所有城市中吸收和利用外资最为成熟的城市。

第三，发达经济体也是上海对外投资的主要目的地。除吸收发达经济体的外部资本促进城市自身发展外，上海近年来的发展也使自身积聚了大批有国际市场竞争力的优质企业和较为充沛的资本。因此，在国家近年来鼓励“走出去”的大背景下，上海企业也积极出海投资。与全国其他地区相比，发达经济体是上海对外投资的重要目的地，其中美国和欧盟企业又是重点。2018 年，上海排名前十的投资目的国均为发达和中等发达国家（见表 5）。根据相应统计，上海对外投资的主要模式中，海外并购连续数年均是上海企业最为青睐的对外投资模式，2018 年，上海企业参与海外并购共有 173 项，占据总投资额的 54.25%。2016 年，并购占到总投资的 58%。这说明上海企业对外投资中占据主导的模式依然是收购海外的优质资产，而收购的主要目标也是发达经济体中的产业。例如，复星医药联合收购美国创新生物药公司 Ambrx、携程 120 亿元收购英国旅行搜索独角兽“天巡”、上海现代建筑设计集团在纽约宣布投资控股美国威尔逊设计公司、上海纺织集团与丹麦时尚公司 Metropol 达成协议，以及和光明集团自 2010 年开始先后在新西兰、澳大利亚、法国、英国、意大利、以色列、西班牙和中国香港地区并购了 8 家海外企业等。这些案例都表明在上海的海外投资中，发达经济体是上海对外投资的主要目标和合作伙伴。

---

① 《除了全球最大药企入驻，更多外资从这里开始在华投资》，第一财经，https：//www.yicai.com/news/100219185.html，登录时间：2019 年 9 月 21 日。

表 5　2018 年上海对外投资合作国别前十排名

单位：万美元，%

序号	国家	中方投资额	占比
1	美　国	237993	14.11
2	德　国	100100	5.93
3	新 加 坡	48792	2.89
4	加 拿 大	14634	0.87
5	新 西 兰	10175	0.6
6	英　国	7096	0.42
7	澳大利亚	6063	0.36
8	韩　国	5163	0.31
9	法　国	3032	0.18
10	日　本	2095	0.12

资料来源：上海市商务委，搜狐网：《上海对外投资合作（2019）年度发展报告——上海市企业对外投资发展现状概览》，http：//www.sohu.com/a/319717956_284463，登录时间：2019 年 9 月 21 日。

（二）上海与发达经济体在“一带一路”共建领域的合作

前文分析表明，上海与发达经济体之间存在十分密切的经济联系，而这一密切联系也为上海携手发达经济体共建“一带一路”提供了坚实和强大的支撑。具体而言，上海与发达经济体在“一带一路”倡议中有如下层面的具体合作。

首先，上海与共建“一带一路”发达经济体有直接合作。上海近年来与共建“一带一路”发达经济体进行直接合作，成绩斐然。以上海和新加坡的经贸合作为例，新加坡长期以来是上海最主要的贸易伙伴，同时也是上海金融中心与贸易中心建设的主要对标对象。近年来，在“一带一路”倡议的总体安排下，上海与新加坡之间的合作层级越发上升。在金融合作上，新加坡金融机构进一步加强了与上海相关金融机构的合作。早在 2016 年，新加坡金融管理局副局长就在上海－新加坡经济论坛中表示，上海与新加坡金融机构将为“一带一路”建设合作提供重要支持。新加坡作为最主要的离岸人民币交易市场，期待与上海在建设亚洲融资枢纽上进行合作。2019

年4月，在上海－新加坡金融论坛上，新加坡金融管理局与上海金融监督管理局发布了一系列促进城市金融机构合作的计划，包括双方联合参与“一带一路”项目融资和为中国资本市场带来国际投资等相关举措。同样在2019年4月，在中国国务院总理李克强和新加坡总理李显龙的共同见证下，上海－新加坡全面合作理事会有关谅解备忘录签署。该协议指出，这一机制将在上海与新加坡之间设立定期的部长级工作机制，在金融、科技创新发展、营商环境便利化、城市治理经验交流、人文交流、“一带一路”等方面进行合作，上海市政府外事办公室和新加坡企业发展局将分别担任中方与新方的秘书处。[①] 2019年5月，上海－新加坡全面合作理事会第一次会议在上海召开，新加坡副总理兼财政部部长王瑞杰和上海市市长应勇等共同担任沪新理事会主席，在第一次会议中，新加坡方面表示，这一理事会的建立是中国与新加坡全方面合作伙伴关系的体现，也是这种关系不断与时俱进的体现。这一会议的举办是两国关系的里程碑。而上海市市长应勇也表示，这一理事会的建立是开展上海与新加坡全方位合作的制度化平台，可以为共同深化“一带一路”合作、加强基础设施、港口交通、金融机构互设、智慧城市、人文交流等打下极其坚实的基础。[②] 除与新加坡合作之外，上海与以色列近年来也在“一带一路”框架下开展合作。2019年12月5日，中以（上海）创新园在上海市普陀区正式开园。此园区在未来将成为中以两国创新合作研发、孵化、转化、成果展示的重要平台，也将推动上海加快科创中心建设的步伐。[③]

除此之外，上海还与多个近年来加入“一带一路”倡议的发达经济体构建了强有力的经济合作关系。这其中，上海与有关国家的友城外交和地方外交扮演了十分重要的作用。例如，2018年8月，上海市市长应勇在与意

---

① 《中新签署协议成立上海－新加坡全面合作理事会》，联合早报，http：//sg. mofcom. gov. cn/article/dtxx/201905/20190502859430. shtml，登录时间：2019年9月21日。

② 《上海市与新加坡启动合作新机制，新副总理与沪市长任联合主席》，上观新闻，https：//www. jfdaily. com/news/detail? id＝153136，登录时间：2019年9月21日。

③ 《中以（上海）创新园正式开园　沪西崛起科创策源新高地》，中国金融信息网，http：//news. xinhua08. com/a/20191205/1901220. shtml，登录时间：2019年9月21日。

大利经济和财政部部长乔瓦里特里亚会谈时专门提到上海与米兰结为友好城市，并积极与意大利各地开展友好合作。应勇市长表示，开放是上海的特质，希望以这些地方合作为基础，与意大利在全面战略伙伴和“一带一路”框架下，加强与意大利在金融、会展和人文等方面的合作。[①] 而在2019年，上海市委书记李强也会见了来华参加“一带一路”峰会的葡萄牙总统德索萨。在会谈中，李强表示上海与葡萄牙各地交往密切，并且希望以进口博览会为契机，让更多的葡萄牙企业积极参展，共享发展机遇。2019年6月25日，上海在葡萄牙首都里斯本举办“上海客厅”城市推广活动，通过这些活动，葡萄牙与上海的研究人员和企业界建立起非常密切的联系，表示愿意加强在科技领域尤其是太空科技的联系。

其次，利用既有平台，衔接发达经济体与“一带一路”倡议。除上海与“一带一路”倡议沿线发达经济体之间的直接交往之外，上海还积极利用自身合作平台，主动衔接发达经济体与“一带一路”倡议。自20世纪80年代末，上海每年都召开国际企业家咨询会议，该会议以在沪投资的外资企业家为主，借助国际企业家的国际化视野和全球商务经验，为上海融入世界、坚持改革开放提供助力。据统计，近三十年来，上海市国际企业家咨询会议累计为上海市政府贡献900多份课题报告。自其创立以来，咨询会议已经包含了来自15个国家和地区的38名成员，包括安永、普华永道、罗氏集团、麦德龙等世界各主要发达经济体的知名企业。而伴随此平台三十年的发展，该咨询会议的功能也逐步扩展，从单纯的吸引国际企业家咨询建议向为相应企业家提供合作机遇和平台转型。在此机制下，上海积极利用“国际企业家咨询会议”平台，向来自各发达经济体的跨国企业推广“一带一路”倡议。在2018年举办的市长国际企业家咨询会三十周年会议上，上海市市长应勇专门向各位参会的国际企业家推介“一带一路”倡议，并积极征询其对于上海建设“一带一路”“桥头堡”的相关建议。在此次会议上，应勇

---

① 《上海要与欧洲时尚之国推进这些合作，应勇市长会见该国财长》，上观新闻，https：//www. jfdaily. com/news/detail？id＝102963，登录时间：2019年9月21日。

向参会企业家提出需要将确保上海在“一带一路”倡议中的核心枢纽地位声誉作为上海未来发展的重点来思考，并将上海成为“一带一路”倡议“桥头堡”与营商环境改善、提升城市品牌形象、建设世界创新城市等并列为上海未来发展的重要选项。这充分表明上海对于“一带一路”倡议的高度重视，同时也为发达经济体跨国企业参与“一带一路”倡议提供了良好平台。通过国际企业家咨询会，“一带一路”倡议在与会的国际企业家中引发了热烈讨论和积极反响。在会后举行的新闻发布会上，安永全球主席兼首席执行官马克·温伯格专门表示，“上海取得了很大的成功，应该在中国‘一带一路’倡议中发挥更大作用和影响力。我们可以把上海的一些成功做法带给‘一带一路’沿线国家和地区，这样不仅可以进一步支持上海发展，而且可以在‘一带一路’区域中支持更多国家实现进一步的发展。”①

此外，上海还积极利用自贸区、进博会等制度平台进一步连接“一带一路”倡议与发达经济体。上海自贸区是我国新一轮改革开放的标志性产物。通过对标发达经济体的先进规则，上海自贸区将发达国家先进经验与中国自身国情相结合，走出一条兼顾高标准、可操作性和推广型的发展模式之路。上海自贸区的性质决定了其在设立之初就是一个链接发达国家与中国、对接发达国家与发展中国家的重要平台。经过近六年发展，上海自贸区在融通发达经济体与共建“一带一路”国家，发挥与集成平台作用越发凸显。在上海自贸区建设初期，其主要来源地以发达经济体为主，包括新加坡、美国、日本等地区②。但根据最新数据，近年来上海自贸区新增的投资来源国大多来自非洲与中西亚地区等“一带一路”沿线地区，这

① 上海市人民政府新闻办公室：《上海举行介绍第三十次上海市市长国际企业家咨询会议情况发布会》，http://www.scio.gov.cn/m/xwfbh/gssxwfbh/xwfbh/shanghai/Document/1640240/1640240.htm，登录时间：2019年9月21日。

② 自上海自贸区颁布新版负面清单后，新落地的企业多达330家，其中包括新加坡知名船舶管理公司BELSHIPS投资的“昶泰船舶管理（上海）有限公司”，全球最大的在线旅游公司美国Expedia公司投资设立的中外合资旅行社——“易信达旅（上海）国际旅行社有限公司”，欧洲金融理财权威培训机构瑞士金融理财规划学院投资设立的“瑞伯职业技能培训（上海）有限公司”等一批具有代表性的项目。上海市商务委员会：《上海自贸区吸引全球投资者集聚》，http://sww.sh.gov.cn/swdt/244536.htm，登录时间：2019年9月21日。

其中包括土库曼斯坦、阿尔巴尼亚、阿富汗、阿曼、安哥拉、乌兹别克斯坦等。[①]

上海自贸区还积极进行制度和政策创新，主动对接“一带一路”倡议。2017 年，国务院颁布《全面深化中国（上海）自由贸易试验区改革开放方案》。该文件提出要创新合作发展模式，让自贸区成为国家“一带一路”建设、推动市场主体“走出去”的“桥头堡”。该文件颁布后，上海自贸区随后提出数项配套措施，其中包括深化境外投资服务平台建设、加快建设“一带一路”国别（地区）进口商品中心、增强“一带一路”金融服务功能、加强“一带一路”人才交流合作等方面。在这些举措中，最为引人注目的就是自贸区正在建设的“一带一路”技术贸易措施企业服务中心，这一机构的核心工作就是处理“一带一路”沿线地区的技术贸易壁垒问题，与沿线国家和相应的发达国家开展认证认可、标准计量等方面的多边合作，并且确保第三方企业质量安全等。2019 年，中国沙特进出口商品合格认定工作站上海分中心成立，此后，上海自贸区的企业如有产品出口至沙特，可以实现在出口地进行质量验证，在自贸区内实现全工作流程，极大促进了贸易便利化和多边交流自由化。[②]

上海进博会是上海促进发达经济体与共建“一带一路”国家相联系的另一主要平台。在 2017 年首届“一带一路”国际合作高峰论坛上，习近平主席宣布将从 2018 年起在上海举办中国国际进口博览会。2018 年首届进博会共有约 170 个国家和地区国际组织参会，3600 多家企业参展，40 多万名境内外采购商对接洽谈。进博会的一项主要特点，就是连接发达经济体与共建“一带一路”国家。一方面，作为世界上首个以进口为主题的大型展会，进博会吸引了大批发达经济体的企业前往中国，以开辟中国

① 上海市商务委员会：《上海自贸区吸引全球投资者集聚》，http：//sww. sh. gov. cn/swdt/244536. htm，登录时间：2019 年 9 月 21 日。

② 《上海自贸区：“一带一路”进出口认证服务走到家门口》，中国一带一路网，https：//www. yidaiyilu. gov. cn/info/iList. jsp？tm_ id = 126&cat_ id = 10004&info_ id = 91603，登录时间：2019 年 9 月 21 日。

市场。例如，在第一届进博会中，共有近180多家美国企业报名进博会企业展览，参展企业数量位列第三。另一方面，上海进博会也是实践中国大国外交和义利观的重要场域。在第一届进博会的主宾国中，既有英国、德国、加拿大等发达经济体，也有印度尼西亚、越南、巴基斯坦、埃及等国家。2019年11月召开的第二届进博会，在主宾国中既有法国、意大利等发达国家，也有柬埔寨、约旦和哈萨克斯坦等典型的共建“一带一路”国家（见表6）。

表6　进博会主宾国中的发达经济体和共建“一带一路”国家

	第一届主宾国	第二届主宾国
发达经济体	德国、加拿大、英国	法国、意大利、希腊、捷克
共建“一带一路”国家	印度尼西亚、越南、巴基斯坦、埃及、俄罗斯、匈牙利	柬埔寨、约旦、哈萨克斯坦、马来西亚、俄罗斯、泰国，乌兹别克斯坦

（三）上海与发达经济体合作共建“一带一路”的特征

首先，上海与发达经济体合作共建“一带一路”具有互补性强、附加值高的特点。上海自身经济发展程度，决定了上海本身经贸定位存在站位高、重质量的特点。因此，参与“一带一路”建设的发达经济体存在较强意愿，首选上海开展经贸关系。新加坡等“一带一路”沿线发达经济体是上海最主要的贸易伙伴，以意大利、捷克为代表的欧美地区也是上海对外投资的主要目的地。此外，与一般发展中国家相比，上海与发达经济体之间的经贸往来具备附加值高的特点。这一方面与这些发达经济体本身产品的质量与定价优势有关，但同时也与上海和我国一线城市在未来数年内的经济结构转型密切相关。在我国传统的经济发展模式中，一贯强调出口、投资和消费三驾马车，但在过去的经济实践中，消费一直是我国经济发展动力较为薄弱的一环。近年来，伴随着国际贸易形势的总体变化和我国供给侧结构性改革的深入推进，我国内需市场活力逐步被激发。经济增长模式从单纯的世界工厂向全球市场转型。在第一届进口博览会上，习近平主席表示预计未来15年内，中国进口商品和服务将分别超过30万亿美元和10万亿美元。[①] 而这一巨大的进口市场将成为大批发达经济体企业开拓业务、拓展市场的重要契机。本报告的数据分析部分也表明，目前上海与共建“一带一路”国家的合作之中，已经呈现出了一定的进出口平衡现象，并且在东南亚和中东欧等方向上，上海从这些区域进口的数额已经超过了对其出口的数额，而这些区域总体也是“一带一路”沿线经济发展程度较高的区域，这一数据也表明上海自身市场需求定位决定了其与拥有较高技术含量和品质的优质出口商可以建立更为紧密的合作关系，而这类产品的生产者通常集中于先进发达国家。意大利、葡萄牙等西欧国家正式加入“一带一路”倡议，将极大推动“一带一路”倡议的加快发展，将促使上海与这些发达经济体在“一带一路”框架内的合作越发紧密。

其次，上海与发达经济体在“一带一路”倡议的合作正从单纯的货物层面向理念制度方向发展。发达经济体之所以取得较为先进的发展地位，不仅因为其拥有优质的商品和产业，更因其背后有先进的发展理念和配套良好的营商环境。根据2019年的统计数据，2018年上海人均GDP已经达到13.5万元，而人均GDP基本达到2万美元是中等发达经济体的标准。然而，上海相应的配套制度与营商环境等还有一定的提升空间。上海与发达经济体的合作，可帮助上海对标先进标准，弥补自身短板，迅速提升城市发展水平。在实践中，上海积极与发达经济体建立起制度性和机制性联系，将双边经贸关系从单纯的货物贸易和经济投资向技术交流和理念共享推进。通过这一机制性的合作，在共建“一带一路”国家中新加坡不仅成为上海首要的贸易和投资伙伴，更成为上海城市发展和功能升级的“同行伙伴”。新加坡的先进理念将会对上海未来总体发展产生积极的正面影响。除了与新加坡这类发达经济体的全局性总体合作，上海与发达经济体中的跨国企业之间也建

---

① 《习近平在首届中国国际进口博览会开幕式上的主旨演讲（全文）》，新华网，http://www.xinhuanet.com//2018-11/05/c_1123664692.htm，登录时间：2019年9月21日。

立了机制性的沟通平台。上海市市长国际企业家咨询会的设置，使得在沪外资企业不仅是上海发展机遇的“淘金者”，还是上海城市发展的贡献者，这些企业提出的建议成为上海改善营商环境和内部制度体系的重要参考。近年来，上海积极借鉴国际先进发展经验，努力对标全球卓越城市标准，营商环境获得大幅提升。2019 年世界银行公布的最新国际营商评价指标以上海和北京作为主要抽样指标，上海营商环境竞争力的有效改善对于我国营商环境竞争力指数起到直接拉动作用。[①] 因此，上海通过内部改革、外部学习所取得的发展成果不仅有利于上海加强与发达经济体之间的伙伴关系，也对改善中国总体的外部形象带来了积极正面的影响。

最后，上海正在成为连接发达经济体与“一带一路”建设的重要枢纽。上海作为服务“一带一路”建设的“桥头堡”，需要将自身发展能级和深厚国际交往底蕴与“一带一路”倡议充分结合，将自身打造成连接发达经济体与共建“一带一路”国家的平台。在近年的实践中，上海利用自贸区建设、国际企业家咨询会议等，积极将自身拥有的发达经济体资源与“一带一路”倡议进行对接，并且也借助与发达经济体的合作，将自身先进理念与模式逐步传播至共建“一带一路”国家。通过上海自贸区中的“一带一路”技术合作中心，上海将全球发达经济体先进标准与“一带一路”倡议沿线国家当地标准进行对接，在标准前置审批和贸易便利化的过程中逐步实现贸易通关标准的统一。通过市长国际企业家咨询会，上海向全球的商界精英传递“一带一路”倡议理念，并引入来自发达经济体的优质外脑为“一带一路”建设出谋划策。“一带一路”倡议的精神是共商、共建、共享，而目前“一带一路”实际发展也表明，该倡议早已超出了中国与沿线国家经济合作的范畴，变成了一项由中国提出、世界参与的新发展议程。[②]

① 《跻身前 40！中国营商环境全球排名再度提升》，新华网，http：//www. xinhuanet. com/fortune/2019 - 10/24/c_ 1125145987. htm，登录时间：2019 年 9 月 21 日。

② 《财经观察：“一带一路”倡议创造国际合作新模式》，新华网，http：//www. xinhuanet. com/fortune/2019 - 04/25/c_ 1124413565. htm。

三 未来展望与政策建议

伴随“一带一路”建设的推进和上海发展水平提高，未来，发达经济体将成为上海服务“一带一路”建设的重要伙伴，并且这一伙伴关系的内涵和外延也会逐步变化，从单纯的双边合作向多边辐射转型，从经贸利益向公共产品转型，从平台建设向机制建设转型。

首先，在“一带一路”倡议合作上，上海与发达经济体未来需要由双边合作向多边辐射转型。目前，“一带一路”倡议中的上海与发达经济体合作还主要停留在双边经贸往来的层次上，以上海与参与“一带一路”建设的发达经济体直接贸易和投资交往作为主要形式。未来上海与发达经济体的合作，需要进一步发掘，从双赢走向多赢。上海与发达经济体在“一带一路”倡议上的合作存在互补性、附加值高的特点，上海与发达经济体的经贸合作大多位于国际产业链的高点，多为资本密集型、技术密集型和更高层次的标准制定层面。此类经贸关系不应仅局限于满足上海和相关发达经济体自身的发展需求，而应以“兼济天下”的责任感，充分将这类经济合作产生的技术、资本、标准与制度等红利进一步扩散，向“一带一路”沿线其他国家进行延伸。

其次，在共建“一带一路”过程中，上海与发达经济体的合作未来要从聚焦经贸利益向推广公共产品转型。“一带一路”倡议是落实习近平主席提出的正确“义利观”的重要平台，“一带一路”倡议以互利共赢为基础，以相应国家福利改善作为判断成功与否的重要标准。与此同时，“一带一路”不是唯利是图的新自由主义或重商主义，而是从互利中寻找新的国际公共产品和国际政治道义体系。上海与发达经济体共建“一带一路”的合作，正是这一履行正确“义利观”的体现。以上海市市长国际企业家咨询会议为例，在其成立之初的几年内，讨论的多为重振国有企业、建立中小企业等与本市经济民生直接相关的内容，但伴随着上海的发展和中国与发达经济体关系的整体变化，近年来市长咨询会讨论的议题层次也逐步扩大，包括

了自贸区改革、建设更高质量上海等问题。讨论议题层次提高也代表了上海自身责任的变化。作为我国改革开放的排头兵和服务“一带一路”建设的“桥头堡”，上海与发达经济体之间深厚的经济纽带不仅要成为上海自身经济发展的重要动力，更要成为惠及共建“一带一路”国家的重要公共产品。这一公共产品的作用可以体现在如下方面。第一，通过与发达经济体的交往和自身学习借鉴，上海逐步形成了一整套既适应国情，又符合国际通用标准的对外经济合作模式，包括投资合规性、企业社会责任等方面。而这一套做法应该逐步成为我国其他地区在参与服务“一带一路”建设时的指南与规范，将上海经验推广全国，成为能够服务全国各地区的公共产品。第二，由于上海与发达经济体本身有较多的合作经验与机会，这也使得上海可以直接向发达经济体传播宣传“一带一路”倡议，使得该倡议为更多的发达国家所了解和接受，为“一带一路”精神和理念的传播提供公共产品。第三，上海可利用进博会等重要平台将发达经济体与共建“一带一路”国家联系起来，形成双方的理念对接、项目洽谈、合作商议的重要平台，为“一带一路”建设提供国际公共产品。

最后，在“一带一路”建设中，上海与发达经济体合作将从平台建设向机制建设转型。前文分析表明，近年来上海与发达经济体在“一带一路”上的合作已从单纯的经贸往来向机制和平台建设发展。上海－新加坡全面合作理事会是这方面的标志性产物。此外，上海还充分利用市长国际企业家咨询会、上海自贸区、上海进博会等平台，不断对接“一带一路”倡议和发达经济体。当前，上海与发达经济体在“一带一路”倡议上的合作已经形成平台，并向着更高层次的机制化推进。未来，这一合作要在既有平台基础上继续朝着深入融合和机制建设转型。目前的平台已使得上海成为发达经济体与“一带一路”相遇的枢纽，但是要使发达经济体更进一步与“一带一路”对接并发生“化学反应”，仍需要上海在其中进一步进行机制建设。将上海－新加坡全面合作理事会这类的合作模式进一步扩散，逐步形成上海与发达经济体合作共建“一带一路”的标准配置。

为进一步推动上海与发达经济体在“一带一路”倡议上的合作，本报告认为上海在未来可从经贸升级、机制推动、平台拓展等多方面入手，切实利用发达经济体优势，服务“一带一路”建设大局。

首先，上海可在既有基础上，进一步加强与“一带一路”沿线紧密相关的发达经济体的经贸往来，逐步升级这类经贸往来的内涵。互利共赢的经贸关系是上海与发达经济体发展伙伴关系的基础，也是引发发达经济体参与“一带一路”倡议的原动力。根据目前上海发展情况，发达经济体在相当时间内依然是上海对外经贸投资的主要对象，上海需将“一带一路”倡议与发达经济体主动结合，以新加坡、意大利、法国这类对于“一带一路”倡议持开放友好态度的发达经济体作为开展经贸工作的重点。在开展工作的同时也进一步提升内涵，可以考虑在上海自贸区内扩大涉及“一带一路”倡议相关国家便利措施的覆盖范围，增强发达经济体分享“一带一路”红利的获得感。

其次，上海和发达经济体要进一步加强与“一带一路”合作的机制建设。上海-新加坡全面合作理事会已专门将共建“一带一路”倡议作为合作重点，这为上海与发达经济体建立更高水平的合作模式提供了良好的典范。未来，上海应积极拓展此类模式，在配合国家总体外交的前提下力争将此类地方合作机制嵌入我国与相应发达国家合作总体框架之中。同时，上海还应在既有合作机制内不断拓展其合作的深度与广度，可考虑采取“上海-发达经济体加第三方”的工作模式，不断探索上海与发达国家经济体合作共建“一带一路”的工作机制。

最后，上海要在进博会、市长国际企业家咨询会和上海自贸区等平台内拓宽与发达经济体在“一带一路”倡议上的合作。上海应考虑在每年进博会期间开辟发达经济体与共建“一带一路”国家的商务合作论坛，通过此平台切实推进发达经济体的政府官员、企业家对于“一带一路”倡议的了解，并使得广大参加进博会的发展中国家可以切实从这一平台中与发达国家经济体平等对话，发现合作契机。上海还应在每年市长国际企业家咨询会中设置固定的“一带一路”倡议讨论环节，不断征询相关国际跨国企业对于上海建设“一带一路”倡议“桥头堡”的建议，并考虑在未来将国际企业家的范围扩大到共建“一带一路”国家内具有较高国际化程度和产品水平的企业，使得这一咨询会的平台可直接变成发达国家企业家、上海市政府领导与共建“一带一路”国家企业家的互动沟通平台。上海还可在自贸区范围内设立“一带一路”倡议三方合作中心，将共建“一带一路”国家的发展需求与中国和发达国家企业对接，促进国内企业与发达经济体企业联合投资“一带一路”建设。

B.6
上海与新兴经济体合作行稳致远

封 帅*

摘 要： 新兴经济体的群体性崛起是21世纪前20年全球经济体系中的关键变量。经济实力不断增长，政治和文化影响力也不断提升。在国际体系中占据更重要地位的新兴经济体也构成了“一带一路”建设的关键节点。在“一带一路”的庞大系统中，俄罗斯、印度、土耳其和沙特阿拉伯是新兴经济体的主要代表，对于“一带一路”建设的深入推进产生了重要的积极影响。作为我国“一带一路”建设的“桥头堡”，上海与俄、印、土、沙等“一带一路”框架内的重要新兴经济体也保持着密切的合作关系，上海充分利用自身在资金、技术、金融等方面的比较优势，借助“一带一路”建设所搭建的双多边平台，为中国与新兴经济体全方位合作的进一步推进做出了贡献。

关键词： 新兴经济体 “一带一路” 上海

新兴经济体的群体性崛起是21世纪世界舞台上的重要事件。新兴经济体的快速发展在相当程度上改变了全球经济版图，对于世界体系也产生了深刻的影响。然而，作为世界经济竞争中的后来者，新兴经济体的发展受到来自各个层面的影响和制约十分严重，特别是全球金融危机之后，很多新兴经

---

* 封帅，博士，上海国际问题研究院国际战略研究所，副研究员。

济体国内经济体系与发展模式的内在矛盾逐渐凸显，发展进程出现严重波折。在这种背景下，新兴经济体国家之间加强经贸联系，共同拓展国际市场，打造有利于发展中国家的经贸合作模式，对于新兴经济体的长远发展具有重要意义。高质量共建“一带一路”为中国与新兴经济体之间创造了有效的深度合作平台，中国与新兴经济体的纽带将进一步加强，而上海作为“一带一路”建设的“桥头堡”，将发挥改革试验的全局性功能和发展引领角色。

一　新兴经济体概念的形成与“一带一路”倡议

21 世纪以来，新兴经济体（Emerging Economy）逐渐成为媒体和学术界的热门词语。然而，对于新兴经济体的概念以及它所指代的范围，仍存在一定争议。在本文对新兴经济体进行深入分析之前，有必要对这一概念进行简单梳理并将其作为研究之先行知识准备。

早在 20 世纪 80 年代，经济学界就开始关注部分进入快速发展阶段的非发达国家的经济发展进程，并且尝试将其作为一个整体进行分析。该背景下，类似于“新兴经济体”的概念开始出现。

西方经济学界最早提出的概念是“新兴工业化经济体”（Newly Industrializing Economy），由于这一概念提出的时间较早，主要用于描述在采取了自由主义经济政策之后取得快速经济发展的部分亚洲和拉丁美洲国家，使用范围相对有限。进入 20 世纪 90 年代之后，随着冷战的终结，施行市场经济和开放战略成为世界各国普遍接受的主流经济政策。西方经济学界开始尝试以“新兴市场”（Emerging Market）概念以描述经济发展较快、收入较高的发展中经济体。[①] 这一概念最初由世界银行相关研究机构提出，后来使用范围逐渐扩大并为大多数官方文件采用。1993 ~ 1994 年，美国克林

① J. Thorpe, K. Prakash-Mani, Developing Value: The Business Case for Sustainability in Emerging Markets, http://www.ifc.org/ifcext/enviro.nsf/AttachmentsByTitle/p_DevelopingValue_full/$FILE/Developing_Value_full.pdf.

顿政府开始以“新兴市场”的概念称呼中国、巴西、土耳其、墨西哥、韩国等经济增长速度较快，市场潜力较大的部分国家。在整个 90 年代，“新兴市场”是一个热门概念，不同社会群体往往在不同意义上使用这一概念。在金融领域，很多时候会将“新兴市场”视为某些发展中国家具有投资潜力的证券市场。在国际贸易领域，很多在贸易各个环节中表现出色的经济体被称为“新兴市场”，类似的差别不一而足。随着时间的推移，在经济学界和产业界的各种讨论中，被列入新兴市场的经济体名单越来越多，甚至还有部分学者将所有的发展中国家都称为新兴市场。在这种情况下，以新的更有明确指代目标的概念取代原有概念势在必行。

21 世纪初，经济学界提出了“新兴经济体”概念，并且迅速得到了研究者和社会媒体的广泛认可。虽然不同学者对于“新兴经济体”的定义仍然存在很多差别，但大体上确定了“新兴经济体”的主要特征。总的来说，“新兴经济体”的指代对象是发展中国家或地区，它们大体上应该有以下特征：（1）经济增长速度较快，商品经济活跃；（2）虽然仍处于低收入或中等收入国家的范围内，但已经呈现出较快增长，并且取得一定成效；（3）在国际贸易体系中具有一定影响力；（4）在一定程度上，已经或正在迈入工业化与信息化发展门槛；（5）具有一定的国际政治影响力。① 这在很大程度上限定了新兴经济体的范围，也为有针对性的研究创造了条件。然而，即便如此，狭义上属于新兴经济体范围的国家数量仍然较大，因此，在经济研究和实际操作中，新兴经济体的对象基本上被限定在一定的范围内。最为典型的例子就是将“金砖四国”或 G20 框架内除 G7、澳大利亚以及欧盟之外的其他 11 国作为新兴经济体的代表。虽然这种选择仍有部分争议，但相对而言已经比较接近研究者希望表达的关于部分发展中国家集体崛起的含义。此外，也有学者提出类似于“金砖五国”的概念，将墨西哥、印度尼西亚、尼日利亚、土耳其四国统称为“薄荷四国”（MINTs）。

① 张宇燕、田丰：《新兴经济体的界定及其在世界经济格局中的地位》，《国际经济评论》2010 年第 4 期，第 9 页。

新兴经济体群体的高速发展逐渐改变了全球经济版图，也提高了发展中国家在世界经济体系中的地位。在2008年之后，由于国际金融危机的爆发，新兴经济体一度表现出来的迅猛增长势头令所有发展中国家备受鼓舞。2009年，新兴经济体GDP规模首次超越发达经济体，尤其具有节点性意义，成为世界经济增长的火车头，是世界经济格局变革的重要分水岭。[①] 然而，随着金融危机影响的逐步扩散，新兴经济体由于产业结构不合理或创新能力不强等原因，后续经济增长乏力现象渐显。尤其是发达国家保护主义诱发的投资回流甚至一度导致部分新兴经济体相继出现资产价格、货币币值、政府债务等多重危机。除中国、印度等少数国家外，大多数新兴经济体的经济增速迅速回落到3%以下，部分国家还出现了较大的负增长。因此，目前世界各国对于新兴经济体的未来发展前景存在较大争议，但新兴经济体作为一个整体，其力量的稳定增长是一个重要的发展趋势。

无论在哪种统计方法中，中国都是全球最重要的新兴经济体，中国的快速发展也是新兴经济体群体性崛起的重要标志。与具有成熟发展模式的发达国家相比，新兴经济体的发展过程并不平稳，在复杂多变的国际经济环境下内在发展隐患丛生，很多新兴经济体的经济发展模式过于依赖发达国家主导的全球产业链分工。处于产业链中低端分工位次的新兴经济体之间存在较强的竞争和替代关系，发达国家通过上游资本和技术供给布局调整，下游布局的脆弱性随即显现，甚至在极端情况下遭遇严重的危机状况。因此，探索新的新兴经济体合作路径，降低新兴经济体的外部依赖程度，通过增强发展中国家的内部协作提升整体经济竞争力和产业安全维系能力具有长远和战略性意义。这种特殊的背景也就赋予了高质量共建“一带一路”以新的发展内涵，即推动新兴经济体经贸合作的发展，构建新兴经济体合作的新模式。[②]

毫无疑问，新兴经济体在我国“一带一路”的宏观体系中占有重要地

① 《理性看待新兴经济体崛起》，《解放日报》2010年8月31日。

② 参见张昕《国家资本主义兴起视野中的“一带一路”》，《文化纵横》2015年第3期；王绍媛、李国鹏《“一带一路”倡议与新兴经济体集团化的共同发展》，《国际贸易》2016年第11期。

位。一方面，共建“一带一路”国家多为发展中国家，新兴经济体是其中基础条件相对出色、发展势头较好的部分国家，它们也构成了“一带一路”建设的重要节点，所以，加强同新兴经济体的经贸合作，对于“一带一路”建设具有重要意义。另一方面，高质量共建“一带一路”也是维系新兴经济体群体崛起势头的必由之路。“一带一路”建设的持续推进将为新兴经济体带来新的发展机遇，这种机遇在不同区域表现出结构性差异。高质量共建具有结构主义或新结构主义特征，通过包括资本、技术的互通有无，以及制度合作等领域的互融互通，实现增长潜能的激发。在更广的范围内，“一带一路”建设的推进将有助于进一步提升中国与沿线新兴经济体的投资、贸易便利化程度，为区域经济发展创造良好的条件。在经济合作的带动下，中国与新兴经济体国家能够拥有更加宽广的合作空间，不断创新南南合作的形式，为发展中国家在全球经济体系中获得更加有利的地位提供有力保障。

二　作为“一带一路”关键经济节点的新兴经济体

新兴经济体在全球经济体系中所处的地位与影响各不相同，但多位于“一带一路”建设的关键节点上，对整个“一带一路”建设形成了关键支撑。强化与重点新兴经济体的全方位经贸合作，对于“一带一路”建设的全面推进具有重要意义。

（一）“一带一路”建设与新兴经济体的经贸关系

新兴经济体的发展在很大程度上受到全球与地区经济形势的制约，因此，创造合理的经济合作议程至关重要。伴随着“一带一路”建设的持续推进，中国与“一带一路”沿线主要新兴经济体的经贸合作也日益密切，新兴经济体与中国在“一带一路”框架内的合作对于很多新兴经济体走出金融危机后的发展困境，重新进入良性发展轨道发挥了重要作用。而发展与各主要新兴经济体的经贸关系，也为“一带一路”建设注入了不竭的动力。

1. 俄罗斯

作为“一带一路”框架内最重要的合作伙伴之一，中俄经贸关系在双方开展“对接”合作后得到了有效提升，成功地推动中俄经贸合作走出困境，使双方的经贸合作达到了新的水平。

2014 年的克里米亚危机引发了俄罗斯与西方国家关系的普遍恶化，美国主导的对俄罗斯经济制裁和全球油价下跌使得俄罗斯经济在 2014～2015 年受到了严重冲击，同时也致使卢布对美元严重贬值，这也直接导致中俄双边贸易额在 2015 年出现了严重下滑，贸易总额同比下降 28.6%。但面对这一严重外部经济冲击，中俄两国迅速做出调整，一方面通过各种方式提升双边层面的贸易便利化程度，改善双边经贸发展环境；另一方面利用“丝绸之路经济带”与欧亚经济联盟对接的有利条件，通过多种机制性安排推动双方经贸合作的提升。

从 2016 年开始，中俄经贸合作再次进入增长的快车道，到 2017 年，基本上恢复到乌克兰危机前的高位，2018 年，中俄双边贸易额首次突破 1000 亿美元，达到历史最高水平（见图 1）。2019 年，按照中国商务部统计，中

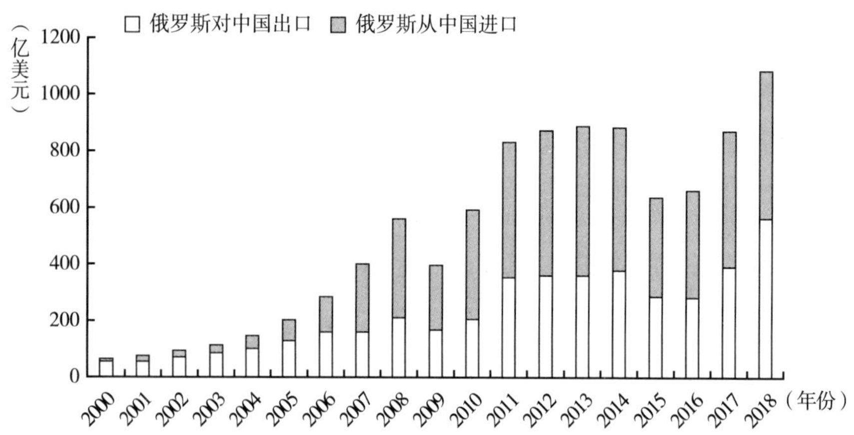

图 1　中俄双边贸易情况（2000～2018 年）

资料来源：徐坡岭、段秀芳：《中俄经贸合作中的政治因素与经贸合作水平评估——中俄之间是否存在“政热经冷”?》，《东北亚论坛》2019 年第 6 期，第 69 页。

俄双边贸易额在前 11 个月已经达到 1003.2 亿美元，同比增长 3.1%，全年数据有望突破 1100 亿美元。[①] 按照国别计算，中国继续保持俄罗斯最大贸易伙伴国地位，双边经贸合作持续扩展，不断开拓双方经济合作的新空间。

2. 印度

虽然印度政府在政治层面上并未表态参与“一带一路”建设，但与“一带一路”倡议相关的部分建设项目的推进对于中印两国的双边经贸合作仍在一定程度上产生了积极影响。中国已经成为印度最大的贸易伙伴，也是印度的第一大进口来源地。中国企业开始将印度市场视为重要的投资目的地，包括电信、汽车、制造业等行业的中国企业纷纷进军印度市场。

从 2013 年“一带一路”倡议提出后，中印双边贸易额大体上保持了稳定增长的态势，2013～2016 年双边贸易规模始终保持在 700 亿美元左右。2017 年起，中印双边贸易额开始进入上升通道。2017 年，虽然中印之间出现了洞朗对峙等负面因素，但双方贸易额仍然实现了 21.4% 的高速增长，贸易额首次突破了 800 亿美元。2018 年，虽然增速有所回落，但仍然实现了较为明显的增长，并且使双边贸易额首次突破了 900 亿美元（见图 2）。[②]

目前，中印双边贸易中的主要矛盾在于印度方面存在较大的贸易逆差，2018 年，印度对华贸易逆差达到了 572 亿美元，中国也是印度最大的贸易逆差来源国，较之 2013 年，印度的贸易逆差增长了 55.3%。在双边贸易总额不超过 1000 亿美元的情况下，形成如此巨大的贸易逆差反映出中印贸易存在严重的结构性矛盾。2019 年，中印两国双边贸易总额为 6395.2 亿元，同比增长 1.6%。其中中国对印度出口 5156.3 亿元，增长 2.1%，自印度进口 1238.9 亿元，下降 0.2%，贸易顺差是 3917.4 亿元，印度在中印贸易中的逆差额度再次扩大。[③] 如何提升印度产品的竞争力，从内在结构上维持中

---

① 中国商务部发言人高峰于 2019 年 12 月 12 日在例行记者会上的发言，参见 http://sputniknews.cn/economics/201912121030221369/。

② 印度与中国的经贸关系发展历史及近年来的基本数据还可参见中国商务部网站相关信息：http://history.mofcom.gov.cn/?bandr=ydyzgdjmgx。

③ 海关总署副署长邹志武于 2020 年 1 月 14 日在国务院新闻办举办的新闻发布会上公布此信息，参见 http://finance.china.com.cn/news/special/jj2019jjsj/20200114/5173276.shtml。

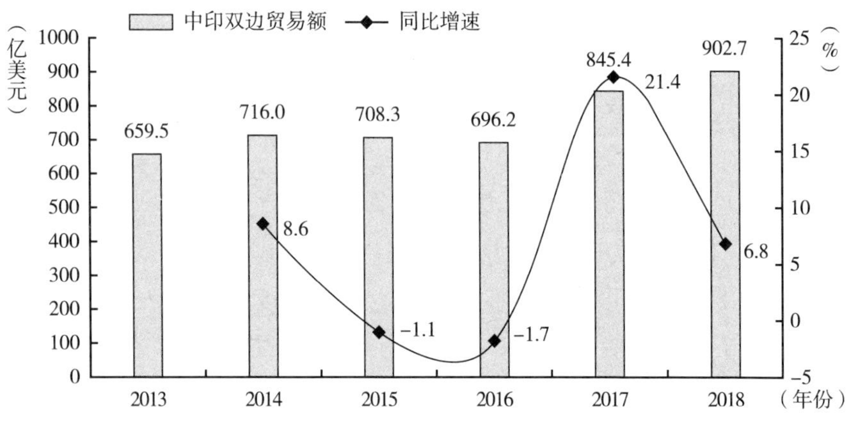

图 2　中印双边贸易额变化情况（2013～2018 年）

资料来源：印度商务部，转引自 https：//www. qianzhan. com/analyst/detail/220/190711 - 9b0bc9ec. html。

印两国的贸易平衡，将是推动未来中印经贸关系发展的关键。

3. 土耳其

中国与土耳其在“一带一路”框架内的合作较为顺畅，双方签署了多组双边合作协议，目前中国已经成为土耳其第一大进口来源国，形成了很多具有代表性的建设成果。

但从以美元计价的中土双边贸易额来看，2013～2018 年中土双边贸易总额呈现出一定下降趋势。其中 2013～2016 年该趋势并不明显，大体稳定在 270 亿～280 亿美元，但从 2017 年起，双边贸易出现了明显下降，特别是在 2018 年，中土双边贸易额仅为 236. 2 亿美元，同比减少 10. 4%，创下近年来最大减幅（见图 3）。但需要注意的是，如果更加深入地分析中土两国近年来具体的贸易结构，就会发现，事实上，以中土两国的双边货物贸易的萎缩并没有数据表现得那样明显。主要是由于 2018 年美国与土耳其的政治摩擦和贸易制裁，土耳其货币里拉大幅贬值所致，且土耳其国内经济增速出现大幅下降，因此造成了以美元计价的中土双边贸易额的大幅下滑。中土“一带一路”框架内的经贸合作一定程度上缓冲了这种外部冲击风险。比如，2015 年，中国人民银行和土耳其中央银行之间签署过 120 亿元的货币互换协议。

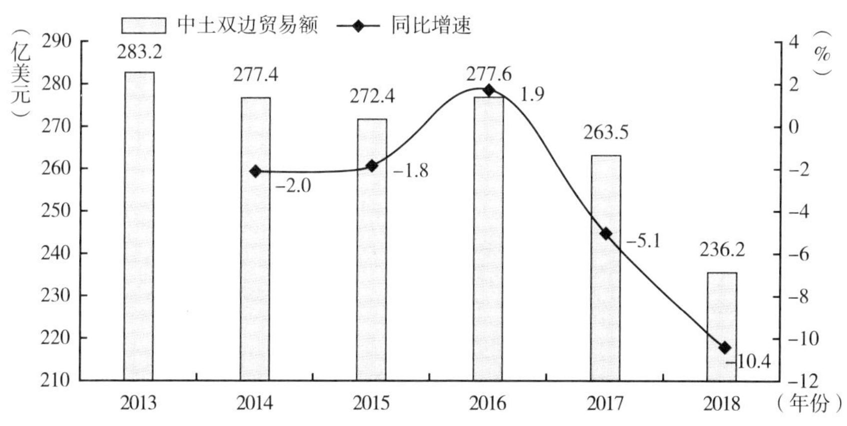

图 3　中国与土耳其双边贸易变化情况（2013 ~ 2018 年）

资料来源：土耳其国家统计局，转引自 https：//www. qianzhan. com/analyst/detail/220/190704 - 56463676. html。

目前看来，在中土双边经贸合作过程中，最大的挑战仍然是长期存在的巨大单边贸易逆差问题。在双方的贸易结构中，土耳其的进口额远大于出口额，2013 ~2017 年，中土双边贸易中土耳其的逆差始终超过 200 亿美元，在 2016 年逆差高达 231 亿美元。在双方不超过 280 亿美元的总贸易额中，存在如此巨大的贸易逆差确实会对双方的经贸合作产生一定的干扰。从根本上说，贸易逆差的存在是因为土耳其出口中国的产品数量太少，土耳其现有产业布局较多地承袭欧盟产业外溢，相比中国市场，欧盟市场对于土耳其出口产业影响更为直接和深远。2014 年起土耳其对华出口额一直没有超过 30 亿美元。但从总体态势看，从 2017 年起，逆差开始出现缩小的态势，2018 年，土耳其对华贸易逆差为 178 亿美元，较上年同期减少 13%。但土耳其对华出口额仍没有超过 30 亿美元，如何提升中土贸易平衡取决于土耳其自身产业结构形态和功能的完善，随着中国企业对土耳其投资增长，未来可能会产生投资的贸易创造效应。

4. 沙特阿拉伯

中国与沙特阿拉伯在能源领域的贸易具有悠久的历史，2000～2015 年，沙特一直是中国最大的原油进口国。2011 年，中国首次超越美国成为沙特的第一大贸易伙伴，当年中沙两国的双边贸易额达到了 643 亿美元，沙特也成为当年中国在整个中东地区最大的贸易伙伴。2013 年，中沙双边贸易额达到了创纪录的 734 亿美元，不仅首次突破 700 亿美元大关，也达到了两国贸易的历史最高点（见图 4）。

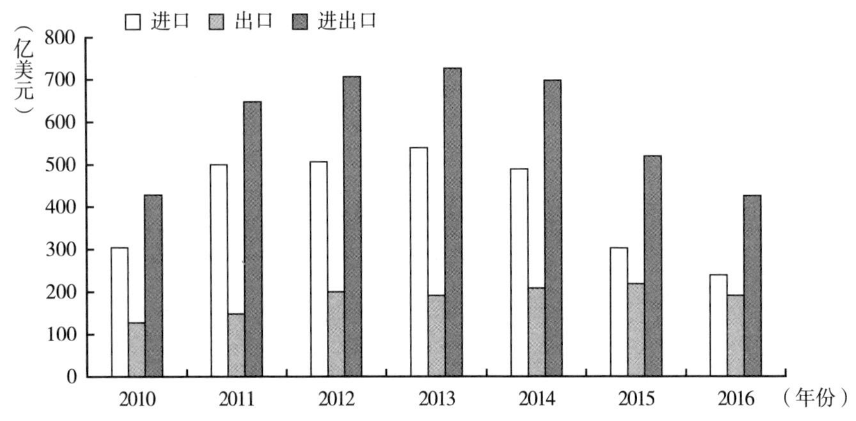

图 4　2010～2016 年中国与沙特阿拉伯双边贸易情况

资料来源：中国商务部网站，http：//history. mofcom. gov. cn/？ bandr = stalbyzgdjmhz。

虽然在 2014 年中沙双边贸易额再次超过了 700 亿美元，但从这一年开始，中沙两国贸易开始进入明显下行通道，主要原因是中国从沙特阿拉伯的进口额出现了较大的缩减，这与中国在原油进口方面的多元化策略有关。

在 2016 年，中沙两国开通了本币直接交易，使得双方贸易便利化程度上了一个新台阶。同时在“一带一路”建设的推动下，中沙双边贸易呈现出明显的多元化发展趋势。从 2017 年开始，两国贸易额重返上升通道。2017 年，中沙双边贸易额达到 500 亿美元，同比增长 18.3%。2018 年，中国与沙特的双边贸易额达到 633.4 亿美元，增长 26.7%，其中，中方出口

174.5 亿美元，下降 4.3%，进口 458.9 亿美元，增长 44.5%。①

在“一带一路”倡议在中东地区持续推进的背景下，中沙两国以能源贸易为引领，加强基础设施建设方面的合作，进一步完善两国贸易体系，使得中沙合作真正成为支撑“一带一路”建设在中东推进的支柱力量。

（二）“一带一路”建设与针对新兴经济体的投资

随着“一带一路”建设的全面推进，中国企业在沿线国家的投资规模也逐步扩大（见表 1）。而在“一带一路”建设中扮演重要角色的新兴经济体也是中国资本投资的主要目标，在不同区域形成了相应布局。

表 1　中国对“一带一路”沿线主要新兴经济体投资流量变化

单位：亿美元

国家	2011 年	2012 年	2013 年	2014 年	2015 年	2016 年	2017 年	2017 年底存量
俄罗斯	7.16	7.85	10.22	6.34	29.60	12.93	15.48	138.70
印　度	1.80	2.77	1.49	3.17	7.05	0.93	2.90	47.47
土耳其	0.14	1.09	1.79	1.05	6.28	-0.96	1.91	13.01
沙　特	1.23	1.54	4.79	1.84	4.05	0.24	-3.45	20.38

资料来源：《2017 年度中国对外直接投资统计公报》，转引自张述存、刘晓宁《中国对“一带一路”新兴经济体投资布局优化研究》，《中共中央党校（国家行政学院）学报》2019 年第 5 期，第 129 页。

1. 俄罗斯

俄罗斯是欧亚地区“一带一路”建设的关键节点，对于“一带一路”建设的顺利推进具有重要意义。由于俄罗斯丰富的自然资源和开发潜力，以及与中国较为紧密的政治关系，使得其也在一定程度上得到了中国企业更多的关注。2009 年，中俄两国签署《中俄投资合作规划纲要》和《中国东北地区同俄罗斯远东及东西伯利亚合作规划纲要》，为中国资本在俄投资提供了明确的制度保障。

① 中国商务部信息，http：//xyf.mofcom.gov.cn/article/tj/hz/201902/20190202838588.shtml。

从2010年开始，中国企业在俄投资开始呈现明显的增长趋势。从2010年的5.68亿美元增长到2013年的10.22亿美元，年投资流量几乎翻番。2014年，由于政治因素的影响，中国当年对俄投资流量出现了明显下降，但随着“一带一路”建设的推进，2015年，中国对俄罗斯直接投资流量达到29.6亿美元，不但创造了历史峰值，而且当年对俄投资占到了对整个欧洲投资的四成以上。随后两年，中国对俄直接投资流量也保持在10亿美元以上，处于较高水平线上。①

从2003年到2017年，中国对俄投资流量年均增速达到32.3%，截至2017年末，对俄投资存量已经达138.7亿美元，占对共建“一带一路”国家投资存量的9.0%。在对俄投资中，采矿业、农林牧渔业和制造业是最大的三个行业，共吸收中国投资的80%以上，相关领域很多有实力的中国企业参与了对俄投资。随着“一带一路”建设的持续推进，中俄在投资方面还有很多潜力可挖。

2. 印度

虽然印度在政治层面对于“一带一路”建设还有所保留，但中国资本在印度的投资仍然增长很快。由于投资额基数较低，2003年中国对印投资仅有15万美元，中印两国政府于2016年签订了《双边投资保护协定》，后续投资显著增长，2017年投资流量达2.9亿美元。除了直接投资外，中国资本在印度的风险投资额规模甚至超过美国，尤其在互联网和高科技行业。2018年数据显示，中国对印度创业生态系统的总体风险投资规模累计达到56亿美元，比2016年增长900%。并且投资逐步流向消费品、物流、零售、物联网等更为广泛的领域。这些资本大多来自中国互联网巨头及相关股权投资企业，比如，阿里巴巴、顺为资本、复星、腾讯和小米等。② 来自中国的资本市场投资将会在未来引导更多的直接投资流入。

---

① 中国商务部网站信息，http：//history. mofcom. gov. cn/? bandr = elsyzgdjmhz。

② Priyanka Pani. China’s VC investments in Indian start-ups hit ＄5.6 billion in 2018，March 22，2019. https：//www. thehindubusinessline. com/companies/chinas – vc – investments – in – indian – start – ups – hit – 56 – billion – in – 2018/article26612364. ece.

中国资本对印投资的高峰年份是2015年，当年中国对印度直接投资流量7.05亿美元，截至2015年底投资存量为37.7亿美元，都大幅刷新了当年的投资记录。2016年，中国对印度投资降到0.93亿美元，但2017年明显反弹，达到2.9亿美元。从2014年4月到2019年3月，中国对印度投资存量达到18.1亿美元。其中主要投向汽车（8.7613亿美元）、电力设备（1.525亿美元）和软件等服务业部门（1.27亿美元）。[①] 中国资本在印度的投资主要集中在电力设备、机械设备、钢铁、能源、汽车、通信设备等领域，很多著名的中国企业如华为、海尔、比亚迪等在印度都有投资，但总体而言，中国在印度的投资规模较小，投资领域有限，与印度庞大的人口与市场规模并不相称。[②]

3. 土耳其

中国与土耳其早在1990年就签署了《相互促进与保护投资协定》，对于两国早期的相互投资提供了有益的推动。2003年时，中国在土耳其的投资已经达到了153万美元，是同期对印度投资的10倍以上，但由于土耳其市场规模的限制，增长幅度相对有限，到2011年才达到约1400万美元，不仅落后于中国对主要发达国家的投资，在新兴经济体中也排名靠后。2012年起，中国对土耳其投资开始出现明显增长，2012年对土耳其投资首次超过1亿美元大关，2015年，中国对土耳其投资流量超过了6亿美元，创造了历史纪录。经过2016年的调整，2017年中国对土耳其投资流量达到1.9亿美元，投资存量超过13亿美元。

中国企业在土耳其的投资正在逐渐由制造业、基础设施产业向金融、电信等行业扩展。中国工商银行、中远集团、招商局集团、阿里巴巴等中国企业都已通过各种方式进入土耳其市场，并逐渐扩大投资规模。2014年，中

---

① Piyush Goyal. India received ＄1.81 bn FDI from China during Apr'14 – Mar'19 ［N］. Jun 28, 2019. https：//economictimes.indiatimes.com/news/economy/finance/india – received – 1 – 81 – bn – fdi – from – china – during – apr14 – mar19 – piyush – goyal/articleshow/69989734.cms? utm_ source = contentofinterest&utm_ medium = text&utm_ campaign = cppst.

② 参见张述存、刘晓宁《中国对“一带一路”新兴经济体投资布局优化研究》，《中共中央党校（国家行政学院）学报》2019年第5期。

国工商银行以 4.5 亿美元的价格收购土耳其纺织银行，成为当年土耳其金融市场的重要事件。而中国银行、阿里巴巴、中远集团等也都通过投资并购等方式加强对土耳其的投资，既有力地扩展了海外市场，又为“一带一路”建设在土耳其的推进做出了重要贡献。① 近年来，中国土耳其投资合作关系持续升级，目前在土耳其中资企业数量超过 1000 家，主要分布于物流、电子、能源、商旅、金融和房地产等行业。根据中土两国政府达成的协议，预计 2021 年中国对土耳其投资额将增长至 60 亿美元。②

4. 沙特阿拉伯

中国对于沙特阿拉伯的投资也经历了一个较为曲折的发展过程，与对其他新兴经济体的投资状况不同，中国对于沙特阿拉伯投资的波动性较大，经常出现急涨急跌的现象。

2003 年时，中国对沙特阿拉伯的投资额仅为 24 万美元，但增长势头极为迅猛，到 2013 年投资流量近 4.8 亿美元，达到历史峰值。但需要注意的是，2014 年，中国对沙特投资出现明显回落，流量总额为 1.84 亿美元。2008 年，中沙两国签署《关于加强基础设施建设领域合作的协定》，以此促进双方在基础设施领域的投资合作。到 2015 年，对沙特投资再次达到高点，全年直接投资流量 4.05 亿美元，投资存量也增长到 24.34 亿美元。然而，由于中国海外投资策略的总体调整和国家能源投资政策的变化，在 2016 年，中国对沙特投资出现明显下滑，当年投资流量下降到 2390 万美元，这种情况在 2017 年更加严重，全年投资流量出现负值，到 2017 年底，中国对沙特投资存量为 20.38 亿美元。但这种情况在 2018 年得到明显改善，2018 年全年，中国企业对沙特全行业直接投资额为 3.8 亿美元，其中非金融类直接投资 3.7 亿美元。③

---

① 参见郁红阳《土耳其是共建“一带一路”的重要合作伙伴》，《世界知识》2019 年第 10 期。

② Daily Sabah. China aims to double investments in Turkey to $6 billion by 2021 [N]. 2019.03.28. https://www.dailysabah.com/business/2019/03/28/china-aims-to-double-investments-in-turkey-to-6-billion-by-2021.

③ 中国商务部信息，http://xyf.mofcom.gov.cn/article/tj/hz/201902/20190202838588.shtml。

中国在沙特阿拉伯的投资以能源投资为引领，近年来在基础设施领域的投资也得到较大增长。到 2016 年，中国资本在沙特阿拉伯注册的各种形式的企业或分支机构有 160 家，到 2017 年末，这一数字增长到近 200 家，反映出中资企业对于投资沙特阿拉伯的热情。中资企业的业务范围已经不仅局限在石油及其他能源领域，更多地扩展到了铁路、基建港口、电力等多个领域。2018 年，中国企业在沙特新签工程承包合同额达 67.3 亿美元，同比增长 129.7%。①

三　作为“一带一路”关键政治节点的新兴经济体

以俄罗斯、印度、土耳其、沙特阿拉伯为代表的新兴经济体在全球政治舞台上具有一定的影响力，也在它们所在地区的政治事务中拥有重要的发言权。因此，争取关键新兴经济体在政治层面对于“一带一路”倡议的支持，对于在不同地区推进“一带一路”建设具有重要的意义。

（一）新兴经济体对“一带一路”建设的立场和态度

俄罗斯、印度、土耳其与沙特阿拉伯处于欧亚大陆四个重要的地理和贸易节点上，地缘位置都十分重要。各国具有不同的经济发展模式，对于“一带一路”的政治立场也有所分歧，因此，需要认真分析相关国家的立场差异，并且采取有针对性的策略安排。

1. 俄罗斯

俄罗斯是全世界领土面积最大的国家，地跨欧亚两大洲，位于“丝绸之路经济带”穿越欧亚内陆区域的核心位置。中国穿越中亚，最终连接欧洲国家的主要陆路走廊多数要经过俄罗斯境内。同时，俄罗斯本身也是中方开展经济合作的重要目标国，“中俄蒙经济走廊”等多边经济合作也是欧亚内陆地区“一带一路”建设的重要内容。

---

① 中国商务部信息，http://xyf.mofcom.gov.cn/article/tj/hz/201902/20190202838588.shtml。

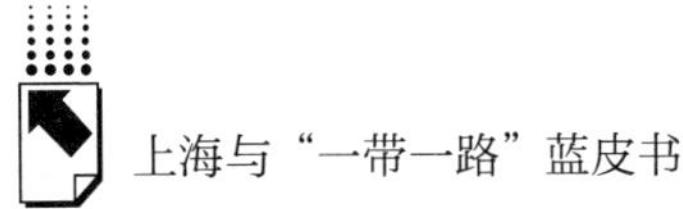

对于“一带一路”倡议，俄罗斯国内的态度也经过了一个明显的变化过程，大体上表现为三个不同的发展阶段。

第一，怀疑与犹豫阶段。在“一带一路”倡议提出之初，俄罗斯政治精英和学术界、战略界研究者对其表现出明显的担忧与质疑。

第二，开放与对话阶段。2014 年初，习近平总书记前往索契参加冬奥会开幕式，并且与普京就“一带一路”倡议进行了深入交流。普京在会谈后表示：“俄方积极响应中方‘丝绸之路经济带’和‘21 世纪海上丝绸之路’倡议，愿将俄方跨欧亚铁路与‘一带一路’对接，创造出更大效益。”以此为标志，中俄双方开始就“一带一路”框架内的合作展开深入对话。2014 年 5 月，普京总统成功访华并同习近平主席签署了《中华人民共和国与俄罗斯联邦关于全面战略协作伙伴关系新阶段的联合声明》，正式宣布俄罗斯支持“一带一路”倡议，并且将“对接”作为双方合作的基础。经过近一年的深入沟通，2015 年 5 月，中俄两国发表《中华人民共和国与俄罗斯联邦关于丝绸之路经济带建设和欧亚经济联盟建设对接合作的联合声明》，全面推动了双方在“一带一路”建设的合作进程。①

第三，全面深化合作阶段。2017 年，普京出席首届“一带一路”高峰论坛，并表示中俄双方将在先进技术以及基础设施建设等方面开展深度合作。2018 年 5 月 17 日，中俄两国共同签署了《中华人民共和国与欧亚经济联盟经贸合作协定》，对于如何推动“一带一路”倡议与欧亚经济联盟建设形成了具体的安排。目前，中俄双方围绕“一带一路”和欧亚经济联盟“对接”的合作仍在持续推进。②

总的来说，经过双方共同努力，俄罗斯已经成为参与“一带一路”共建的最为积极和稳定的合作伙伴之一。俄罗斯政治精英将“一带一路”建设视为推动整个欧亚地区经济发展的重要机遇，其国内对于“一带一路”的观点也日趋积极。

---

① 全文可参见新华网相关信息，http：//www. xinhuanet. com//world/2015 - 05/09/c _ 127780866. htm。

② 相关情况可参见 http：//www. xinhuanet. com/2019 - 10/25/c_ 1125154042. htm。

2. 印度

在“一带一路”倡议提出后，印度的态度同样经历了一定的转变。在“一带一路”倡议提出之初，印度国内政治精英与社会舆论对其普遍表现出怀疑的态度。

在 2014 ~ 2016 年，由于中印两国领导人的频繁互动，印度对“一带一路”的态度一度出现改观，但中印关系再次发生波折，印度对于“一带一路”一度有所缓和的态度再次转向负面。

3. 土耳其

土耳其对于“一带一路”建设的态度总体上较为积极，虽然在“一带一路”倡议提出之初，土耳其政治精英曾一度对其目的略有疑虑，并且在一定时间内保持了观望的态度，但对于合作推进基础设施建设始终抱有积极的立场。通过中国方面的详细解释与深入沟通，土耳其逐渐开始谨慎接受中方的立场，开始尝试讨论具体的合作议程。

随着中国“一带一路”建设路线图的进一步清晰，以及中土双方的深入互动，土耳其对于“一带一路”建设的态度变得更加积极。2015 年 11 月，在土耳其 G20 峰会上，中土两国领导人签署了《中华人民共和国和土耳其共和国关于协调“一带一路”倡议与“中间协议”的谅解备忘录》，从而正式开始了两国机制性对接合作的进程。随后，两国多个政府间对话机制在推进过程中，都将落实“一带一路”与“中间走廊”倡议对接作为重要任务。2017 年，土耳其总统埃尔多安在首届“一带一路”国际合作高峰论坛演讲中，明确提出“一带一路”建设与土耳其国家发展战略具有互补性，对“一带一路”建设给予了高度评价。目前，土耳其国内对于“一带一路”建设的接受和认可度也很高，对于项目合作表现积极，各种对话与磋商机制也在不断落实，对于中土关系的发展形成了积极影响。

4. 沙特阿拉伯

沙特阿拉伯是“一带一路”沿线另一个重要的新兴经济体，其地理位置位于中东地区核心地带，是伊斯兰世界的核心国家，也是阿拉伯世界在全球重要多边舞台上的主要代言人，对于整个中东，特别是海湾地区具有重要影响力，构成了“一带一路”建设在中东地区推进的主要节点。

沙特阿拉伯是中东地区“一带一路”倡议的重要合作伙伴，从中国首倡“一带一路”倡议开始，沙特阿拉伯就对该倡议表达了浓厚的兴趣，在双方的共同努力下，依托各种既有双、多边机制，积极推动务实合作。2016年1月，中沙两国宣布建立全面战略合作伙伴关系，将双边关系提升到了新的高度。2016年8月，中沙两国设立高级别联合委员会，在高委会的框架内专门成立了“一带一路”重大投资合作项目和能源分委员会，以此作为双方围绕“一带一路”框架开展合作的制度保障。中沙两国的目标是加强“一带一路”倡议与沙特“2030愿景”的对接，使双边合作向更深更广的方向拓展。同时，通过中沙合作带动中国与整个阿拉伯地区的经贸合作，推动“一带一路”在中东地区全面拓展。

在“一带一路”建设推进过程中，中国与沙特领导人和政治精英互访频繁，经贸合作也逐渐由能源领域向基础设施建设和科技合作等领域扩展。在经贸合作持续升温的基础上，中沙两国在社会与人文层面的交往也进一步增加，文化领域的交流和理解更加深入，中沙合作已经逐渐成为“一带一路”建设在中东地区推进的有力支撑。

（二）中国与新兴经济体在“一带一路”框架内开展合作的最新成果

2019年4月，第二届“一带一路”国际合作高峰论坛在北京举办，本次高峰论坛得到了沿线国家的广泛支持，除印度外，俄罗斯、土耳其和沙特阿拉伯作为新兴经济体的代表积极参加了本次峰会，不仅派出了高级别代表团，并且在多个领域签署了有效的双、多边合作文件，为推动“一带一路”高质量发展提供了有利条件。①

---

① 《第二届“一带一路”国际合作高峰论坛成果清单（全文）》，http：//www. xinhuanet. com/world/2019 - 04/28/c_ 1124425293. htm。

首先，中国与新兴经济体相关部门签署多项多边合作文件。①

在官方层面上，中国与俄罗斯有关部门于第二届“一带一路”国际高峰论坛期间签署了多项多边文件，为欧亚地区的互联互通创造了有利条件。主要包括中国与俄罗斯等七国铁路部门共同签署的《中欧班列运输联合工作组议事规则》，该规则为中欧班列跨欧亚地区的运输活动提供了政策执行层面的制度保证。而中国海关总署与俄罗斯海关署等四国海关管理部门签署关于“经认证的经营者”（AEO）互认合作相关文件，这是着眼于进一步减少跨境运输的审批手续，减少交易成本而制定的规则。同时，中国与俄罗斯还积极开展国际铁路联运“一单制”金融结算融资规则试点，以便为中欧班列跨境运输提供更加有效的金融服务。除此之外，中国政府与沙特阿拉伯等国政府签署了交通运输领域的合作文件，为双方在相关领域的合作建设提供了制度保障。

其次，中国与新兴经济体积极努力推进相关议题的多边合作平台建设。

“一带一路”不仅仅是经贸合作与项目投资，更是一个多领域、全方位的多边合作与开放进程。因此，在继续推进经贸领域的合作之外，中国相关部门在“一带一路”框架内都在积极推动相关多边合作平台建设，利用多个领域的合作平台，全面提升中国与沿线国家的相互理解，为“一带一路”建设的推进保驾护航。在这一过程中，俄罗斯、沙特阿拉伯和土耳其都积极参与相关合作平台的建设。在相关经贸领域、技术领域和科教文卫领域的多边合作平台建设，有助于“一带一路”框架内各新兴经济体在特定领域合作进程的进一步展开，也有利于相关合作的技术标准统一，以及在多领域内形成共同的交流与对话平台。

最后，签署投资协议，确定重点项目。

在第二届“一带一路”国际合作高峰论坛期间，中方与“一带一路”沿线新兴经济体还成功签署了部分投资协议，例如，中国国家开发银行与土耳其等国有关机构签署公路、矿产、电力等领域投资建设项目贷款协议，为

① 《第二届“一带一路”国际合作高峰论坛成果清单（全文）》，新华网，2019年4月27日，http：//www. xinhuanet. com/world/2019 -04/28/c_ 1124425293. htm。

相关重要项目建设提供了稳定的资金保障。

另外，中国丝路基金与沙特国际电力和水务公司，中国长江三峡集团有限公司和国际金融公司、美国通用电气公司、新加坡盛裕控股集团建立联合投资平台。通过多边跨国投资平台的建设，能够更加有效地为相关建设项目提供资金支持，国际化的投资平台也有助于“一带一路”相应的融资活动进一步拓展。

在第二届“一带一路”国际合作高峰论坛期间，中国企业在沙特阿拉伯投资建设的石油化工化纤一体化项目被列入“一带一路”建设的重点项目名单。这既反映了沙特阿拉伯地区能源项目的重要意义，也客观上体现出新兴经济体在“一带一路”建设中的重要意义。

四 上海与“一带一路”框架内新兴经济体的经贸合作关系

上海与“一带一路”框架内的新兴经济体也保持着密切的合作关系，上海充分利用自身在资金、技术、金融等方面的比较优势，借助“一带一路”建设所搭建的双、多边平台，为中国与新兴经济体全方位合作的进一步推进做出了贡献。

（一）上海与“一带一路”沿线新兴经济体的经贸合作

上海与俄罗斯、印度、土耳其和沙特阿拉伯四国的双边经贸合作总体来说都发展较为顺利，不仅双边经贸额始终处于较高水平，而且增长势头良好。

如表2所示，上海与俄、印、土、沙四国经贸合作在2018年都取得了较大进展。从经贸额来看，上海与“一带一路”沿线新兴经济体中双边贸易额最大的国家是印度，2018年双边贸易额达614.6亿元，同比增幅4.12%。事实上，上海与印度的双边贸易额在2017年就已经实现了21.26%的增长，而在2017年高速增长的基础上，2018年再次保持增长的态势。

表 2　上海与“一带一路”沿线新兴经济体经贸合作情况（2017～2018 年）

单位：亿元

国家	进出口总额		出口总额		进口总额	
	2018 年	2017 年	2018 年	2017 年	2018 年	2017 年
俄罗斯	339. 1	299. 3	187. 4	162. 3	151. 7	137. 0
印　度	614. 6	590. 3	348. 4	336. 5	266. 2	253. 8
土耳其	119. 0	117. 7	67. 1	74. 6	51. 9	43. 1
沙　特	158. 6	120. 8	46. 8	60. 6	111. 8	60. 2

资料来源：根据上海海关 2018 年度统计数据整理。

俄罗斯与上海在 2018 年双边贸易额达到 339. 1 亿元，再次实现了高速增长，全年增速达到了 13. 3%。在 2017 年上海与俄罗斯双边贸易额为 299. 3 亿元，当年增速为 21. 7%。可以说，从 2017 年至 2018 年，上海对俄双边贸易总额实现了连续两年的超高速增长，使双方的经贸关系达到了新的高度。

土耳其与上海的双边贸易额在 2018 年也有所增长，达到了 119. 0 亿元，较之 2017 年的 117. 7 亿元实现 1. 1% 的增长，主要受到之前增长基数的影响，2017 年上海与土耳其的双边贸易额实现了 11. 2% 的增长，因此保持微弱增长态势也是个比较好的成绩。

而沙特阿拉伯与上海的双边贸易额则再创新高，2018 年进出口总额达到 158. 6 亿元，且增速达到了创纪录的 31. 3%，在 2017 年创造 36. 9% 的超高速增长的基础上再次实现大幅提升。中国与沙特经贸总额的持续高速增长主要有赖于上海进口额的大幅提升，由于 2017 年底，我国开始开放民营企业炼油进口配额，在这一政策层面的有利条件的推动下，上海海关关区从沙特阿拉伯进口的石油数额出现迅猛增长。2018 年，上海从沙特进口产品额度为 111. 8 亿元，较之 2017 年增长 85. 7% 以上，是上海 2018 年在进口方面增长最快的国家之一。同时，随着上海原油期货交易所的不断发展，沙特阿拉伯也将作为重要的交易方与上海建立更加紧密的经济联系。

更重要的是，上海与“一带一路”沿线新兴经济体的贸易结构较为合理，虽然对俄罗斯、印度与土耳其都保持了贸易顺差，但顺差额度较小，双方贸易结构较为平衡，有比较宽裕的折中空间。虽然2018年对沙特阿拉伯贸易逆差较大，但属于特定年份下的大额度进口合同所带来的结果，从2017年的数据来看，基本上也处于平衡状态。

上海与“一带一路”沿线主要新兴经济体的双边贸易关系正处于稳定提升的发展周期内，发展势头良好。在所有新兴经济体中，印度是与上海经贸关系最为紧密的国家，印度庞大的人口和潜在市场也吸引着上海企业的投资目光。俄罗斯也是与上海关系密切的新兴经济体，近年来上海与俄罗斯在各个领域的经贸合作关系发展迅速，未来前景也非常广阔。土耳其和沙特阿拉伯在部分特定行业和领域与上海的经贸关系也较为密切，能够成为上海企业新的经济增长点。对于上海企业来说，根据新兴经济体各自不同的资源禀赋与发展状况，有针对性地开展经贸合作，才能够最大限度地释放“一带一路”建设的潜力，从而实现更加高速有效的发展。

（二）上海在“一带一路”沿线新兴经济体的投资合作经验

近几年来，在上海市委、市政府的全面部署下，以“上海行动方案”为指导，上海企业不断加强对于“一带一路”沿线新兴经济体的投资，并且获得了较好的成果。

1. 俄罗斯

上海企业在俄罗斯的投资合作可以借助两国地方合作平台展开。中俄地方合作是在中俄新时代全面战略协作伙伴关系的大框架下推动的，旨在进一步提升中俄两国经贸合作，充分调动地方的主动性，巩固中俄关系基础。

上海市与俄罗斯地方层面上的交流非常紧密，已经与圣彼得堡市结为友好城市，并且与符拉迪沃斯托克市建立了友好合作关系，在地方层面上的合作互动非常密切。借助中俄地方合作交流年的有利契机，积极推动上海企业在俄投资。

目前，上海资本在俄投资的旗舰项目是圣彼得堡的“波罗的海明珠”项目。“波罗的海明珠”项目由上海实业集团领衔，并联合百联集团、锦江国际集团、上海工业投资集团、上海爱建股份、上海建工总公司、绿地集团等上海企业共同投资建设的集居住、商业、商务为一体的大型综合性商业复合体。该项目位于圣彼得堡市波罗的海沿岸的芬兰湾地区，包括住宅、购物中心、酒店、会展、娱乐设施、学校、医院、图书馆等各类设施。项目投资总额超过 13 亿美元，项目规划用地 205 公顷，总建筑有效面积 197.19 万平方米，其中住宅 106.18 万平方米，并建有商业和社会综合配套设施。

项目于 2005 年开工建设，在建设过程中先后遭遇全球金融危机、乌克兰危机以及西方制裁、卢布贬值等各种不利因素影响。从 2010 年开始向客户交付，目前项目完工率已经超过 70%。项目直接为当地提供数千个工作岗位，同时带动上下游间接就业岗位超过 2000 个，每年为当地政府创造高额的税收收入。“波罗的海明珠”项目是中国在俄罗斯投资的最大非能源类项目，也是上海企业在新兴经济体投资建设的典范。该项目的建设过程充分彰显了上海企业的能力与韧性，必将成为中俄两国经贸合作建设的标志性成果。①

上海复兴集团在 2018 年成功收购了俄罗斯重要的 B2B 农产品交易平台——Prod Center 20% 的股份，该平台以线上农产品批发为主要业务，主要经营猪肉、牛肉、鸡肉、鱼类以及奶制品、水果、蔬菜等农产品，2018 年前 7 个月进行了超过 2.2 万笔交易，交易总值达 370 亿卢布。复兴完成收购之后，能够更加有效地推进该平台国际化进程，并且对中俄贸易与投资合作带来积极影响。②

2018 年 4 月，莫斯科交易所（MOEX）与上海黄金交易所（SGE）签订谅解备忘录，推动中俄两国在黄金交易所领域的合作。双方同意提供交流信息共享，组织黄金市场主体的联合会议，培训和人员交流，并寻找商业合作

① 关于波罗的海明珠项目的基本情况可参见 https://www.siic.com/gb_service_7.html。

② 关于该项目的相关信息可参见 https://caderus.com/cn/press-releases/fu-xing-ji-tuan-shou-gou-e-luo-si-xian-shang-nong-chan-pin-jiao-yi-ping-tai-bu-fen-gu-quan-kai-de-luo-si-zi-ben-zuo-wei-ben-ci-zhong-e-kua-jing-tou-zi-jiao-yi-de-du-jia-cai-wu-gu-wen。

机会。[1] 上海黄金交易所是目前中国最大的贵金属交易所，也是上海参与“一带一路”建设的重要平台。中俄两个重要交易所的合作将有力推动中国在该领域的深度合作。

除了现有的投资项目外，上海市还将在充分发挥自身产业优势的基础上，进一步加强与俄罗斯相关产业的合作，在生命科学、生物医药、能源、旅游等方面推动相关企业合作项目落地。

2. 印度

印度具有庞大的人口和市场，是目前全球资本都期待进入的巨大潜在市场。虽然印度在政治层面尚未完全接受“一带一路”建设，但中印两国的经贸合作仍然在不断拓展。很多中国企业也在通过多种方式进入印度市场，上海企业也积极参与其中。

印度人口超过 13 亿，是世界上最大的潜在的汽车消费市场。2017 年，上汽集团投资 32.75 亿元，收购并改造印度通用汽车有限公司 HALOL 工厂，以此为基础，正式进入印度市场。该工厂位于印度古吉拉特邦巴罗达市，上汽集团收购工厂之后，在此设立整车制造基地及配套供应商园区，在印度投放上汽自主品牌产品。2019 年 4 月，上汽集团印度基地正式投产，该工厂占地 70 万平方米，规划年产 5.6 万辆汽车，这是上汽集团第三个海外整车生产基地，上汽集团也是第一个在印度投资建厂的中国汽车企业。[2]

上海百金化工集团有限公司在印度投资建设的印度百金化工私有有限公司组建于 2011 年 5 月，于 2014 年 4 月正式投产运行。公司坐落于印度古吉拉特邦巴鲁奇市达赫吉经济特区，公司主要生产二硫化碳等化工产品。公司年产二硫化碳 6 万吨，是印度国内最大的二硫化碳生产企业，产品不仅在印度销售，还远销印度尼西亚、韩国、伊朗等国。[3]

---

① 关于该项目的相关信息可参见 http://www.cngold.com.cn/20180423d1896n225808029.html。

② 相关项目信息可参见 http://sh.sina.com.cn/news/m/2019-10-14/detail-iicezuev2000454.shtml。

③ 相关项目信息可参见 http://www.baijin-group.com/info_35.aspx?itemid=312&parent。

上海电气集团于2012年在新德里注册成立了上海电气（印度）有限公司，以电站设备、电站设备总成套和电站工程总承包为核心业务，在印度开展多种经营活动，取得了很好的效果。①

印度医药产业发达，具有很大的投资价值。上海复兴医药股份公司在2017年收购了印度格兰德医药公司74%的股份，并且不断通过并购等方式扩大自己在印度医药领域的市场份额。

印度政府也非常重视上海在中印经济合作进程中的重要角色，2015年，印度总理莫迪到访上海，出席中国-印度经贸论坛，并且与中国大型企业负责人见面，并表示“期待在上海会见企业领袖，跟他们分享印度能提供的机会”。②

3. 土耳其和沙特阿拉伯

与在俄、印投资相比，上海企业在土耳其与沙特投资和经营范围相对有限，主要集中于能源和基建领域，但在土、沙两国的标志性工程也具有较大的影响力。

2018年3月，中石化上海工程有限公司中标沙特阿拉伯SABIC公司大型空分装置总承包项目，项目投资2.8亿美元，合同工期30个月。2018年12月11日，该项目正式开工，成为中国企业在沙特阿拉伯投资的重要标志。③

2019年8月，上海电力投资建设的大型项目胡努特鲁电厂项目，是中国在土耳其最大的直接投资项目。胡努特鲁电厂项目位于土耳其阿达纳省尤穆塔勒克县，总投资17亿美元，主要由上海电力投资，占股78.21%。该项目计划建设两台660兆瓦超超临界发电机组，总装机容量1320兆瓦。项目投产后每年可供电90亿度。项目计划于2021年第一台机组投入商业运

① 相关项目信息可参见 http://www.shanghai-electric.com/PG/Pages/companies/EngineeringCompany.aspx?cid=19。

② 《印度总理莫迪在上海的7小时“经济时间”》，中国新闻网，2015年5月16日，http://www.chinanews.com/gn/2015/05-16/7280937.shtml。

③ 相关信息参见 https://news.qichacha.com/postnews_59ee4d7397c48fef70957dc5712dd4bf.html。

行，2022年第二台机组投入商业运行。该项目的建设对于土耳其能源供应具有重要意义，由上海企业承担该项目的建设充分显示了“上海品牌”的重要国际影响力。①

总之，在上海市委、市政府的领导和推动下，上海企业积极响应“一带一路”建设，并且积极尝试在沿线新兴经济体国家开展投资建设活动，并形成了一大批具有地区影响力的重大项目，不仅有效地推动了上海企业“走出去”的步伐，而且对于投资对象国的经济发展产生了积极的影响。全面总结上海在“一带一路”沿线新兴经济体的投资建设经验，能够为上海企业的国家化后续投资布局提供有益参考。

（三）推动上海企业对“一带一路”沿线新兴经济体的投资

“一带一路”建设离不开沿线新兴经济体的协助与支持，而因此带来的新兴经济体的经济成长又使“一带一路”建设被赋予了推动南南合作和促进发展中国家经济成长的时代意义。印、俄、土、沙等重要新兴经济体都有自己独特的产业结构与资源禀赋，未来在“一带一路”的框架内将会具有巨大的发展空间，也将释放出更大的投资潜力。在这样的背景下，上海企业应针对各新兴经济体国家的不同情况，制定差异化的投资策略，从而最大限度地实现上海企业“走出去”的战略目标。

第一，对于俄罗斯投资问题，上海企业需要更好地认识到俄罗斯在“一带一路”建设中的重要枢纽地位。

俄罗斯得天独厚的地缘政治条件赋予了其对于“丝绸之路经济带”在内陆运输线路方面的独特影响力。而且俄罗斯在政治方面对于“一带一路”建设持较为积极的立场，积极推动欧亚经济联盟与“一带一路”建设对接，除了在国家层面开展协作对话之外，也积极推进地方合作，这些都是上海企业投资俄罗斯可供利用的机会。

俄罗斯能源和自然资源非常丰富，重工业领域的产业链基础也比较扎

① 相关信息参见 http://www.xinhuanet.com/fortune/2019-08/26/c_1210257158.htm。

实，所以供水、供电、供气和很多资源领域的生产要素成本很低。在2014年以后，由于国际油价的剧烈波动和西方对俄制裁的延续，卢布经历了明显的贬值历程，造成了俄罗斯国内在资本方面的流动性缺失。这也意味着俄罗斯对于外国投资方面的需求较大。

随着俄罗斯国内政策调整，目前其债务水平非常稳定，黄金与外汇储备丰富，国内经济发展的速度虽然较慢，但保持了较好的稳定性，俄罗斯国内经济发展条件正处于稳定周期。同时，为了刺激国内经济发展，俄罗斯正在着力推动国内的大型基础设施建设项目，这也为上海企业的投资活动创造了条件。从俄罗斯的经济禀赋来看，对俄的大规模投资项目仍然需要关注几个有潜力的发展领域。其一，自然资源领域，俄罗斯的能源、矿产行业是具有较大利润空间的项目，相应的机械制造和基础设施建设都是可兹关注的领域。其二，远东西伯利亚地区与中国毗邻，且该地区基础设施条件较差，为基础设施投资提供了较好的机会。其三，俄罗斯在航空航天以及高端设备制造等方面也有很大发展潜力，如何推动中国资本在这些领域与俄方合作，可以成为推动中俄双边经贸合作的新机会。①

但需要注意的是，俄罗斯国内对于外国投资的态度相对较为保守，部分地区对于中方资本的进入存有明显顾虑。对俄投资需要关注和重视俄罗斯国内对外国资本态度的微妙变化，以更加灵活的姿态处理对外投资的相关事宜，合理控制投资风险。

第二，对于印度投资问题，上海企业也需特别重视印度在“一带一路”架构中的特殊地位。

虽然印度并没有在政治层面上接受“一带一路”建设，但作为丝绸之路经济带和21世纪海上丝绸之路的枢纽国家，印度在“一带一路”框架上的枢纽地位无可替代。同时，印度是世界上人口最多的国家之一，且预计2035年其人口规模将达到15亿，具有较大的发展潜力。近年来，印度大体上保持了较高的经济增长速度，庞大的印度市场已经成为全球最受瞩目的新

① 参见李建民《普京治下的俄罗斯经济：发展路径与趋势》，《俄罗斯研究》2019年第6期。

兴市场之一，很多中国企业已经采取多种路径进入印度市场。

印度的经济发展模式和产业结构与中国存在一定差异，但也体现出明显的互补性特点。印度在制药、软件及高端服务业具有一定优势，但整体上工业制造业的基础相对薄弱。近年来中国对印贸易顺差过大，在一定程度上影响了两国经贸关系的进一步扩展。因此，推动中国企业在印度投资设厂对于两国经贸合作具有重要的意义。

作为印度最具国际竞争力的优势产业之一，印度仿制药企业非常希望能够有机会进入中国市场，而上海则是很多印度制药企业进入中国市场的重要入口。在2019年第二届中国国际进口博览会上，印度最大的药企太阳药业与中国总部设在上海的跨国药企阿斯利康达成合作协议，阿斯利康将负责把太阳药业多款肿瘤产品引入中国市场。由于印度仿制药物美价廉，对于国内患者具有很大吸引力。随着2018年底，进口仿制药从临床审批制进入备案制时代，打开了印度企业进入中国市场的制度性通道，引进印度药企进入中国市场不仅是简单的商业行为，也将给我国国内仿制药市场带来更大压力，促使国内仿制药企业加快整合升级进程，最终在整体上提升我国相关产业的能力。

印度不仅人口众多，且年龄结构偏年轻化，适龄劳动年龄人口占到总人口的65%，丰富的劳动力资源使得印度在制造业方面具有很大的发展潜力。在印度人民党执政之后，积极推动该国国内制造业的发展，这也为上海企业的投资提供了机会。上海企业一方面应重视在医药产业、软件行业等印度优势产业的投资，充分利用其在该领域的比较优势提升企业竞争力。另一方面，中国也可以加大在基础设施建设、成品制造业等领域的投资，引导国内部分产能转移，形成更加有效的产业资源配置。中国可与印度联合推动相关工业产业园的建设，打造本地化的产业集群。同时，共同加强相关领域的双边合作，共同开拓第三方市场。①

上海企业在印度投资面对的主要风险同样来自政治领域，在印度宣布

① 参见李若杨、张春宇《中印经贸合作的机遇与前景》，《中国远洋海运》2019年第2期。

退出 RCEP 谈判之后，如何通过新的区域经贸合作机制削减印度贸易壁垒，降低印度投资门槛对于上海企业在印度投资具有重要意义。中印关系的发展对于企业投资具有重要意义，这也是上海企业在投资过程中需要留意的关键之处。

第三，对于土耳其投资问题，上海企业应对土耳其近年来在基础设施领域的更新诉求给予充分关注。

土耳其虽然市场空间相比俄罗斯和印度较小，但由于其正处于基础设施更新换代的关键阶段，基建市场增长速度非常可观，这些都是上海企业的重要机会。

2023 年是土耳其建国 100 周年，为此土耳其提出了庞大的建设愿景规划，希望在 2023 年前实现跻身全球前十大经济体的重要目标，为了实现这一宏伟目标，基础设施建设方面的更新空间很大。而基础设施建设是中国方面的优势领域，这也为上海企业投资提供了前所未有的机遇。

例如，在交通领域，土耳其政府希望以新的铁路线路更新现有的陈旧铁路线，在 2023 年之前完成 2.5 万公里的铁路网建设。为此需要大约新建 3500 公里的高速铁路和 8500 公里的快速铁路。中国有能力为土耳其提供有效的铁路基建服务。此外，土耳其在相关公路交通、桥梁隧道、电力设施、机场建设以及旅游服务等方面也有较大的发展潜力，上海企业可以充分抓住土耳其国内基础设施建设的机会，加大在相关领域的投资。随着中国与土耳其围绕着“一带一路”建设的机制性合作不断推进，上海企业在土耳其的机会也将不断增加。①

第四，对于沙特阿拉伯投资问题，上海企业应重点关注能源产业与相关基础设施建设等领域的投资。

作为全球最重要的石油输出国之一，沙特阿拉伯在中国能源进口体系中占据着不可替代的地位。同时，作为中东地区最大的经济体，沙特国内的基础建设需求和较为庞大的制成品消费市场也对“一带一路”建设在中东地

① 参见郁红阳《土耳其是共建“一带一路”的重要合作伙伴》，《世界知识》2019 年第 10 期。

区的推进具有重要价值。

沙特阿拉伯于2016年4月提出“2030愿景”，作为国家未来发展目标，该“愿景”与中方“一带一路”建设具有明显的内在契合度。在“2030愿景”中，沙特提出要扩大非石油收入，并且强调要注意吸引外国资金投资本国市场，推动国内资本结构加快私有化进程。这种方向性的调整实际上有利于降低沙特的贸易壁垒，给中国资本进入沙特提供了更好机会，对于上海企业在沙特的投资是明显的利好因素。

石油行业是沙特阿拉伯经济体系的绝对核心，也是沙特阿拉伯最有投资价值的行业。虽然沙特自身在能源勘探、开采等上游环节具有丰富的经验和较为完善的系统，但在原油加工、运输等下游环节，中国企业仍有很多比较优势，上海企业可以利用在相关环节的技术优势，以投资等方式逐渐加入沙特阿拉伯石油行业的产业链之中，实现优势互补。在石油领域的投资不仅能够为相关企业获得可观的经济收益，也将有助于保持中国从中东地区石油进口的相对稳定，为国家能源安全提供有力支持。

除此之外，沙特在“2030愿景”中所提出的很多目标都蕴含着巨大的基础设施建设需求，特别是沙特在非石油工业的发展目标都将提供大量基建订单，如在铁路、公路及房屋、路桥建设方面。沙特计划在较短时间内完成国内铁路网的更新建设，并且增加新能源电力的供应，而中国企业在这些方面都具有丰富的海外投资和建设经验，其技术能力在全球范围内处于领先水平。因此，上海企业在赴沙特投资时也可以重视在相关基建领域的机会，在提升双边合作水平的同时，也实现我国优势行业富余产能的输出，为中沙两国的发展共赢做出贡献。①

第五，除了双边层面的投资与经贸合作之外，上海还应积极利用新开发银行（NDB）总部在上海的有利条件，进一步推动上海与新兴经济体构建更加紧密的经济纽带。

---

① 参见包澄章《中国在沙特推进“一带一路”建设的现状、风险及应对》，《阿拉伯世界研究》2018年第7期。

新开发银行（New Development Bank），又称金砖银行，是金砖国家发起的金融类国际组织，其成立是为金砖国家等新兴经济体的基础设施建设和可持续发展项目筹集资金，促进全球经济健康发展。新开发银行成立于2015年，注册资本1000亿美元，总部设在上海，这也是首个总部设在上海的政府间国际组织。

新开发银行是由新兴经济体发起的组织，主要专注于新兴经济体的经济发展问题，自建立以来，新开发银行的项目贷款主要针对新兴经济体，为新兴经济体国家重要项目建设提供了重要的金融支持。2017年，新开发银行在南非设立区域发展中心，2019年在巴西设立美洲分支机构，未来还将进一步在印度和俄罗斯等新兴经济体设立分支中心。分支体系的先后建立不仅对于新开发银行自身的建设具有重要意义，也将有助于建立以上海为中心对新兴经济体的金融、制度的辐射，更好地发挥“一带一路”“桥头堡”功能。随着其机制建设的进一步完善，如首席经济学家的设立能够更加彰显新开发银行作为知识银行的结构功能，未来将进一步推动上海成为服务新兴经济发展的知识和信息中枢。

同时，新开发银行又不同于一般意义上的银行金融机构，其重要功能即在于国际政治和政策协调功能，使得有利益纷争的国家之间能够化干戈为玉帛。与新开发银行相关的合作机制可以例行性地将相关国家政府要员甚至领导人汇聚一起，这种沟通交流所带来的发展合作能够产生其他相应的经济增长溢出效应，这些国家在诸多国际政策领域会形成一种捆绑或联盟式政策体系，其对于成员国国际经济利益的影响是显而易见的。此外，就一些双边争议问题的解决而言，在新开发银行机制下的定期会晤，显然有助于增进国家之间对于各自利益需求的关切。增进理解是消除误解的重要前提，也是争端解决的必要步骤。

新开发银行作为一个国际组织，在协同成员国资源方面能够一定程度上发挥“国际政府”的角色。作为成员国共同认可和授权的国际组织，成员国政府职能部门在项目协调方面，很大程度上需要遵循新开发银行预设的规制。并且由于新开发银行本身混杂着政府因素，成员国与新开发银行之间的有效沟通甚至妥协有助于获得更多的资源倾斜。新开发银行在发展的价值观导向方面显然区别于一般意义上的商业银行，会充分考虑到减贫、绿色可持续发展等理念。这些思想都与2019年11月习近平主席在上海提出的关于临港新片区要发挥“国际治理的试验田”的重要思想不谋而合，因此，充分利用和借重新开发银行机制，对于推动上海与新兴经济体的经贸合作发展具有重要意义。

当然，在看好新兴经济体发展前景，且积极推动相关投资项目的同时，上海企业也要客观认识到新兴经济体发展的风险。作为世界经济体系建设的后来者，新兴经济体虽然有独特的比较优势和较好的发展前景，但与发达经济体相比，其国内经济体系与产业发展路径往往存在缺陷，国家治理能力与政治稳定水平也参差不齐，且极易受到国际市场变动的影响。在当前全球化进程遭遇挫折、各国保护主义的大背景下，新兴经济体对于外国资本的态度往往会随着其国内政治经济形势的变化产生较为明显的波动。为了应对这种可能的变化，一方面，需要中国在“一带一路”建设推动的过程中，与重要的新兴经济体国家在政治、经济、文化和社会层面加强互动，提升经济合作的机制化水平，加强民众之间的交流互信，尽力减少可能出现的意外波动。另一方面，也需要所有在新兴经济体参与投资的企业进行充分的市场调研，全面评估风险与收益。同时，在有关国家开展经营活动时，坚持合法合规经营，尊重所在国民族风俗与意识形态，在开展商业活动的同时也要积极承担合理的社会责任，使得投资对象国普通民众能够真正从中国投资的过程中获益。

新兴经济体的恢复与发展有利于全球经济的发展，对“一带一路”建设在全球各地区的全面推进具有重要价值。参与“一带一路”建设的上海企业应密切关注全球市场和新兴经济体的积极变化态势，寻找更好的投资机会，与新兴经济体共同成长，实现经济与社会效益的双重收获。然而，2020年初全球新冠肺炎疫情给世界经济带来的重大不确定性，疫情的发生改变了全球原有的经济轨迹，未来新兴经济体很可能重蹈危机覆辙。上海开放型经济建设及与新兴经济体之间的合作也正经历关系重构的发展过程。但危中有机，新兴经济体长期向好的趋势难以改变。

专题报告

Special Reports

B.7 上海国际科创中心服务“一带一路”建设之进展与展望

曹嘉涵*

摘　要： “一带一路”倡议是新时代中国继续对外开放与交流合作的总纲领，也是中国探索高质量发展与可持续崛起的积极尝试。在“一带一路”建设转向高质量发展的背景下，上海科创中心肩负起了更高水平服务“一带一路”建设的重任。2018年底中央交给上海的三项新重大任务，不仅为上海全面提升城市能级和核心竞争力、加快建设科创中心提供了战略机遇，还进一步夯实了上海科创中心高质量服务“一带一路”建设的基础。随着政策方案的细化、分工体系的优化和绩效评估的强化，上海科创中心建设正迈入崭新阶段，其高质量服务

* 曹嘉涵，上海国际问题研究院比较政治与公共政策研究所，博士、助理研究员。

“一带一路”建设的功能更加突出，项目层面的成绩也十分显著。未来，上海应将科创中心建设继续作为服务“一带一路”建设的新高地，推动增强创新策源能力与“一带一路”高质量发展更紧密结合。

关键词： “一带一路”倡议　上海科创中心　高质量发展

丝绸之路的发展和科学技术的传播与交流密不可分，科技进步和创新造就了丝绸之路的繁荣，同时也使丝路沿线的城市不断辉煌壮大。“一带一路”建设开展以来，始终秉持和传承古丝路精神的元素，朝向创新之路的目标加速迈进。作为服务国家“一带一路”建设的“桥头堡”，上海在科技创新方面竞争优势显著，科技研发和科创产业发展的硬件条件、人才储备和配套政策历来都在全国名列前茅。当前，上海正深入实施建设“具有全球影响力的科技创新中心”的国家战略，这无疑将为“一带一路”建设向高质量发展转变提供助力。未来，上海科创中心作为服务国家“一带一路”建设的新高地也将继续发挥更大作用。

一　上海科创中心建设与“一带一路”高质量发展

2017 年 5 月，习近平主席在首届“一带一路”国际合作高峰论坛开幕式上发表主旨演讲时，明确提出要将“一带一路”建成创新之路和科技合作之路。随后，“一带一路”科技创新行动计划正式启动，包括科技人文交流、共建联合实验室、科技园区合作和技术转移合作等四项行动。[①] 2018 年

① 习近平：《携手推进“一带一路”建设——在“一带一路”国际合作高峰论坛开幕式上的演讲》，外交部网站，2017 年 5 月 14 日，https://www.fmprc.gov.cn/web/ziliao_674904/zyjh_674906/t1461394.shtml。

8 月，习近平在推进“一带一路”建设工作 5 周年座谈会上发表重要讲话，正式提出了推动共建“一带一路”从“大写意”向“工笔画”的高质量发展转变的要求，标志着“一带一路”建设进入 2.0 版。[①] 外界普遍期待“一带一路”2.0 版的高质量发展向科技创新要动力，并进一步带动科技创新迈上新台阶。“一带一路”建设方向的转变，受到国内经济不断转型以及高质量发展的驱动，而创新、协调、绿色、开放、共享的新发展理念，则成为引领中国经济高质量发展的强大动力。创新位于新发展理念之首，其现实意义和战略意义深远而重大。

2019 年 4 月 26 日，习近平主席在第二届“一带一路”国际合作高峰论坛开幕式上发表主旨演讲，他指出，“创新就是生产力，企业赖之以强，国家赖之以盛。我们要顺应第四次工业革命发展趋势，共同把握数字化、网络化、智能化发展机遇，共同探索新技术、新业态、新模式，探寻新的增长动能和发展路径，建设数字丝绸之路、创新丝绸之路”。中国将继续实施共建“一带一路”科技创新行动计划，同各方共同推进科技人文交流、共建联合实验室、科技园区合作、技术转移等四大举措。作为后续措施，中国将积极实施创新人才交流项目，未来 5 年内支持 5000 人次中外方创新人才开展交流、培训与合作研究。此外，中国还将支持各国企业合作推进信息通信基础设施建设，提升网络互联互通水平。[②]

习近平有关“一带一路”高质量发展和把“一带一路”建成创新之路的系列指示要求，实际上是在总结研判宏观世界历史创新和微观技术创新大势的基础上，指明了“一带一路”建设的长远目标和高阶目标，即中国应通过科技创新实现在现有国际体系内的高质量、可持续崛起，并通过共商、共建、共享“一带一路”而使广大发展中国家成为中国创新型崛起的受益

① 《习近平出席推进“一带一路”建设工作 5 周年座谈会并发表重要讲话》，中国政府网，2018 年 8 月 27 日，http://www.gov.cn/xinwen/2018-08/27/content_5316913.htm。

② 习近平：《齐心开创共建“一带一路”美好未来——在第二届“一带一路”国际合作高峰论坛开幕式上的主旨演讲》，新华网，2019 年 4 月 26 日，http://www.xinhuanet.com/world/2019-04/26/c_1210119584.htm。

者。为贯彻落实习近平主席的指示要求，国务院在2018年初发布了《关于全面加强基础科学研究的若干意见》，其中明确提出要推进“一带一路”科技创新行动计划，全面提升科技创新合作层次和水平，并努力打造“一带一路”协同创新共同体。[①]

如今，科技创新已逐渐成为“一带一路”建设的重点和亮点之一，同时也是支撑“一带一路”高质量与可持续发展的重要动力。截至2018年，中国的北斗导航系统已广泛用于共建“一带一路”的30多个国家和地区的交通运输、土地规划、精细农业等社会民生领域；中国的信息通信技术正支撑着共建“一带一路”的12个国家的陆海光缆和骨干网络建设，建成了34条跨境陆缆和6条海缆；“数字丝绸之路”翻越喜马拉雅山麓，“冰上丝绸之路”则穿越北极；中国的高铁技术、陆上复杂常规油气田勘探开发技术、发电技术和超特高压输变电技术等也已实现与共建“一带一路”的30多个国家的有效对接。2018年，中国科学院与共建“一带一路”的40多个国家和地区的科研机构、大学与国际组织共同发起成立“一带一路”框架下首个综合性国际科技组织——“一带一路”国际科学组织联盟。未来，该组织将通过执行一系列科技创新行动和项目，积极构建“一带一路”科技共同体。[②] 截至2019年3月，“一带一路”科技创新行动计划也取得了显著进展。人文交流方面，2018年共有500多名共建“一带一路”国家的青年科学家来华进行短期科研，发展中国家技术培训班招收的共建“一带一路”国家学员超过1200人次。与此同时，中国鼓励、支持并大力推进共建“一带一路”国家的产学研机构共建联合实验室，迄今已建立了10个海外科教合作中心。此外，中国已经与菲律宾、印度尼西亚等八个国家启动或正在探讨建立科技园区合作关系，共建国家开展科技园区合作20余项，中国的高新技术园区也广受共建“一带一路”国家的欢迎。中国与东盟、南亚、中

---

① 《国务院关于全面加强基础科学研究的若干意见》（国发〔2018〕4号），2018年1月31日，中国政府网，http://www.gov.cn/zhengce/content/2018-01/31/content_5262539.htm。

② 《“一带一路”取得多项国际科研创新合作成果》，中新网，2019年4月25日，http://www.chinanews.com/gn/2019/04-25/8820570.shtml。

亚、中东欧及阿拉伯国家建立了五个区域技术转移平台，并组织开展了南亚和东盟国家青年科学家创新中国行等活动。①

对于正在全力迈向全球科技创新中心的上海而言，“一带一路”2.0 版意味着无限的机遇，上海科创中心建设由此肩负起了更好服务“一带一路”高质量发展的重任。习近平总书记对上海科创中心建设始终关怀有加，将科创中心建设作为国家战略亲自部署。2014 年 5 月在上海调研时，他就要求上海牵住科技创新的“牛鼻子”，走好科技创新的“先手棋”，牢牢把握科技进步大方向，瞄准世界科技前沿领域和顶尖水平，力争在基础科技领域实现重大创新，在关键核心技术领域取得重大突破。2015 年 3 月，习近平总书记又对上海科创中心建设作出重要指示，要求上海推动创新要素的集合，在实现协同创新基础上尽快形成创新合力。此后，习近平总书记在参加全国人大会议上海代表团审议时进一步论及了上海建设科创中心和发挥“一带一路”建设“桥头堡”作用这两项使命任务之间的联动关系。因此，推动上海科创中心建设服务“一带一路”高质量发展对上海而言既是义不容辞的责任，也是上海自身实现改革创新和高质量发展的难得机遇。站在新起点上，上海必须把服务“一带一路”建设与建设“五个中心”、打响“四大品牌”、进一步扩大开放、提升城市能级和核心竞争力紧密结合，从而更好地代表国家参与高水平国际竞争与合作，成为引领全国的“一带一路”建设“桥头堡”。

2015 年 5 月，上海正式发布《关于加快建设具有全球影响力的科技创新中心的意见》（以下简称上海科创“22 条”），首次明确了上海科创中心建设的战略使命。2016 年 4 月国务院发布的《上海系统推进全面创新改革试验加快建设具有全球影响力的科技创新中心方案》进一步阐明了上海科创中心建设的目标，夯实了上海科创中心服务“一带一路”建设的基础。《“十三五”规划纲要》尤其是《“十三五”国家科技创新规划》的出台，

① 《科技部介绍“一带一路”科技创新行动计划建设进展》，中国一带一路网，2019 年 3 月 11 日，https：//www. yidaiyilu. gov. cn/info/iList. jsp? tm_ id = 126&cat_ id = 10122&info_ id = 82232。

为上海科创中心服务“一带一路”建设提供了中长期战略保障。2017 年 10 月，上海又发布了《上海行动方案》，提出要把服务“一带一路”建设与科创中心建设相互叠加、紧密结合。为此，上海将“科技创新合作专项行动”与国家“一带一路”科技创新行动计划全面对接，确定了共建技术转移中心、加强科技园区合作、共建联合实验室（研究中心）、推进大科学设施开放、深化海洋科学研究与技术合作、深化科技交流等六个重点方向。

2018 年 11 月，上海成功举办首届中国国际进口博览会。习近平出席首届进博会开幕式并发表主旨演讲。他再次指出，创新是第一动力。只有敢于创新、勇于变革，才能突破世界经济发展瓶颈。世界经济刚刚走出国际金融危机的阴影，回升态势尚不稳固，迫切需要各国共同推动科技创新，培育新的增长点。各国应该坚持创新引领，加快新旧动能转换，把握新一轮科技革命和产业变革带来的机遇，加强数字经济、人工智能、纳米技术等前沿领域合作，共同打造新技术、新产业、新业态和新模式。与此同时，中国将继续推进“一带一路”建设，坚持共商、共建、共享，同相关国家一道推进重大项目建设，搭建更多贸易促进平台，鼓励更多有实力、信誉好的中国企业到沿线国家开展投资合作，深化生态、科技、文化、民生等各领域交流合作，为全球提供开放合作的国际平台。① 最引人注目的是，习近平在首届进博会上宣布中央交给上海三项新的重大任务：一是增设中国上海自由贸易试验区新片区，鼓励和支持上海在推进投资和贸易自由化便利化方面大胆创新探索，为全国积累更多可复制、可推广的经验；二是在上海证券交易所设立科创板并试点注册制，支持上海国际金融中心和科创中心建设，不断完善资本市场基础制度；三是支持长江三角洲区域一体化发展并上升为国家战略，着力落实新发展理念，构建现代化经济体系，推进更高起点的深化改革和更高层次的对外开放，将长三角一体化与“一带一路”建设、京津冀协同发展、长江经济带发展、粤港澳大湾区建设等相互配合，完善中国改革开放的

① 习近平：《共建创新包容的开放型世界经济——在首届中国国际进口博览会开幕式上的主旨演讲》，新华网，2018 年 11 月 5 日，http：//www. xinhuanet. com//politics/leaders/2018 - 11/05/c_ 1123664692. htm。

空间布局。

上述三项新重大任务和进博会这一大平台，为上海在新时代全面提升城市能级和核心竞争力、加快构建更高层次的开放型经济新体制提供了强有力抓手。于是，上海积极响应习近平总书记的指示要求，将实施好中央交给上海的“三大任务和一大平台”列为2019年全市重点工作安排之首。同时，上海也计划全面增强创新策源能力，着力提升科创中心的集中度和显示度，以更大力度推进张江综合性国家科学中心等创新平台和创新载体建设。“三大任务”的提出和迅速落实，不但为推动上海科创中心建设再增添了一份动力，而且进一步夯实了上海科创中心高质量服务“一带一路”建设的基础。

二　上海科创中心服务“一带一路”建设的战略机遇

对于上海而言，在上交所设立科创板并试点注册制、增设自贸试验区新片区、推动长三角更高质量一体化发展这三项新任务，使科创中心建设得以向更高层次和更高水平发展，相关制度创新也为上海科创中心服务“一带一路”高质量发展创造了条件。

（一）上交所设立科创板并试点注册制：科创中心与金融中心建设的交汇点

作为一项关键的制度创新，上海证券交易所设立科创板并试点注册制，首次在科创要素与金融资本之间架起了桥梁，以此赋能资本市场深化改革，有助于上海科创中心建设与国际金融中心建设相互配合、协同增效。自2018年11月习近平总书记在首届进博会上宣布之后，中国证券监督管理委员会迅速落实改革举措，于2019年1月正式发布《关于在上海证券交易所设立科创板并试点注册制的实施意见》（以下简称《实施意见》）。

《实施意见》指出，在上交所设立科创板并试点注册制，是为了进一步落实国家创新驱动发展战略，增强我国资本市场服务关键核心技术创新能力

提升的水平。此举将支持上海国际金融中心和科创中心建设，完善资本市场基础制度。具体而言，上交所科创板将根据板块定位和科创企业的特点设置多元包容的上市条件，允许符合板块定位、尚未盈利或存在累计未弥补亏损的企业上市，同时也允许符合相关要求的特殊股权结构企业和红筹企业上市。《实施意见》还明确了科创板股票发行上市审核与发行注册的责任分工，由中国证监会负责科创板股票的发行注册，上交所负责科创板股票发行上市审核。在此基础上，中国证监会将加强对上交所工作的监督，强化对新股发行上市的事前、事中、事后全过程的监管。上交所科创板试点注册制工作将在五方面完善资本市场的基础制度：一是构建科创板股票市场化发行的承销机制；二是进一步强化对信息披露的监管；三是基于科创板上市公司的特点和投资者的适当性要求，建立市场化程度更高的交易机制；四是建立更高效的并购重组机制；五是严格落实退市制度。此外，《实施意见》还强调要加强对科创板上市公司的持续跟踪监管，通过进一步压实中介机构责任，严厉打击欺诈发行、虚假陈述等违法行为来保护投资者合法权益。中国证监会将加强行政执法与司法之间的衔接，不断完善相关法律制度和司法解释，建立健全证券支持诉讼示范判决机制。根据试点情况，探索与注册制相适应的证券民事诉讼法律制度。[①] 根据《实施意见》精神，中国证监会起草制定了《科创板首次公开发行股票注册管理办法（试行）》和《科创板上市公司持续监管办法（试行）》两份重要规章文件。

此后，上海证券交易所积极按照《实施意见》的要求，遵循市场化和法治化的改革方向，坚持以信息披露为核心，坚持高标准、稳起步、严监管、控风险的工作方针，全面启动了科创板企业的审核工作。上交所坚守定位，督促发行人和中介机构充分披露其核心技术及先进性、研发情况等内容，并注重发挥咨询委员会的专业支持作用。在此基础上，着重关注发行人对是否符合科创板定位的审慎评估判断是否客观，以及保荐人的核查把关和

① 中国证券监督管理委员会：《关于在上海证券交易所设立科创板并试点注册制的实施意见》，中国证监会公告〔2019〕2 号，2019 年 1 月 28 日，http：//www. csrc. gov. cn/pub/zjhpublic/zjh/201901/t20190130_ 350485. htm。

专业判断是否合理。2019 年 1 月底，上交所公布了科创板六项主要规则的征求意见稿。3 月 1 日，上交所科创板主要业务规则集中发布。3 月 11 日，上交所举办了设立科创板并试点注册制全所员工培训大会。3 月 22 日，上交所受理了首批 9 家科创板上市企业。7 月 22 日，上交所科创板首批 25 家公司正式上市交易。短短半年左右时间，上交所创造了“科创板速度”。

上交所设立科创板的主要目的，是支持和服务六大高新技术产业发展和战略性新兴产业的科技创新活动。正如中国证监会在《关于在上海证券交易所设立科创板并试点注册制的实施意见》中所强调的，“在上交所新设科创板，坚持面向世界科技前沿、面向经济主战场、面向国家重大需求，主要服务于符合国家战略、突破关键核心技术、市场认可度高的科技创新企业。重点支持新一代信息技术、高端装备、新材料、新能源、节能环保以及生物医药等高新技术产业和战略性新兴产业，推动互联网、大数据、云计算、人工智能和制造业深度融合，引领中高端消费，推动质量变革、效率变革、动力变革。”① 为了给六大高新技术产业和战略性新兴产业的企业提供更加便利的融资服务，上交所制定了具有包容性的发行上市条件，以满足科创企业多元化的需求。在此基础上，上交所积极探索注册制下的审核机制，建立发行上市审核的新模式，开展公开化问询式审核，努力推进审核公开透明。上交所在科创板发行与承销制度的设计中坚持“市场主导”“强化约束”的原则，设计出市场化的询价方式和保荐机构强制跟投及执业评价机制，同时引入战略投资者制度和“绿鞋机制”，多元并举，不断优化市场价格的发现功能。截至 2019 年 9 月，上交所累计受理申报企业近 160 家，其中 30 余家获得发行注册许可，30 家首次公开发行并上市交易，累计筹资金额 400 多亿元。总体上看，科创板申报企业主要集中在高新技术和战略性新兴产业领域。其中，新一代信息技术产业占 37%、生物医药产业占 23%、高端装备产业占 18%、新材料产业占 9%、节能环保产业占 6%，合计占 93% 以上。

① 中国证券监督管理委员会：《关于在上海证券交易所设立科创板并试点注册制的实施意见》，中国证监会公告〔2019〕2 号，2019 年 1 月 28 日，http://www.csrc.gov.cn/pub/zjhpublic/zjh/201901/t20190130_350485.htm。

平均研发人员占比为31%，研发投入占比为12%，发明专利51项，50余家企业获得国家科技进步奖等重大奖项，2018年营收增长率达到39%。[①] 可见，上交所科创板支撑科技创新的导向作用已较为明显，市场化发行承销机制也初步成形。

实际上早在2017年10月，上交所就已出台《上海证券交易所服务“一带一路”建设愿景和行动计划（2018—2020）》，作为服务“一带一路”国家资金融通的纲领性文件，加强“一带一路”资本市场合作，拓宽“一带一路”建设的直接融资渠道，动员沿线国家资金和境内外企业共建“一带一路”，最终形成“一带一路”资本市场的利益与命运共同体。设立科创板并成功推行试点注册制，可为上交所深化资本市场国际合作尤其是资本市场如何更好地服务共建“一带一路”国家的科创企业投融资积累经验，同时也将是上交所落实服务“一带一路”建设愿景和行动计划的新亮点。

（二）上海自贸试验区临港新片区：科创中心建设的主体承载区

临港地区位于上海东南角，地理位置和综合交通优势十分显著，是上海沿海大通道的重要节点和上海自贸试验区建设的腹地所在。自2003年启动建设以来，临港地区主动对接国家加快培育和发展战略性新兴产业这一重大战略决策，在产业开发、基础设施、城镇建设、生态环境、产城融合等领域实现了全面发展。2015年10月，上海市政府正式发布《上海建设具有全球影响力科技创新中心临港行动方案（2015—2020）》，将临港地区确定为上海建设具有全球影响力的科技创新中心的重要承载区，致力于将临港地区打造成为国际智能制造中心和“中国制造2025”国家级示范区。根据该行动方案，临港地区将于2020年初步建成国际智能制造中心和国家制造业创新中心，并在若干智能制造的重点领域取得重大突破，建成一批拥有智能制造服务平台，创建一批国家级工程技术中心和重点实验室，打造一批智能制造

① 《上交所：设立科创板试点注册制，引领资本市场全面深改》，和讯网，2019年10月5日，https：//stock. hexun. com/2019 - 10 - 05/198764092. html？ from = rss。

样板工程。到2025年，临港地区将基本建成具有一定影响力的国际智能制造中心，迈入全球智能制造技术和服务输出的重要创新基地的行列。同时，临港地区还将基本形成智能制造创新服务体系，具备开展智能制造技术创新和成果孵化的能力；基本形成完整的智能制造产业链，其技术、产品、服务具备全球竞争力；基本形成智能制造人才高地，集聚一批领军人才和创新团队，形成产学研紧密合作的格局。①

2016年7月，中共上海十届市委第十二次全会进一步将临港地区升级成为上海科创中心唯一的主体承载区。为贯彻落实市委、市政府的部署要求，上海临港地区开发管理委员会于2017年5月出台了《临港地区建设科技创新中心主体承载区行动方案》，总体目标是力争到2020年，临港作为科创中心主体承载区的框架布局加快形成，智能制造产业创新生态加速培育，基本建成国家新型工业化示范基地和科技成果转化与产业化高地，成为国际智能制造创新人才、高成长性企业和高附加值产业的重要集聚区，在全市先进制造业和战略性新兴产业发展中贡献度明显提升，为建成创新引领、产城融合、人文宜居、智慧生态的未来新城奠定扎实基础，临港的全球影响力初步显现。②

同时，该方案还明确了六个重点方向。

一是着力加强关键共性技术创新，大力培育先导产业，具体包括突破一批人工智能关键核心技术和加快机器人产业集聚与龙头引育。

二是着力推动重大项目布局，加快发展支柱产业，具体包括推进风电、核电、智能电网等高端智能装备发展，打造世界级海洋装备产业集聚区和建设上海智能汽车产业新高地。

三是着力完善产业创新链，引领战略性新兴产业发展，具体包括打造软件及信息服务产业新基地，促进集成电路及专用装备发展，形成航空发动机、民用卫星和无人机等航空航天特色产业集群，以及持续推进节能环保产

---

① 《上海建设具有全球影响力科技创新中心临港行动方案（2015—2020）》，上海市科委网站，2015年10月14日，http：//www. stcsm. gov. cn/jdbd/jl/zjzzcxqfgzc/343557. htm。

② 《临港地区建设科技创新中心主体承载区行动方案》，上海临港地区开发建设管理委员会网站，2017年5月9日，http：//www. lgxc. gov. cn/kczx/tldesign/detail10. html。

业发展。

四是着力构建功能型平台，支撑服务产业创新，具体包括建设上海智能制造研究院、工业互联网创新中心等研发与转化功能性平台，建设工业4.0综合研究院、复旦大学技术创新示范基地等技术创新平台，建设智能制造创新中心等标准验证平台，建设工业大数据中心、“上海大脑”智能云服务平台等数据信息平台。

五是着力加强创新要素集聚，营造创新生态，具体包括优化人才支撑体系、完善投融资机制、提升专业化孵化水平、优化产业空间布局、加强国际化产业创新合作等；在加强国际合作方面，该方案明确支持“引进来”和“走出去”，即大力引进国际化知名机构落户临港，同时鼓励临港地区高校、研究机构与国际知名大学共建特色学院、联合实验室、协同创新中心。迄今为止，临港海外创新中心已在美国旧金山、芬兰赫尔辛基、瑞典斯德哥尔摩持续落地，并正在洛杉矶、法兰克福、伦敦、以色列等地积极布局。未来，临港海外创新中心有望成为“一带一路”沿线高科技“双向”孵化通道、高端人才交流平台和全要素服务对接平台。

六是着力完善城市功能，加快产城融合发展，具体包括建设新型智慧城市、改善综合交通网络、完善民生服务、发展城市服务业、营造生态宜居环境和加强城市文化塑造。①

结合《临港地区建设科技创新中心主体承载区行动方案》，上海临港集团正大力建设临港科技创新城，重点引进以生命产业、智能产业、电子产业、海洋产业、环境产业、能源产业为核心的科创产业集群，打造临港地区的创新策源地和产业孵化地，以此为基础建设全球创新协同区，最终使之成为上海科创中心主体承载区的核心区。

2018年11月习近平总书记宣布增设上海自贸试验区临港新片区的消息，对临港地区加快建成上海科创中心主体承载区而言又注入了一支强心

① 《临港地区建设科技创新中心主体承载区行动方案》，上海临港地区开发建设管理委员会网站，2017年5月9日，http：//www.lgxc.gov.cn/kczx/tldesign/detail10.html。

剂。2019 年 8 月 6 日，国务院正式印发《中国（上海）自由贸易试验区临港新片区总体方案》，明确要求上海临港新片区建设有国际竞争力的开放型产业体系，以关键核心技术为突破口，建立前沿产业集群；建设集成电路综合性产业基地，优化进口原料部件的全程保税监管模式，支持跨国企业设立离岸研发和制造中心，推动核心芯片、特色工艺、关键装备以及基础材料的发展；建设人工智能创新与应用示范区，加大应用场景开放力度，推动智能汽车、智能制造、智能机器人等新产业、新业态发展；建设民用航空产业集聚区，以大型客机与民航发动机为核心，加速集聚基础研究、技术开发、产品研制和试验验证等配套产业，推动总装交付、生产配套、运营维护和文旅服务等航空全产业链发展；建设面向共建“一带一路”国家的维修和绿色再制造中心，建立绿色认证和评级体系，支持在综合保税区开展数控机床、工程设备等产品入境维修和再制造，提升高端智能再制造产业的国际竞争力。[①] 8 月 20 日，上海自贸试验区临港新片区正式揭牌成立。同日起，《中国（上海）自由贸易试验区临港新片区管理办法》开始施行。8 月 30 日，上海市委、市政府又出台了支持上海自贸试验区临港新片区高质量发展的特殊支持政策，其中许多政策对推动临港建设上海科创中心主体承载区意义重大，具体包括加大力度引进海内外高科技人才和技能型人才，通过专项发展资金加大对研发创新、技术改造、新产品应用等的支持力度，对新片区内符合条件从事集成电路、人工智能、生物医药、民用航空等关键领域核心环节生产研发的企业给予税收减免优惠，优先支持符合条件的集成电路、人工智能、生物医药、航空航天、新能源汽车等关键重点领域的企业上市，支持新片区通过设立战略性新兴产业投资平台、创新股权投资等方式带动社会资本投向重大产业项目和初创型企业等。[②]

---

① 《中国（上海）自由贸易试验区临港新片区总体方案》，中国政府网，2019 年 8 月 6 日，http：//www. gov. cn/xinwen/2019 －08/06/content_ 5419191. htm。

② 《中共上海市委、上海市人民政府关于促进中国（上海）自由贸易试验区临港新片区高质量发展实施特殊支持政策的若干意见》，上海市政府网站，2019 年 8 月 30 日，http：//www. shanghai. gov. cn/nw2/nw2314/nw2319/nw12344/u26aw61681. html。

2019 年 9 月 12 日，上海自贸试验区临港新片区首批重点项目进行集中签约和开工。其中，签约项目 23 个，总投资超过 110 亿元。此次集中签约的重点项目，充分结合临港作为上海科创中心主体承载区的定位，主要聚焦上海自贸区临港新片区产业发展战略的三大功能，即重点发展人工智能、集成电路、民用航空、新能源汽车、生物医药、装备制造和绿色再制造等产业，打造面向未来的智能制造功能；集聚新型国际贸易、高端金融、高端航运以及科技服务产业，打造面向国际的高端服务功能；同时对标全球最高标准和最好水平，发挥新片区的创新优势，增强新片区科技创新策源能力。①

在签约名单中，中科院微小卫星创新研究院将占地面积 113 亩、建筑面积 9.5 万平方米的卫星研制基地北区作为一期项目已在上海自贸区临港新片区内竣工启用，该项目能同时研制 30～50 颗吨级的卫星，并具备同时研制 100 颗以上微纳卫星的能力。二期项目临港卫星研制基地南区已于 2019 年 9 月开工，占地面积 37 亩，建筑面积 3 万平方米，计划 2021 年底竣工投产，该项目由中科院微小卫星创新研究院承担的上海科创中心协同创新交叉研究平台——微小卫星模块化智能制造与应用创新平台项目提供支持。三期项目——临港卫星研制基地东区占地 30 亩，主要用于建设航天产业孵化器和空间学术交流中心等。四期项目未来拓展区占地 60 亩，重点拓展卫星制造及应用产业，进行芯片开发与制造，研制星上高性能元器件和单机，以及批量研发低成本地面应用设备等。规划建设临港卫星研制基地，将提升航天共性技术的综合创新能力，聚焦重大战略新兴产业领域，助力上海科创中心建设。未来十年内，上海自贸试验区临港新片区的卫星研发将有效带动航天上下游相关产业的发展，经济效益可望达到数百亿元。

2019 年 10 月 18 日，上海自贸区临港新片区管委会又发布了促进产业发展若干政策 16 条，具体包括发展人工智能、生物医药、集成电路和航

① 《临港新片区首批重点项目集中签约开工，总投资超过 110 亿元》，上海自贸试验区临港新片区网站，2019 年 9 月 12 日，http：//www.lgxc.gov.cn/contents/8/22425.html。

空航天四大重点产业共40条支持措施，旨在提升临港的科技创新和产业融合能力，打造世界级前沿产业集群，加快推进建成具有国际竞争力的开放型产业体系。同日，15个生物医药重点项目签约，涉及总投资超过70亿元。

（三）长三角一体化发展国家战略：增强上海科创中心策源能力

多年来，国家对上海科创中心建设引领长三角地区创新发展充满期待。2016年4月，国务院出台的《上海系统推进全面创新改革试验加快建设具有全球影响力的科技创新中心方案》设定了上海科创中心建设的第二步目标，即基本形成科创中心城市的经济辐射力，带动长三角区域和长江经济带创新发展，为我国进入创新型国家行列提供有力支撑。[①] 2016年8月，国务院公布《“十三五”国家科技创新规划》，也提出要发挥上海在长江经济带乃至全国的高端引领和辐射带动作用，打造全球科创网络重要枢纽，建设富有活力的世界创新城市。[②]

2018年11月习近平总书记在首届进博会上进一步提出支持长三角区域一体化发展上升为国家战略，这对于推进上海科创中心建设特别是提升上海科创策源能力而言无疑是重大机遇。2019年5月13日，习近平主持召开中共中央政治局会议，认为长三角一体化发展具有极大的区域带动和示范作用，关键是要紧扣“一体化”和“高质量”，带动长江经济带和华东地区共同发展，从而形成高质量发展的区域集群，会议审议通过了《长江三角洲区域一体化发展规划纲要》。[③] 6月3日，韩正副总理在上海主持召开推动长三角一体化发展领导小组会议，要求强化高效协同，合力深化跨区域合作，集中突破一批关键核心技术，协同推进科技成果转移转化，不断提升我国在

---

① 《上海系统推进全面创新改革试验加快建设具有全球影响力的科技创新中心方案》（国发〔2016〕23号），国务院，2016年4月15日。

② 《“十三五”国家科技创新规划》，中国政府网，2016年8月8日，http：//www. gov. cn/zhengce/content/2016 -08/08/content_ 5098072. htm。

③ 《习近平主持中共中央政治局会议》，2019年5月13日，新华网，http：//www. xinhuanet. com/politics/leaders/2019 -05/13/c_ 1124488724. htm。

全球价值链中的位势。[①] 6 月 28 日，上海举行推进长三角一体化发展动员大会，市委书记李强要求上海充分发挥作为长三角世界级城市群核心城市的功能作用，推动长三角更高质量一体化发展，结合《长江三角洲区域一体化发展规划纲要》的落实来提升上海的科技创新策源能力。[②] 此后，上海迅速制定了落实《长江三角洲区域一体化发展规划纲要》的实施方案，确定了“七个重点领域”（包括协同创新）和“三个重点区域”（包括上海自贸试验区新片区）。为进一步推动长三角地区的协同创新，上海市政府于 8 月 31 日与清华大学共同发起设立了上海清华国际创新中心，同时启动清华长三角区域发展研究中心、“长三角云上科创”服务平台和清华大学创新领军工程博士长三角项目。上海清华国际创新中心将采取“政产学研金介用”深度融合的发展模式，强化技术开发、成果转化、国际合作、区域研究和人才培养等功能，着力发挥辐射带动作用，深度参与长三角一体化发展，努力打造成为立足上海、面向长三角、辐射全国的创新大平台，为促进长三角科技创新和经济社会发展注入了新动力。

未来，长三角一体化发展战略的实施对提升上海科技创新策源能力将产生显著的积极影响。一方面，长三角区域的其他省份可以依托上海科创中心的既有优势加快新旧动能转换，以创新促增长，同时为上海科创中心建设提供协同创新的研发、试验、配套、产业化等综合服务，通过共同制定高标准、高起点的产业政策和产业目录，实现项目落地的精准定位，带动科技、金融、人才等高质量要素在长三角集聚。另一方面，上海得以引领长三角地区的科技创新一体化，牵头构建长三角科技创新共同体。目前，长三角地区已有上海张江和安徽合肥这两大国家综合性科学中心，浙江杭州拥有之江实验室，江苏南京也在积极建设综合性科学中心。为避免重复建设和过度竞争，上海可牵头探索区域科创治理机制，建设长三角科学中心联盟，促成世

① 《韩正主持召开推动长三角一体化发展领导小组会议》，2019 年 6 月 4 日，中国政府网，http：//www. gov. cn/xinwen/2019 - 06/04/content_ 5397380. htm。

② 《更好服务全国发展大局　上海市推进长三角一体化发展动员大会举行》，《解放日报》2019 年 6 月 29 日。

界级大科学装置在长三角集聚，实现资源共享和优势互补。在促进技术要素流动方面，长三角地区拥有国家技术转移东部中心等国家级功能性机构，区内“三省一市”也已分别建成网上和（或）实体化的技术市场。在此基础上，上海今后可带头推动科技资源开放共享机制改革，建设长三角技术大市场，促进技术要素在长三角地区自由有序流动。同时，上海可尝试科研组织体制改革，通过建设长三角产业技术研究联合体，培育和发展具有国际竞争能力的新型创新机构，使长三角成为新型创新组织发展的示范区。此外，上海还应对标国际最高标准，持续深化商事制度改革，扩大科技创新对外开放，通过引进国际一流科创机构和研发服务组织，并推动长三角科创企业和研发机构“走出去”，努力让长三角地区早日成为世界级的科创资源配置中心。①

在长三角一体化发展上升为国家战略的背景下，上海科创中心建设的目标已经超越了这座城市本身的改革创新，而进一步上升到辐射和带动整个长三角区域转型发展的层次。上海科创中心建设肩负的新使命，是全面增强创新策源能力，完善协同创新的产业体系，在与长三角一体化发展战略互动的过程中实现区域性的整体进步，力争在国内率先建成长三角一体化创新示范区。对此，上海已有十分清晰准确的认识。2019 年 3 月，上海市政府出台《关于进一步深化科技体制机制改革　增强科技创新中心策源能力的意见》（以下简称上海科改“25 条”），明确提出要加快建设长三角科技创新共同体。3 月 25 日，李强书记在主持上海市推进科技创新中心建设领导小组第五次会议时强调，要结合中央交给上海的三项新的重大任务，把科技创新摆到更加重要的位置，努力把上海科创中心建设提高到新水平。尤其是要立足服务全国发展大局，聚焦增强创新策源能力这个主攻方向，抓好上海科改“25 条”等重要文件的落实工作，积极推进长三角区域协同创新。② 6 月 28

① 《科学学所提出 4 条建议，打造长三角创新共同体》，上海政府网，2018 年 6 月 6 日，http：//www. shanghai. gov. cn/nw2/nw2314/nw2315/nw31406/u21aw1316912. html。

② 《李强：着力增强创新策源能力提升创新浓度》，新华网上海频道，2019 年 3 月 26 日，http：//www. sh. xinhuanet. com/2019 -03/26/c_ 137923860. htm。

日，李强在推进长三角一体化发展动员大会上又指出，上海要结合落实《长江三角洲区域一体化发展规划纲要》来提升科技创新策源能力。10月12日，李强在主持上海市委中心组学习会时再次指出，创新策源能力事关上海科创中心建设，事关城市能级和核心竞争力提升。要强化规划引领、源头供给、改革驱动、开放合作，系统提升上海的创新策源能力，加快建成全球学术新思想、科学新发现、技术新发明、产业新方向、发展新理念的重要策源地。为此，上海既要积极主动地融入全球创新网络，在更广领域、更大范围、更高层次集聚配置创新资源和要素，在扩大对外开放上积极主动作为，探索建立多层次、多类型的国际合作网络，又要在扩大对内开放上发挥示范引领作用，尤其是要在推动长三角一体化发展中加强协同创新，以建设长三角生态绿色一体化发展示范区为重要载体，促进区域内创新要素的自由流动，提升区域创新能级，打造强劲活跃的创新增长极。①

实施长三角一体化发展国家战略的着眼点，是打造推动区域整体性高质量发展的引擎和贯彻落实新发展理念的标杆。创新、协调、开放、绿色、共享的新发展理念，与联合国2030年可持续发展议程秉持的人本、地球、繁荣、和平与伙伴关系等5P原则理念相通，具有很强的世界意义。从长远来看，由上海引领建设长三角一体化科技创新示范区不仅能使上海获益，还有助于提升上海高质量服务“一带一路”建设的能级。通过汇聚区域整体性科技要素和积累一批可复制、可推广的创新经验，上海完全可以凭借强大的创新策源能力向共建“一带一路”国家展示长三角区域协调发展和一体化制度创新的中国样板，加快联合国可持续发展目标在共建“一带一路”国家的落实。

三　科创中心服务“一带一路”建设的政策实践

至2019年初，上海推动建设具有全球影响力的科技创新中心已经走过

① 《李强主持市委中心组学习会　听取万钢专题辅导报告》，《解放日报》2019年10月13日。

五年多的历程，此时距离2020年形成科创中心基本框架体系的目标剩下不到两年时间。目前，上海科创中心建设的框架体系已具雏形，正进一步完善制度和法律的基础。习近平总书记在首届进博会上宣布中央交给上海的三项新的重大任务，为实践层面全方位推进上海科创中心建设提供了新的强大动力。随着政策方案的细化、分工体系的优化和绩效评估的强化，上海科创中心建设正迈入崭新阶段，其高质量服务“一带一路”建设的功能也更加突出。

（一）科创中心建设政策方案的细化

继建立“2+X”工作机制和出台相关配套政策之后，2019年上海科创中心建设以全面增强创新策源能力为主攻方向，聚焦制度和机制的创新，在政策方案的细化方面不断推进。

第一，3月20日上海市政府发布了《关于进一步深化科技体制机制改革　增强科技创新中心策源能力的意见》（以下简称上海科改“25条”），旨在通过科技体制机制改革这一抓手来提升上海作为“四新”（全球学术新思想、科学新发现、技术新发明、产业新方向）策源地的地位。按照2020年和2035年两个时间节点，上海科改“25条”设定了总体目标，即到2020年，上海科创中心建设的重点领域和关键环节的体制机制改革取得实效，科技创新策源能力全面提升，在全球创新网络中发挥关键节点作用；到2035年，上海将建成富有活力的区域创新体系，成为全球创新网络的重要枢纽，科创中心的核心功能明显增强。为此，上海科改“25条”提出了六方面25项重要的改革任务和举措，具体包括促进各类创新主体发展、激发广大科创人才活力、推动科技成果转移转化、改革优化科研管理、融入全球创新网络和推进创新文化建设等。①

上海科改“25条”注重对接中央交给上海的三项新的重大任务，在总结上海以往优良实践、借鉴兄弟省市先进经验、对标国际最高标准和最好水

① 《关于进一步深化科技体制机制改革　增强科技创新中心策源能力的意见》，上海政府网，2019年3月20日，http://www.shanghai.gov.cn/nw2/nw2314/nw2319/nw12344/u26aw58458.html。

平基础上，对上海科技体制改革工作进行了再审视、再提升和再突破。上海科改“25条”提出，要发展多层次的资本市场，以上交所设立科创板并试点注册制为契机，支持优质科创企业上市；紧紧围绕上海自贸区投资贸易便利化改革深化和投资贸易自由化改革试点，在创新要素跨境流动、跨境研发和创新创业资本跨境合作等方面改革创新，开展先行先试；支持本土机构和科学家参与全球科创合作，尤其是与共建“一带一路”国家合作共建联合实验室和研发基地；加强长三角科创战略协同、规划联动、政策互通、成果对接、资源共享和生态共建，在长三角建设全球技术交易大市场和国际化开放型创新功能平台，升级区域科技资源共享服务平台，实现“科技创新券”区域通用通兑，办好长三角国际创新挑战赛。①

第二，上海全面启动了保障科创中心建设深入推进的地方立法工作，并于2019年初成立了由市人大常委会副主任徐泽洲和副市长吴清担任组长的科创中心建设条例起草工作领导小组，迈出搭建上海科创中心正式法律框架的第一步。同年9月24日，《上海市推进科技创新中心建设条例（草案）》提交上海市十五届人大常委会第十四次会议审议。9月25日至10月10日，该草案及相关说明又在《解放日报》、《上海法制报》、东方网、新民网、上海人大网、“上海人大”微信公众号上全文公布，向社会各界征求意见。

《上海市推进科技创新中心建设条例（草案）》共10章68条，对既有政策文件中明确的上海科创中心建设目标作了进一步细化和深化，更加突出创新策源能力的培养，同时在激发各类创新主体的活力和动力、建设创新创业人才高地等方面作出法律规定，提出了把上海建成“创新主体活跃、创新人才集聚、创新能力突出、创新生态优良、创新治理完善的综合性、开放型科技创新中心”的宏伟目标。同时，该条例（草案）提出要全面增强上海创新资源配置能力和创新策源能力，使之成为全球创新网络中引领“四新”的重要枢纽，为我国建成世界科技强国提供重要支撑。值得关注的是，

① 《关于进一步深化科技体制机制改革　增强科技创新中心策源能力的意见》，上海政府网，2019年3月20日，http://www.shanghai.gov.cn/nw2/nw2314/nw2319/nw12344/u26aw58458.html。

《上海市推进科技创新中心建设条例（草案）》充分考虑了如何将上海科创中心建设与落实三项新的重大任务有机结合，比如提出上海与长三角区域相关省建立科技创新协调合作机制，强化在科技创新领域的优势互补与协同发展；发挥上海自贸区尤其是临港新片区所具备的制度创新优势，营造更加有利于全球创新资源配置的便利环境；支持和保障上海证券交易所设立科创板并试点注册制，支持科创企业在上海股权托管交易机构挂牌，并接受培训咨询、登记托管、债券融资、场外投行等资本市场的培育服务，推进科创中心与国际金融中心建设联动。①

正式成为法律后，《上海科创中心建设条例》将对现有的上海科创“22条”和科改“25条”等政策进行总结、梳理和整合，并把行之有效的改革经验和做法以法规形式进行固化和提升，从而在更高层面促进上海科技创新和科技体制机制创新的“双轮驱动”，为上海科创中心建设提供全方位的法制保障。

（二）科创中心建设分工体系的优化

2019年，上海继续优化科创中心建设的分工体系，巩固和发展“一区多园”的战略布局，充分发挥张江与临港“双自联动”模式的溢出效应，同时还跨出“家门”，加大与长三角其他省市的协同创新，在与长三角一体化发展国家战略互动过程中全面增强创新策源能力，引领长三角科技创新共同体建设。

目前，上海科创中心建设在战略布局方面已经从最初上海科创“22条”提出的“1+5”（即浦东张江核心区加闵行紫竹、杨浦、徐汇漕河泾、嘉定和临港等重点科创集聚区）逐步发展到如今的“1+1+X”的多层次结构，形成了以浦东张江为核心承载区，以临港为主体承载区，虹口、杨浦、普陀、徐汇、闵行、嘉定、松江等各科创集聚区齐头并进的局面。

作为上海科创中心建设的核心承载区，张江国家自主创新示范区建设加

① 《上海市推进科技创新中心建设条例（草案）》，《解放日报》2019年9月25日。

速推进，张江科学城与张江综合性国家科学中心的集中度和显示度又有了新提升，对“一带一路”和长江经济带建设等国家战略的辐射作用进一步增强。《上海市推进科技创新中心建设条例（草案）》聚焦张江，明确了三个“张江”的功能定位，旨在打造张江区域创新极。其中，张江综合性国家科学中心作为上海科创中心建设的关键举措与核心任务，未来将建成国家科技创新体系的重要基础平台，而张江科学城则会成为科学特征明显、科技要素集聚、环境人文生态、充满创新活力的世界一流科学城，张江国家自主创新示范区将建成培育高新技术和战略性新兴产业的示范区域。[①] 临港作为上海科创中心建设的主体承载区，主要瞄准高端智能制造产业，目标是建成智能制造综合示范区和工业互联网示范区，在将科技成果转化为现实生产力等方面为上海未来实体经济的发展探索新路径。

虹口区倾力打造北中环科创产业集聚区，以5G创新、文娱科技为产业定位，引进和集聚了一批5G特色企业，形成了5G产业技术及相关科创应用为主的研发与转化功能型平台，比如“临港新业坊 · 虹口智立方5G科创园”。2019年3月，全球首个行政区域5G网络在虹口建成并投入试用。杨浦区作为万众创新示范区，依托区内众多高校合力推进产学研协同发展，通过聚焦大数据、云计算、人工智能等前沿领域来打造全国高技术成果示范区。普陀区围绕建设“科创驱动转型实践区、宜居宜创宜业生态区”的目标，进行了“一轴两翼”的功能布局，即在武宁路沿线打造武宁创新发展轴，在南北两翼打造上海科技金融产业集聚区和桃浦智创城。随着中国 - 以色列（上海）创新园的落户，桃浦智创城将朝向国际创新城不断迈进。徐汇区着力打造有特色的科创服务体系特别是国家知识产权服务业发展示范区，通过集聚上海市知识产权交易中心、国家工商总局商标审定中心等知识产权机构，以精准服务促进上海科创中心建设。闵行紫竹园区则聚焦创新人才培养，通过引进或成立亚欧商学院、中美创意合作中心、上海紫竹教育学院等机构，从源头上培养符合科创产业发展需求的人才。嘉定区深入实施

① 《上海市推进科技创新中心建设条例（草案）》，《解放日报》2019年9月25日。

《加快建设具有全球影响力的科技创新中心重要承载区三年行动计划（2018—2020）》，一方面持续推动传统汽车产业转型升级，同时加快新能源汽车与汽车智能化产业发展；另一方面全力培育和壮大集成电路及物联网、新能源汽车及汽车智能化、高端医疗设备及精准医疗、智能制造及机器人等四大新兴产业。松江区继续依托G60科创走廊建设，大力发展新能源产业、生物医药产业和先进制造业，吸引了大批投资和重大产业项目落地。

与此同时，上海松江、嘉定、青浦等区还加大与浙江、江苏、安徽等长三角省市协同创新，借助长三角生态绿色一体化发展示范区建设增强科创中心策源能力，引领长三角科技创新一体化进程向前推进。

《长江三角洲区域一体化发展规划纲要》明确要求把G60科创走廊打造成为科技和制度创新双轮驱动、产业和城市一体化发展的先行先试走廊。上海松江区以此作为重大机遇和行动抓手，在推动G60科创走廊建设上展现出更大作为。目前，松江已经与苏州、嘉兴、杭州、金华、湖州、合肥、宣城、芜湖等长三角城市共同完善了九城市区域合作工作机制，在规划对接、战略协同、专题合作、市场统一、机制完善等方面实现“五个一体化”，发布了“一廊一核九城”的G60科创走廊3.0规划升级版，力争使G60科创走廊成为长三角更高质量一体化发展的关键引擎。

嘉定区坚决落实长三角一体化发展国家战略，深入开展与江苏昆山、太仓等地的科技创新合作，加快建设嘉昆太协同创新核心圈，鼓励和支持各自的企业和科研院所进行联动发展，实现科创资源共用、高端科技服务业共享和科技交流互通，从而为提升长三角地区创新水平和产业竞争力提供科技支撑。

按照中央的要求，上海青浦区正与江苏吴江和浙江嘉善共建长三角生态绿色一体化发展示范区。值得注意的是，长三角生态绿色一体化发展示范区的协同创新工作也在井然有序地开展之中。目前，上海、江苏、浙江三地工作人员已就《长三角一体化示范区产业创新实施方案》《长三角一体化示范区（青吴嘉）科技创新券通用通兑实施方案》等工作方案进行了分析探讨。《长三角一体化示范区产业创新实施方案》指出，示范区应突出科技创新在支撑产业发展和构建现代化经济体系中的作用，在提升经济总量的同时提高发展质量，成为长三角区域经济增长极中的集中极。同时，示范区还应依托区位交通优势，推动创新要素高度集聚和高频互动，成为功能齐全、资源集散的创新枢纽。未来，示范区将以制度创新和规划理念为引领，打造环淀山湖创新城。①

2019 年 9 月 25 日，上海嘉定、江苏苏州、浙江温州和安徽芜湖在第二届长三角科技交易博览会期间共同签署了《深化长三角地区科技创新一体化发展战略协议》，旨在进一步加强长三角科技创新战略协同、成果对接、资源共享和生态共建。根据这一协议，上海嘉定将与苏州、温州、芜湖进行深入合作，通过“互联网 + 科技资源”的模式率先实现科技资源和科技服务的互通互联、合作共享。②

（三）科创中心建设绩效评估的强化

2018 年，上海科创中心建设继续奋力向前，取得了显著成效。2018 年 10 月 29 日，上海市科学学研究所在一年一度的浦江创新论坛上发布了《2018 上海科技创新中心指数报告》，同时发布的还有《2018 全球科学家“理想之城”调查报告》。上述两份报告显示，上海科创中心建设进展总体良好，上海已成为全球科学家最向往工作的中国城市。

《2018 上海科技创新中心指数报告》仍以 2010 年为基期（基准值 100）测算上海科创中心指数，该报告显示，2017 年上海科创中心指数综合分值达到 255.12 分，同比增长 13.4%。在衡量上海科创中心建设进展的五个一级指标中，“科技成果影响力”保持最大升幅，2010 年以来年均增长 30.88 分，2017 年的增长更是高达 70.92 分，凸显了上海在全球科创版图中加速崛起的态势。“创新环境吸引力”指标年均增长 22.74 分，2017 年则大幅增

① 《长三角一体化示范区协同创新工作交流会召开》，吴江新闻网，2019 年 9 月 3 日，https://www.wjdaily.com/news/223145。

② 《长三角科技创新一体化发展加快推进》，新华网，2019 年 9 月 27 日，http://www.xinhuanet.com//2019-09/27/c_1125045959.htm。

长58.51分，体现出上海区域创新生态环境（包括科技服务业支撑能力、创新创业环境和区域引领辐射效应等）正在不断优化，科创中心建设的政策效应日益显著。“新兴产业引领力”指标年均增长21.78分，显示了上海经济不断创新转型的事实。“创新资源集聚力”和“创新辐射带动力”两项指标的年均增长分别达到18.14分和17.26分，反映了上海科创中心城市地位的稳步提升，在全球创新网络中的枢纽作用正越发增强。

在编制《2018上海科技创新中心指数报告》过程中，上海市科学学研究所还与施普林格·自然集团联合发起了面向全球主要国家和地区650多名一线科学家的问卷调查，结果最终以《2018全球科学家“理想之城”调查报告》的形式呈现。根据这一调查报告，上海拥有吸引全球科学家的诸多优势，包括充沛的科研基金支持、领先的科研机构、高水平的科研基础设施、丰富的科研工作机会、开放包容的城市文化等，现已成为全球科学家最向往工作的中国城市，并且是亚太地区最具吸引力的创新中心城市之一。[①]根据上海市科委在2019浦江创新论坛上发布的《2019“理想之城”全球创新策源城市分析报告》，上海在全球创新网络中的影响辐射力迅速提升，已跻身世界主要科技创新中心城市。2012~2017年，上海在科技原始创新贡献最多的全球20城中位列第七。

上海科创中心建设之所以能够不断取得新的进展，与持续、大规模的研发投入密不可分。多年来，上海科技创新研发投入的增长速度，始终高于国民生产总值（GDP）增速，研发投入在GDP中的占比逐年上升。2017年，上海全社会研发投入已经达到全市GDP比重的3.78%。上海市科委2019年1月25日发布的《2018上海科技进步报告》显示，2018年上海全社会研发投入进一步达到1316亿元，占GDP的比重上升至3.98%，同比增长9.2%，这也是自2010年以来上海研发投入连续第八年增长。[②] 2019年5月

① 《〈2018上海科技创新中心指数报告〉发布　科创中心建设总体进展良好》，新华网，2018年10月29日，http：//www.xinhuanet.com/2018-10/29/c_1123628865.htm。

② 《上海全社会研发投入连续八年增长》，2019年1月26日，东方网，http：//shzw.eastday.com/shzw/G/20190126/u1ai12199745.html。

21日，上海市副市长吴清在市政府新闻发布会上表示，上海全社会研发投入在GDP中的占比已达4%，较五年前提高了0.35个百分点。每万人口发明专利的拥有量也较五年前翻了一番，综合科技进步水平指数始终处于全国前两位，科创中心建设对经济转型和高质量发展的贡献稳步提升。①

四　科创中心服务“一带一路”建设的项目进展

在项目层面，上海科创中心建设通过重点聚焦如何搭建全球科创智慧平台、打造人工智能发展高地、推动大科学资源布局和基础设施建设、推进关键领域核心科技成果产业化等方面，在服务“一带一路”建设向高质量发展转变上取得了诸多成绩。

（一）搭建全球科创智慧汇聚平台

为进一步扩大与共建“一带一路”国家的跨国创新对话与交流，上海成功搭建了以浦江创新论坛和世界顶尖科学家论坛为代表的中外科技创新对话与交流平台，汇聚全球科创精英和科创智慧。浦江创新论坛由国家科技部与上海市政府共同主办，自2008年举办首届至今已走过十多年，通过跨越不同地域和国家，连接不同学科和领域，现已成为具有重要国际影响力的高层次科创交流平台。2019浦江创新论坛以“科技创新新愿景新未来”为主题，更加突出企业等创新主体的声音，更加突出青年科技人才的影响力，更加突出未来科技的发展趋势，更加突出国际专业科研机构的视角。值得关注的是，2019浦江创新论坛沿袭了2018年的做法，设立了“一带一路”创新之路建设专题研讨会，由中国科学技术发展战略研究院承办。论坛邀请了来自法国、伊朗、巴西、菲律宾、泰国、阿曼、巴基斯坦、亚美尼亚、印度尼西亚等国的智库专家、企业家与会，与国内专家共同探讨如何深化“一带一路”科创合作政策的对接、加快“一带一路”创新要素的相互融通、促

① 《上海研发投入占GDP比例达4%》，《解放日报》2019年5月22日。

进形成更大规模和更高层次的创新能力开放合作机制等议题，为推动数字丝绸之路、创新丝绸之路建设贡献智慧。[①]

除浦江创新论坛外，由世界顶尖科学家协会发起、上海市政府主办的世界顶尖科学家论坛也于2018年起成功举办，并逐步成为上海又一创新名片和高端科创交流平台。2019年10月底在上海自贸区临港新片区召开的第二届世界顶尖科学家论坛规模更大，群体更加多元，聚集了44位诺贝尔奖获得者，在国内外创造出了更广的科创辐射度。习近平主席也专门发来贺信，强调了中国以科技创新协作推动人类命运共同体建设的决心和信心。[②]

（二）打造人工智能发展高地

近年来，上海深入贯彻落实国家《新一代人工智能发展规划》，不断加快人工智能产业的技术研发与应用，于2017年11月出台《关于本市推动新一代人工智能发展的实施意见》，将发展新一代人工智能作为科创中心建设的优先布局方向，目标是到2020年基本建成国家人工智能发展高地和全国领先的人工智能创新策源地、应用示范地、产业集聚地和人才高地，到2030年初步建成具有全球影响力的人工智能发展高地，为上海成为迈向卓越的全球城市奠定坚实基础。[③] 为此，上海充分发挥相关高校的专业优势，在上海交大和同济大学分别设立“上海人工智能研究院”和“上海自主智能无人系统科学中心”，同时吸引微软、亚马逊、百度、阿里巴巴、腾讯、京东、华为等国内外知名企业在上海设立人工智能研究院或创新平台。

与此同时，上海市政府自2018年起与国家发改委、科技部、工信部、网信办、中国科学院和中国工程院联合主办世界人工智能大会，通过汇聚全球人工智能领域最具国际影响力的科学家和企业家，就人工智能技术前沿、

---

① 《战略院承办浦江创新论坛“一带一路”创新之路建设专题研讨会》，科技部网站，2019年6月6日，http：//www. most. gov. cn/kjbgz/201906/t20190606_ 147015. htm。

② 《习近平向第二届世界顶尖科学家论坛（2019）致贺信》，新华网，2019年10月29日，http：//www. xinhuanet. com/2019 – 10/29/c_ 1125165963. htm。

③ 《关于本市推动新一代人工智能发展的实施意见》，上海政府网，2017年11月20日，http：//www. shanghai. gov. cn/nw2/nw2314/nw2319/nw12344/u26aw54186. html。

产业趋势和热点问题进行高端对话来打造世界顶尖人工智能交流与合作平台。2019 年第二届世界人工智能大会期间举办了“AI 闪耀一带一路”主题论坛，通过呈现人工智能产品在共建“一带一路”国家的商用落地成果，与知名企业签署一系列智能公交、智能环卫、智能城市等领域的合作协议，共同推进共建“一带一路”国家的民生服务产业升级，从而树立起人工智能产业技术转化和商用落地的中国标杆。

（三）完善大科学基础设施布局建设

为进一步增强科技创新策源能力，上海持续布局和建设了一批大科学装置，以此作为上海科创中心尤其是张江科学城建设的重要组成部分。2018 年 2 月发布的《张江科学城规划实施行动方案》将加强大科学设施配套保障作为 11 项重点任务之一，旨在确保上海光源二期、硬 X 射线和软 X 射线自由电子激光、超强超短激光装置、活细胞成像平台等大科学设施顺利落地，推动李政道研究所、国家量子中心、上海超级计算机等高能级科研机构顺利落户。如今，张江科学城的大科学基础设施群正在逐步成型。在光子领域，硬 X 射线、软 X 射线和超强超短激光等设施已进入全面建设阶段。在生命科学、海洋和能源领域，国家蛋白质中心、转化医学设施等大科学基础设施的建设也全面启动。在科研机构方面，李政道研究所作为未来张江科学城和上海科创中心的重要创新平台，现已进入施工加速期，预计 2020 年 8 月完成基本建设，2022 年科研设备正式投入运行，并逐步朝向世界知名重大原始创新策源地和培育顶尖科学家摇篮的目标迈进。

截至 2019 年 5 月，上海建成和在建的国家重大科技基础设施已经达到 14 个，在数量和投资金额上均领先全国水平。预计到 2025 年，上海的大科学基础设施群将全部竣工并投入使用。届时，中国在生命科学、物质科学、能源科技等领域的研发水平有望迈入国际先进行列，科技创新的国际话语权也将进一步提升。上海作为国际科研重镇，可以给共建“一带一路”国家带来更强的创新辐射力，从而推动“一带一路”建设提质增效。

（四）推进关键领域核心科技成果产业化

2019 年是上海科创中心建设深化推进之年。为此，上海瞄准生物医药、集成电路、人工智能、高端装备、新能源等优势产业，着力推进关键领域核心科技成果的产业化。目前，张江自主创新示范区内已初步形成了以信息技术和生物医药为重点的主导产业。中芯国际、华虹集团等一批国际知名集成电路企业云集张江，使其成为国内集成电路产业链布局最完善、最齐全的地方。在生物医药领域，张江也建成了从新药研发、药物筛选、临床研究、中试放大、注册认证到量产上市的一整套完备创新链。全球排名前十位的制药企业中，已有七家在张江设立了区域总部和研发中心。在人工智能领域，张江人工智能岛（AIsland）建设正在稳步推进，目前已签约入驻 IBM 中国研发总部、英飞凌大中华区总部、微软人工智能及物联网实验阿里巴巴创新中心、中国健康医疗大数据项目、中国联通 5G 实验室、同济大学自主智能无人系统科学中心以及云从科技、小蚁科技、汇纳信息、远景智能、水镜科技等“独角兽”企业。未来，张江人工智能岛将成为上海企业最集中、类型最丰富、人才最密集的人工智能产业新地标和人工智能实践区。

为加速推动核心科创成果产业化，上海市政府于 2019 年 9 月与国务院国资委再次签署战略合作协议，宣布在双方已有合作基础上启动新一轮部市合作，紧紧围绕落实中央交给上海的三项新的重大任务，聚焦集成电路、人工智能、生物医药、重大装备、智能制造、新能源等重点产业的发展布局以及一批核心技术和“卡脖子”问题的突破解决，进一步深化合作内容，提升合作能级，努力推动一批有代表性的央地合作项目。前沿科创成果的产业化，将使上海在服务“一带一路”国际产能合作过程中占据更加高端的位置，推动“一带一路”建设朝着创新驱动的方向迈进。

五　科创中心服务“一带一路”建设的未来发展

展望未来，上海科创中心要成为服务国家“一带一路”建设的新高地，关键在于为“一带一路”建设向高质量发展转变提供助力。

首先，上海应充分发挥科创中心建设的核心引领作用，积极探索科技创新与新实体经济发展相互融合、相互促进，通过加快对新实体产业和高端制造业的科研投入和成果转化，在先进生产制造领域形成上海新的竞争优势，从而奠定服务“一带一路”高质量发展的坚实基础。

其次，上海应全面加大金融中心和贸易中心建设与科创中心建设的协同力度，利用上交所设立科创板并试点注册制，进一步推动资本市场深度开放与合作，激发更多包括共建“一带一路”国家在内的国外资本进入科创上海科创板市场，以此为基础探索“一带一路”资本市场的科创投融资合作。同时，上海国际贸易中心发展能级的提升应充分融入科创中心建设内涵，突出科创中心建设先导作用。随着上海自贸试验区临港新片区的设立，服务高端生产制造的新型服务业有望成为上海国际贸易中心建设功能创新的重要方向，这也将是未来上海服务“一带一路”国际产能合作的全新用武之地。

再次，上海应积极探索如何通过引领长三角一体化科技创新示范区建设来提升高质量服务“一带一路”建设的能级。上海可通过汇聚区域整体性科技要素来积累一批可复制、可推广的创新经验，向共建“一带一路”国家展示长三角区域协调发展和一体化制度创新的中国样板，加快联合国可持续发展目标在共建“一带一路”国家的落实。

最后，上海应认真思考如何将增强创新策源能力与“一带一路”高质量发展相结合，进一步将上海参与“一带一路”科创合作置于新一轮产业革命和争夺国际创新制高点的大背景之下，为上海科创中心更好地融入全球科技创新网络进行战略前置。上海可通过梳理“一带一路”支点国家的创新发展战略、技术规划、产业布局和对于创新发展的外部需求，以及相关国家和城市在全球和地区创新链中的参与程度、位置角色、竞争力特征和比较优势，对比上海的创新供给端、服务端和需求端优势，从代表国家参与全球合作与竞争以及增强创新策源能力的角度出发，分析上海创新发展对于共建“一带一路”国家和城市知识、人才、技术、产业、市场的需求水平和供给能力，找到“一带一路”沿线不同地区创新潜力与上海创新发展的利益契合点，促进上海科创中心更加精准地服务“一带一路”高质量发展。

B.8
打造“一带一路”建设之上海模式

赵　磊*

摘　要： 对世界而言，“一带一路”的逻辑是对传统“中心－边缘”秩序的超越，以互联互通打通边缘地带为节点串联起节点网格，使各个国家成为“自中心”，国家可借此在网格体系中实现公平与普惠。对中国而言，全面开放新格局是以“一带一路”建设为重点，形成陆海内外联动、东西双向互济的开放新格局。上海有条件成为“一带一路”建设的政策试验田与优秀企业孵化器。优秀企业的重要条件是具有企业家精神。今天，“一带一路”建设有了更高的要求：更加具有层次性、系统性；强调“双向属性”，既要看“走出去”项目，也要关注“引进来”效果；从流动性开放到制度性开放。上海要积极适应上述要求，在参加“一带一路”建设过程中做到精准发力、重点突破，逐渐形成一批有说服力的成功案例，打造参与“一带一路”建设的上海模式。

关键词： “一带一路”　上海模式　企业家精神

上海作为我国推动全面开放新格局的重要门户，正加快向经济、金融、贸易、航运、科技创新等五个中心迈进。同时上海亦不断提升城市能级和核

---

* 赵磊，中央党校（国家行政学院）国际战略研究院教授，国际关系和“一带一路”研究所所长。

心竞争力，打造高质量服务“一带一路”建设的关键力量。打造全面开放新格局应以“一带一路”建设为重点，而上海有条件成为“一带一路”建设的政策试验田与优秀企业孵化器。

上海是连接世界的开放中心。截至2019年3月，已有76个国家在上海开设了总领事馆。作为全球博览会中唯一一个以进口为主题的国家级博览会，中国国际进口博览会是国际贸易史上的一大创举，是中国市场主动向世界开放的一个重要举措。中国国际进口博览会的举办，彰显出中国着眼于推进新一轮高水平对外开放的决心，中国经济可因此有更高质量的发展，亦能更好地满足中国人民以及世界人民对美好生活的迫切需要。

上海是充满活力的经济中心。目前，欧盟是上海最大的贸易伙伴，2018年双边贸易额创纪录地达到了7068.48亿元，同比增长3.7%，占上海进出口总额的20.78%。美国2018年仍保持上海第二大贸易伙伴的位置，双边贸易额为5069.61亿元，同比下降2.873%，占全市进出口总额的14.9%。2019年3月，公布的《2018年全球前20大集装箱港口排名情况》显示，上海港以4201万TEU的吞吐量稳居全球第一，此次是上海港连续第九年稳居全球第一位。

上海是有深厚底蕴的人文交流中心。2018年，上海市招收外国留学生的42所高校（科研机构）中共有来自185个国家和地区的60870名外国留学生就读，其中长期生有45830名，学历生22130名。全年共接收72个国家来华留学生30380名，占来沪留学生总人数的50%。上海市2018年的旅游总收入同比增长13.64%，达到5092.32亿元，旅游产业增加值为2078.64亿元。2018年接待入境旅游者893.71万人次，比上年增长2.37%，其中入境过夜游客742.04万人次，增长3.16%。2018年，国际旅游为上海带来73.71亿美元的收入，同比增长8.24%。未来，上海旅游发展要对标伦敦、巴黎、纽约、东京等国际性大都市。

上海正以积极、主动、创新的姿态行进在“一带一路”建设中，努力推动这一伟大倡议实现高质量、惠民生、可持续的发展。“一带一路”之所以受到欢迎，不仅是因为项目本身可以带来经济红利和获得感，也源于这一倡议背后有深厚的理论与逻辑基础。

一　"一带一路"的理论魅力

社会学家认为，现代世界体系是由经济体系、政治体系、文化体系三个基本维度构成的复合体。过去的全球化形成了以资本主义为核心的世界经济体系，"一体化"与"不平等"是这一体系的两个最主要特征。

全球范围内劳动分工体系的建立和大范围商品交易关系的形成是世界经济体系演化的两条重要线索。资本主义市场发展以来，各个国家被牢牢地黏结在庞大的世界市场体系中。然而，一体化并不等同于均等化，相反，中心—半边缘—边缘的层级结构反而显现出世界经济体的极端不平等性，发达国家的外围充斥着不发达。核心化和边缘化都是动态的过程，"中心"拥有生产和交换的双重优势，往往经济剥削"半边缘"和"边缘"。

"一带一路"倡议自提出以来，重点项目大多建处于中东欧十六国、东盟十国、中亚五国等。这是其设施推进的一个明显特征。这些国家深居大陆腹地，无法与海洋连通，同样无法享受全球化所带来的福利。上一轮全球化进程和国际分工本质上是基于大航海的发展，对于内陆国家而言缺乏必要的运输通道而无法融入全球生产体系中。

中欧班列的密集开行打破了大航海时代的分工关系，尽管存在运输成本的"相对劣势"，但由于班列运输速度更快，内陆通达性更好，更适宜高货值商品运输。对于大多数企业而言，高货值库存积压带来的资金压力远超过运费节省部分。随着人们认知的变化，越来越多的企业开始借助中欧班列拓展业务。截至2019年10月底，中欧班列累计开行近20000列。[①] 从总量上来看，中欧班列与海运的规模比较确实相差甚远，按照每一列编组41车，每车装两个标准集装箱的编组规定计算，中欧班列在2017年的总共运输量为30万TEU，8年累计92万TEU，而2018年海运的运输量已达2.38亿

① 《截至10月底：中欧班列累计开行近2万列》，《人民日报》2019年11月7日。

TEU,[①] 中欧班列的运输量实质上已低于一个长江内河码头。但是，从“一带一路”高质量共建角度看，中欧班列的开行能够推动更多的“内陆国家”参与全球经济，具有划时代意义。世界分工关系进一步优化，能够打破在传统分工模式下，全球化失衡给世界经济可持续发展带来的冲击。

此外，英国地缘政治学家麦金德把欧亚非三大洲称为“世界岛”，欧亚大陆的中部是“世界岛”的心脏地带，此地带在历史上一直是兵家必争之地，由于一直缺乏稳定的外部环境，经济基础薄弱，中欧班列的开行成为区域内发展的“毛细血管”，对于推动区域产业化发展起到有效推动作用，不同城市之间的经济联系也因此得到增强，中长期内有助于区域产业链体系的形成。

共赏、共建、共享是“一带一路”的全球治理原则，也是“一带一路”的原则。西方价值观在文化体系中趋“同”，是典型的范式性力量，而“一带一路”价值观以“通”为倾向，即承认差异，据此构建相互欣赏、相互理解、相互尊重的人文格局，是典型的文明型力量。范式性力量提出外交应塑造人们的观点，使其对某种意识形态产生认同，其强调自身价值观应成为国际社会的“范式”，是道德优越感的体现。所谓的文明型力量，应在个体文化自信的基础上实现相互间的文明互鉴，而不在于改造对方。

总之，“一带一路”不能只停留在政策分析或政策解读上，更应以“原理论”做支撑，从发展经济学和全球治理的内涵逻辑角度加以分析。本文将“一带一路”的逻辑分为三个层次：一是中国经济外交的顶层设计；二是践行人类命运共同体的重要实践；三是中国参与全球治理的公共产品。每一个层次都侧重不同的主体、衡量指标，以及理论基础（见图 1）。

“一带一路”在 2019 年政府工作报告中被提及 5 次，连续六年成为政府工作报告的关键词。报告指出，我国发展面临多年少有的国内外复杂严峻形势，经济出现新的下行压力。我们面对的是深度变化的外部环境，经济全球化遭遇波折、多边主义受到冲击、国际金融市场震荡、国际大宗商品价格

---

① 一财网：《中欧班列开行量突破一万列　市场化运行机制亟待建立》，2018 年 8 月 28 日。

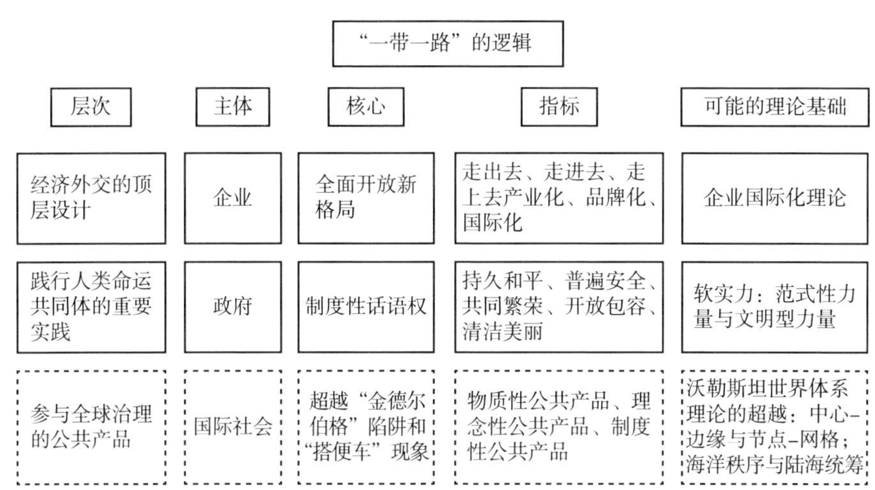

图1　“一带一路”的逻辑体系

大幅波动、外部输入性风险上升、不稳定不确定因素明显增加。即便在此背景下，改革开放依然取得新突破，共建“一带一路”仍取得重要进展。

第一，“一带一路”建设更具层次性、系统性。自由贸易港、粤港澳大湾区、国际进口博览会等重大事项的落地，使“一带一路”有了更强有力、更具体的支撑体系，实现了陆海联动、内外联动、政企联动。报告指出，共建“一带一路”引领效应持续释放，同沿线国家的合作机制不断健全，经贸合作和人文交流加快推进。截至2019年11月，中国已同167个国家和国际组织签署198份“一带一路”方面的合作协议，[①] 古老的“丝绸之路”正以越来越崭新的姿态重新焕发生机活力。由于合作国家数量的增多，当前我们以“一带一路”共建国替代传统多、双边体系，所有参与者之间形成一种具有第三方参与或自身发挥第三方角色的网状合作关系。并且领域之间的合作相互渗透、相互影响，以贸易合作为例，以中外合作区为载体的合作模式本质上是一种贸易发展为导向，带动区域工业化发展的模式。此外，

① 商务部：《目前已有167个国家和国际组织与我国签订198份共建“一带一路”合作文件》，2019年12月6日。

跨境电商及与贸易有关的便利化措施，进一步降低全球生产要素流动壁垒，使得跨区域生产和交易协调成本大幅降低，“一带一路”建设的空间不断深化。

第二，“一带一路”强调“双向属性”，既要看“走出去”项目，也要关注“引进来”效果。报告指出，中国在过去一年大幅压缩外资准入负面清单，扩大金融、汽车等行业开放，促使一批重大外资项目落地，新设的外资企业增长近 70% 。未来我国将进一步加大吸引外资力度，放宽市场准入，缩减外资准入负面清单，允许更多领域实行外资独资经营。促进贸易和投资自由化便利化始终是中国充分与世界“互融”的立场、原则与价值观。中国坚定维护经济全球化和自由贸易，积极参与世贸组织改革，加快构建高标准自贸区网络，继续推动中美经贸磋商。中国不会在贸易层面推行排他性政策，而是要营造内外资企业一视同仁、公平竞争的公正市场环境，营造自由贸易的国际市场环境。

第三，从要素型开放到制度型开放。所谓全面开放新格局，新在哪里?新表现在以“一带一路”为重点，从推动商品和要素流动型开放，到更加注重规则等制度型开放。西方发达国家的传统优势是制度型开放，其强调规则、标准、资质、知识产权等“软联通”。过去 500 年，西方发达国家通过海洋，通过金融、规则、标准、价值观等建立了制度性话语权。边缘或半边缘国家在开放初期只能选择流动性开放，靠商品、靠要素、靠能源资源、靠劳动力成本优势，但是汗水经济、通道经济、飞地经济仍处于较低水平的开放阶段，经济发展的自生能力和主动性不强。制度型开放不仅是品牌经济和智慧经济，也是创新驱动、人才驱动。制度型开放以掌握“关键工艺、关键零部件、关键原材料”为基础，在文化和价值层面也要展现推动人类社会进步的先进性，同时要通过多边主义、制度主义合作获得国际塑造能力。“一带一路”是一种公共产品，其已经从物质性、理念性属性向制度性属性拓展。

“一带一路”建设是具体的、实践的，在微观层面要依靠多元企业主体的积极参与，探索第三方市场合作的有效性。“一带一路”建设需要法治化、便利化的营商环境，需要具有企业家精神的企业。中国营商环境竞争力排名在2019年10月世界银行最新发布的《2020年营商环境报告》中列第31位，再次大幅上升15位。这是继2018年自第78位提升至第46位之后的又一巨大进步。作为中国重要的样本城市，上海通过世行营商环境评价对标改革，在保护中小投资者、办理建筑许可、跨境贸易、办理破产、纳税等指标的全球排名上均有显著提升，其中，开办企业、执行合同、保护中小投资者、获得电力、财产登记等5个指标均进入全球前30名。

二 "一带一路"高质量发展尤其需要企业家精神

改革开放40多年来，中国经济实现了"富起来"。对于经济增长的宏观机制分析，一般学者倾向于从"三驾马车"角度，亦即投资、消费、出口三方面加以分析，这一解释逻辑简洁清晰，易于被公众接受。但其对于解释增长的原动力尚显不足。奥地利学派倾向于从人的行为角度，解释和分析经济增长的内在动力。企业家精神是用作市场机制分析的重要价值尺度。从米塞斯、熊彼特到哈耶克，从企业家精神维度解释经济增长的源泉具有一脉相承性。高质量共建"一带一路"背景下，企业家精神对于创新激励起到举足轻重的作用。从企业家精神视角理解高质量共建"一带一路"具有崭新的发展经济学视野。

2017年9月25日，中共中央、国务院下发了《中共中央国务院关于营造企业家健康成长环境弘扬优秀企业家精神更好发挥企业家作用的意见》。这一文件史无前例地以中央专门文件的形式，明确了企业家精神的重要地位和价值。该文件表明，企业家精神是驱动创新的重要引擎。

如今，企业家精神已成为当今社会讨论的热点，但这些讨论都缺乏对企业家精神的核心内涵的思考，企业家精神的核心内涵代表了企业家对标的方向和衡量的指标，并且也确定了企业家精神的边界。笔者以为，企业家精神不应简单地等同于创新或社会责任，而是一种基于文脉和商脉的统一：文脉、商脉，两者相互助益，缺一不可。

（一）寻找文脉是确立企业家精神的标志

企业家精神是中国企业可持续发展的短板。单纯侧重短期经济收益，易导致富而不贵，难使企业基业长青。要构建可持续的企业家精神，需要对品质、品牌和创新进行自我驱动和自我要求，要在单纯寻求以盈利为主要目的商脉的同时，寻找到文脉。文脉并不简单地等同于工匠精神，而是一种综合性、覆盖面广的价值理念。

熊彼特认为企业家精神是经济发展的主要驱动力量，企业家的创新活动是实现经济发展的主要动力。创新是一种新生产函数的重构过程，通过将不同生产要素，尤其是新型生产要素和生产条件进行“新组合”，实现生产体系的更新。若没有创新行为的发生，经济只能长期维系在一种“循环流转”的状态下，周而复始，缺乏活力，经济增长本身仅仅表现出一种因劳动人口增长而产生数量变化的现象。但这种增长模式决定了任凭数量如何发生变化，都难以实现从量变向质变的转化，并不能创造出具有质的飞跃的“经济发展”。

创新容易被模仿，普遍性模仿会打破创新本身形成的技术性垄断，继而激发规模化投资行为，使得经济增长出现繁荣景象。然而，当相当多的企业开始创新之后，不仅经济会开始衰退，盈利机会也趋于消失，一直持续到新的创新行为出现。创新是驱动经济周期的重要因素，推动整个经济体系在繁荣、衰退、萧条和复苏四个阶段构成的周期性运动过程中前进。

企业家以挖掘潜在利润为直接目的，但从事创新的动机不一定源自个人发财致富的欲望。熊彼特指出，不同于只想赚钱的普通商人或投机者，企业家最突出的动机并非个人致富，而是对“个人实现”的价值追求，即“企业家精神”。“企业家精神”包括以下几点重要内容。一是坚强的意志。一般人会在自己熟悉的环境中顺流而下，而企业家会选择逆流而上，用坚定的意志去征服未知的世界。二是创造的喜悦。企业家是典型的反享乐主义者。在创造中，通过施展个人才能以获得喜悦。三是对胜利的热情。企业家有证明自己比别人优秀的冲动，利润和金钱是次要的考虑，他求得成功不仅是为了享有成功的果实，更因为成功、胜利本身的象征意义十分重要。四是打造“私人王国”。多数企业家“存有一种梦想和意志，要找到一个私人王国”，出身贫寒底层的企业家更是如此，这一冲动是促使其奋斗的重要激励。

熊彼特对企业家精神的界定更多是从自我层面、精神层面出发，对经济层面、社会层面的论述不多。被誉为“现代企业管理学之父”的彼得·德鲁克以熊彼特的理论为基础进行发展。他与熊彼特强调企业家在“繁荣”这个目的上所发挥的作用比资本家更为关键，但德鲁克更多强调精英的社会责任。企业不仅要履行经济契约，也要履行社会契约。

结合上文的观点，笔者认为企业家精神的关键是通过文脉以持续地激活商脉。只具备文脉而商脉不足，则企业发展虽有理想但缺乏基本的物质基础，只具备商脉而文脉不足，则企业发展容易唯利是图，缺乏道义关怀。其中，文脉要做到：以立服人、以例服人；商脉要做到：以理服人、以利服人。

（二）激活文脉：以立服人、以例服人

五年的企业靠产品、十年的企业靠技术、百年的企业靠文化。文化是企业的核心软实力，它标榜着价值。没有价值共振，所有的文化展现都是“花拳绣腿”。评判价值共振的指标是企业能否激发分享，相互借鉴，各美其美，美美与共。对企业家而言，还要在企业内部营造归属和依赖之感，要在外部建立欣赏与认同之感。

1. 以立服人：形成文化、理念和价值共振

消费者不仅仅在消费产品，也在品味企业的文化、理念和价值观。美国商业管理学家戴维·洛根（Dave Logan）、约翰·金（John King）、海丽·费·莱特（Halee Fischer-Wright）在其著作《部落领导力》（*Tribal Leadership*）中提出，每一个团队中都存在一种主流文化，且这种主流文化决定了一个团队能够达到的境界，该书将主流文化概括为五个阶段或五种境界。

第一阶段：“生活烂透了”（Life sucks），人生就是个悲剧，没有谁的生

活是好过的。常常抱怨别人不行，自己也不行。价值观表现出强烈的反社会情绪。

第二阶段：“我的生活烂透了”（My life sucks），我就是个悲剧，能够看到别人生活美好的一面，只是觉得自己的生活很糟糕。折射出消极的人生价值观，个人行为得过且过。

第三阶段：“我很棒”（I am great），话外音是“但你不行”（But you are not）。觉得自己的生活不错，可以登上事业的巅峰，但总是很难和别人合作。觉得周围的人不支持自己，因此无法完成更伟大的目标。这类人自我感觉良好，但内心深处充满了焦虑。因为在当今时代，越来越多的工作已经不是一个人孤军奋战能够解决的，必须依赖团队力量。

第四阶段：“我们很棒”（We are great），“但你们不行”（But you are not）。觉得自己的团队很牛，竞争对手都不如自己。在团队内部，人们对企业文化高度认同，整个团队的氛围非常融洽。成员彼此合作，努力想超越其他的团队，要做同行业最优，要成为世界一流。

第五阶段：世界很美好（Life is great），只专注于做崇高的事业，无视竞争对手的存在。《部落领导力》的作者曾经问一家研发型的医药企业：“你们的竞争对手是谁?”他们本来以为听到的答案会是医药行业的龙头老大，但这个企业的管理层和研发人员听到这个问题，想了半天，说：“我们的竞争对手是谁？我们是一家药企，我们的竞争对手是疾病和癌症。”这一阶段，人们已经不关心竞争对手，他们唯一关心的是如何最大限度地发挥自己的潜能，他们的竞争对手是自己所选择并且热爱的事业，价值观是：“我们在改变历史（We are making the history）。”

海纳百川是上海的城市精神，而上海经济的最典型特征就是对企业家的充分包容。2019 年 10 月，胡润研究院发布了《胡润百富榜》，分地区来看，上海有鲜明的开放性与包容性，多数优秀企业家具有“移民”特征，即很多出生在外地的企业家在上海获得了发展成功。在上海市，优秀企业家评选不受身份限制，无论国企、民企还是外企都可以申报参评，而且有大批外籍企业家获得优秀企业家荣誉称号。

自20世纪80年代末，上海每年都召开国际企业家咨询会议，该会议以在沪投资的外资企业家为主，借助国际企业家的国际化视野和全球商务经验，为上海融入世界，坚持改革开放助力。过去市长咨询会议立足国际视野的发展建议，通过企业家视角为上海发展出谋划策，以此将上海打造成具有国际一流水准的大都市。具有一定竞争水准的企业更是上海发展的核心竞争力和发挥上海国际影响力的基础。

根据统计，近30年来，上海市国际企业家咨询会议累计为上海市政府贡献900多份课题报告。30年前，咨询会议共有来自8个国家和地区的12名成员，目前已增长至15个国家和地区的38名成员和7名荣誉成员，其所在企业均为世界500强相关行业中的翘楚。上海市政府各部门不仅将咨询会议作为向世界学习、与世界沟通的重要平台，近五年来还先后选拔5批43名青年干部赴咨询会议成员单位总部实职培训，借助咨询会议平台培养国际化后备人才队伍，增强全球化的洞察与协作。

2. 以例服人：用说服自己的优秀案例去说服社会

企业也需要讲好自己的故事，只有坚定的立场，但缺乏鲜活的案例，这样的企业很难被识别，终会被淹没在商海中。企业文化建设本身强调识别效应和错位竞争优势。

上海在近年来“一带一路”倡议的实践中也正体现了以例服人的精神。2019年，普华永道受上海市商务委员会的委托，编制了《上海对外投资合作（2019）年度发展报告》。此报告汇集了不少上海企业成功国际化的优秀案例。例如，上海电力建设有限责任公司（上海电建）是世界500强中国电力建设集团有限公司的成员企业，创建于1953年，是从事大型电站工程和输配电工程建设的大型电力工程企业。上海电建积极开拓海外市场，努力拓展EPC总承包和电厂运维等领域，先后承建了包括越南山峒2×110MW电站EPC工程，印度尼西亚棉兰2×165MW投资加25年运维电站项目，以及菲律宾首个660MW级电站EPC项目等数十个海外项目。上海的国际化经营能力不断提升，上海电建拥有一支完整和成熟的国际业务团队，涵盖了市场营销、全球派驻、投标、设备采购、项目管理、投融资等各个环节。截至

2018 年底，上海电建新签的国际业务合同额占比达 69.42%，国际业务营业收入额占比达 46.25%，国际化程度极高。[①]

另一个典型的案例是锦江国际全资收购丽笙酒店集团。“锦江”是具有 80 多年历史的中国民族品牌，中国驰名商标、上海市著名商标，获中国商标金奖，品牌价值超过 415 亿元。丽笙酒店集团的前身为卡尔森酒店集团，是世界高档酒店集团之一。集团成立于 1930 年，是一家全球性高档酒店管理公司。集团在全球范围内拥有 1400 多家酒店，覆盖五大洲超过 114 个国家，[②] 拥有多个全球知名连锁品牌。在收购丽笙酒店集团前，锦江国际就一直致力于进行海外战略布局。本次收购丽笙酒店使得锦江跃居为全球酒店业第二名，仅次于美国万豪酒店集团。丽笙酒店集团的加入，强化了锦江国际的中高端酒店板块，丰富了锦江的酒店全品类布局，且弥补了锦江国际在海外全服务酒店的短板。

（三）打通商脉：以理服人、以利服人

企业能够解决就业、能够纳税、能够活下来，是首要的生存法则。要想好好活下去，企业需要嗅觉敏锐（以理服人），需要有经济红利（以利服人）。

1. 以理服人：找逻辑、规律，找风口、痛点

企业要盈利需要寻找当前消费者不满体验的痛点，通过解决消费的痛点来推动社会进步。同时，企业家要成为问题的解决者，而并非问题本身。最好的合作往往是“两相情愿、一拍即合”。例如，共享单车受欢迎是因为它能够解决大城市“最后一公里”的痛点。但盲目扩张，导致共享单车车多为患，挤占盲道等公共资源。“无处安放”的共享单车，从解决痛点到成为痛点。

总体而言，痛点发生的频率在加快，人们在系统性生产产品的同时，也

---

① 普华永道：《上海对外投资合作（2019）年度发展报告——上海市企业对外投资案例分析》，2019。

② 一财网：《国际化进程加速，锦江国际收购丽笙酒店集团》，2018 年 11 月 13 日。

在系统性地制造风险、释放痛点。对企业家而言，痛点意味着高风险，但也意味着高收益的可能。国内有不少企业目前过度恐惧风险，久而久之缺乏进一步发展的后劲。而真正的企业家精神需要经营者主动面对风险，将“嚼痛点”视为乐趣所在。

“一带一路”倡议的精髓是通，而通的反面就是痛。中国文化讲“痛则不通、通则不痛”。就国内而言，“痛点”不少：有很多交通、物流欠发达的丝路城市，其以采掘业、资源加工业等中低端产业为主，大多依赖有色金属、农产品、油煤气等原材料，这类城市的开放型经济占比较小，口岸以转口贸易为主，外贸依存度较低；因为单向流及空驶回程，几十条中欧班列的运价高昂，需要政府的大量补贴；虽然中资企业在亚非拉市场游刃有余，但由于资质等问题难以进入欧、美、澳等高端市场；全国有 30 万名律师，但仅有不到 3000 名律师能够熟练办理涉外法律业务，其中能够办理“双反双保”业务的律师不到 50 名，能够在 WTO 上诉机构独立办理业务的律师只有数名；中国有丰厚的文化资源、绝伦的文化底蕴，但有全球竞争力的文化产品可谓空白；等等。对接“一带一路”，就是要找到人们的需求与体验痛点，这是市场的盈利点，也是体制机制的完善点。

例如，过去国内缺乏高质量的旅行综合服务，这是痛点，也是商机。创立于 1999 年的携程把握住了这个痛点，获得了发展的先机。之后，同样总部在上海的驴妈妈推出“先游后付”创新型旅游体验。2018 年底上线的“先游后付”产品，已在全国范围内掀起诚信旅游的新热潮。今天，旅游依然是“一带一路”沿线国家和地区最庞大的市场。

2. 以利服人：路径选择比美好描述重要，要有获得感

企业家不能只是描述美好，更要找到实现美好的具体路径。以创新为例，创新模式至少有三种路径：从 0 到 1、从 1 到 N、从 1 到壹。

第一种：可概括为“从无到有”，即从 0 到 1。这种创新近乎“神话”，相传普罗米修斯把火偷来了，人类便有了火。此类创新难度极大，属于突破性创新或颠覆性创新，需要耐得住坐“冷板凳”的寂寞，并做好面对失败的准备。例如，美国的页岩气革命是新能源领域的一项突破性创新，英国的

石墨烯革命是新材料领域的突破性创新。中国企业有了渐进性创新，但缺乏突破性创新，一个原因是这类创新需要久久为功，失败风险极高；二是这类创新充满了偶然，要有容错机制；三是要有大师、大家，光是工人、匠人难以实现；四是知识产权要真正得到保护，不尊重知识的社会，不会孵化科学家精神和企业家精神。

第二种：可概括为“率先模仿”，即从 1 到 N。此类创新的关键在于讨巧、走捷径，找准对象以及注重时效。日本的商业文化可以概括为“向强者学习”，因此日本企业的崛起历程可作为率先模仿的典型。泰康人寿保险股份有限公司董事长、首席执行官陈东升曾说：“在中国，创新就是率先模仿。”简单说来，就是要善于率先找到学习对象。中国最火的互联网企业“BAT”，都是率先模仿成功的案例。这类企业家有一个共同特点，就是对国外情况很了解，国际交往能力强，跟踪前沿、见过强者。

第三种：可概括为“顽固坚持”，即从 1 到壹。此类创新特点是“不忘初心”，企业提供的不是产品，而是放大了的精品（故是大写的壹）。行百里者半九十，市场经济是大浪淘沙的过程，此过程中将淘汰大部分企业，但只要有企业依然“顽固”地坚持本行业最精髓的要素，坚持品质、品牌，打造精品，即“剩下的是圣人”。这类企业会从门槛处走到无人区，开始拥有定价权与话语权。

德国企业是典型的“顽固坚持”的范例。双立人（ZWILLING），创立于 1731 年；西门子（Siemens），创立于 1847 年；大众（Volkswagen），创立于 1937 年；保时捷（Porsche），创立于 1931 年；奥迪（Audi），创立于 1909 年；奔驰（Mercedes-Benz），创立于 1886 年；宝马（BMW），创立于 1916 年；等等。对德国企业而言，对品质的“顽固坚持”就是德国企业拥有全球竞争力的奥秘所在，这一公开的秘密不仅使德国企业有了获得感，也使德国和国际社会有了获得感。

开埠以来，上海发展迅速，是中国乃至远东的重要商业中心，尤其是 1927～1937 年，上海诞生了为数众多的老字号品牌。比如，老凤祥在 1848 年初创之时只是一个前店铺后工厂的小作坊，店铺设在上海大东门大街。至

20 世纪二三十年代时，历经百年洗礼的老凤祥已经成为中国九大银楼之一，其以制作金银首饰、徽章珠翠、珐琅镀金、中西器皿等闻名。老凤祥 1992 年于上交所上市，至 1998 年，中国第一铅笔股份有限公司投资控股“老凤祥”，并在 2009 年将“中国第一铅笔”正式更名为“老凤祥股份”。如今的老凤祥在上海拥有门店 70 多家，全国的连锁银楼、专卖店近千家，其位于城隍庙的旗舰店更是坐拥 5000 多平方米，堪称全国独立品牌银楼之最。不仅如此，其公司旗下还有老凤祥银楼、老凤祥珠宝首饰、老凤祥钻石加工中心、老凤祥首饰研究所等 20 多家子公司和 4 个专业分厂。老字号品牌如老凤祥、回力、冠生园等，不应只是历史记忆，也要努力将国内品牌提升为国际品牌，让国际社会主动品味中国企业的品牌故事，让外国年轻人喜欢上中国品牌。近年来，上海在传统品牌复兴中积极探索，引入现代元素让传统品牌价值最大化。比如，大白兔奶糖作为知名的食品品牌，近年来“大白兔”唇膏热销，一度成为“网红”产品。

因此，上海要努力成为孵化中国企业家精神的摇篮。在 2019 年财富世界 500 强企业榜单上，上海有 7 家企业上榜：上海汽车集团股份有限公司、中国宝武钢铁集团、交通银行、中国太平洋保险（集团）公司、绿地控股集团有限公司、上海浦东发展银行、中国远洋海运集团有限公司。排名最高的上海汽车集团营业额达到 1363 亿美元，排在第 39 位。上海要成为孵化中国企业家精神的摇篮，可以成立丝路企业家商学院，这一定位不仅助力于上海企业，更有助于参加“一带一路”建设的所有中国企业的发展。高质量发展背景下，企业需要走“品牌化”发展，李强书记提出“四大品牌”建设，充分体现这一发展逻辑。

世界 500 强企业构成中，中国企业比重不断提升，充分展示中国企业走向品牌化的发展趋势。美国《财富》杂志从 1954 年开始对全球企业做排行起，一直到 1989 年才出现了第一家中国内地企业——中国银行进入 500 强榜单。到了 1995 年，中国内地企业当时只有三家——中国银行、中化集团、中粮集团入榜，且均为国企。而日本企业在 1995 年达到 149 家，美国 151 家，美日两国加起来 300 家。随着改革开放进程加快和自身市场规模优势不断发挥，中国企业发展速度很快，到2015年的时候有超过106家企业进入世界500强，首次破百。2016～2019年，分别达到110家、115家、120家和129家。目前，入榜企业数已超过美国企业位居世界第一。尽管如此，入榜企业仍以国企居多，民营企业太少。国有企业一直是西方国家对中国的重要质疑所在，以意识形态、非市场经济、补贴等问题将中国国有企业标签化。鉴于此，在高质量共建“一带一路”背景下，需要推动更多的企业主体“走出去”，通过多元化合作渠道，探索“走出去”企业的混合所有制改革，提升企业应对外部复杂市场环境的自身能力。企业家精神是探索企业主体多元化和推动制度变革的重要驱动力量。

三　打造上海丝路模式：精准发力、重点突破

上海参加“一带一路”建设做到了精准发力、重点突破，逐渐产生了一批有说服力的成功案例，打造参与“一带一路”建设的上海模式。例如，经过多年的建设和发展，由上海鼎信投资（集团）有限公司投资建设的中国印度尼西亚综合工业园区青山园区已经成为印度尼西亚钢铁产业发展的重要一环。目前该项目已实现投资40.3亿美元，所建发电厂装机容量综合220万千瓦，园区码头年吞吐量达到3500万吨，年产不锈钢达300万吨，该项目的建设投产使得印度尼西亚的不锈钢产量从零提升到世界第二位。2017年，园区内企业销售收入26.1亿美元，2018年收入已超过55亿美元。青山园区雇用本地员工比例约82%，直接创造就业岗位2.6万多个，间接创造就业岗位超过5万个，为当地经济发展做出重要贡献。同时，园区建设过程中，园区所用发电设备、港口设备、冶炼设备等全部机电设备和钢结构厂房100%从中国进口，通过产业链的拓展和网状布局，有效地带动了相关上下游产业的共同发展，使中国企业获得了可观利润，成为一个中外“双赢”的典型案例。

“一带一路”建设不仅驱使中国企业进入亚非拉国家，即新兴市场，也要努力进入欧美澳等西方发达国家、成熟市场。上海是我国经济发达程度最

高、企业市场机制建设最完善的城市之一，上海企业“走出去”体现了中国推动高质量共建“一带一路”的重要发展方向。根据2018年上海统计局发布的《2018年上海市国民经济和社会发展统计公报》，2018年上海人均GDP升至13.5万元，人均GDP首次超过2万美元，达到发达经济体标准。由于上海本身的发展结构，上海与既有的发达经济体已经建立了较为深厚的联系与交往基础，这也使得上海成为联系发达经济体与“一带一路”倡议的关键枢纽。

发达经济体是上海对外贸易合作的主要伙伴，也是上海吸收外资的主要来源地。早在1984年，上海就与德国大众合资设置桑塔纳品牌，一度成为我国改革开放初期的重要标志性交通载体，累计销量400万余辆。1979年，日本松下集团创始人松下幸之助访华时与中国政府签订协议，最早向上海灯泡厂提供黑白显像管成套设备，并邀请上海灯泡厂分批派员工到日本松下公司研修，并在上海设厂。改革开放40多年以来，上海累计引进外资项目9.5万个，实到外资2376亿美元。截至2019年8月底，上海引进了701家跨国公司的地区总部，451家外资研发中心。在高端制造业方面，美国新能源汽车企业特斯拉在上海建设的全球第三家超级工厂已建成投产。2019年5月30日，全球规模最大的制药企业美国辉瑞集团，首次将其重要的业务板块（辉瑞普强）设立在上海静安区。2019年9月，世界500强、德国科技集团贺利氏的光伏业务单元也决定在上海建立全球研发中心。上海成为中国大陆所有城市中吸收和利用外资最为成熟的城市。

本报告基于扎实的大数据支撑，得出：延续前一时期的基本态势，东南亚地区依然是上海最主要的贸易往来对象。马来西亚、新加坡、越南、印度尼西亚、菲律宾等依然是上海在“一带一路”沿线最主要的外贸伙伴。此外，具有较好发展前景的新兴经济体以及拥有较好发展基础和较多优质商品的欧洲地区依然是上海在“一带一路”沿线的重要贸易伙伴。通过数据分析，可看出在过去一年内上海参与“一带一路”建设取得了重要的突破，一方面，体现于上海在“一带一路”建设的投资和贸易等领域中进一步发展，包括提升存量、拓展范围、优化种类；另一方面，上海服务“一带一

路”建设的影响也在逐步超越单纯的经济领域，扩展到社会与公共政策领域。

有报告重点分析上海在东盟地区的“一带一路”建设情况。从国别来看，马来西亚2018年已取代新加坡成为上海在东盟地区的最大贸易伙伴。同时，马、新两国与上海市的双边贸易额都在1000亿元上下浮动，成为上海在共建“一带一路”国家中排名前两位的贸易伙伴。在马、新两国之后，泰国、越南、印度尼西亚和菲律宾四国也都保持着很高的贸易额，前三国与上海的双边贸易额都超过了500亿元。2018年，上海在共建“一带一路”非金融类直接投资已经增长为29亿美元，占全市境外投资的17.4%，其中对东盟地区的投资额为20.76亿美元，占全年共建“一带一路”国家投资总额的70%以上。2018年上海企业对共建“一带一路”国家的投资主要集中于以新加坡、印度尼西亚、泰国为代表的东盟国家。特别是在承包工程方面，对东盟地区的投资额长期超过总投资的2/3，东盟市场已成为上海市大型承包工程类国企的重要利润来源地。

有报告聚焦于上海同中东欧国家的“一带一路”合作。继2016年6月开通上海与捷克布拉格直航航线后，中国东方航空公司于2019年6月又开通了上海至匈牙利布达佩斯的直航航线，从而极大方便了中国游客赴匈牙利和其他中东欧国家访问，同时也有力促进了中国与中东欧国家的经贸往来和人文交流。2018年，上海与中东欧国家之间的进出口贸易额达到108.1亿美元，同比增长45.6%，其中出口同比增长17.1%，进口同比增长75.3%。中东欧国家当中，斯洛伐克、捷克、波兰、匈牙利是上海主要的贸易对象。值得注意的是，2018年上海从斯洛伐克的进口额增长了8倍多，进出口贸易额也增长了4倍多。斯洛伐克一举超越捷克成为上海在中东欧地区的第一大贸易伙伴，占比达29.5%。2018年，捷克在上海与中东欧国家的贸易额占比下降到25.4%。波兰紧随捷克，成为上海在中东欧地区的第三大贸易伙伴，占17.9%。

另有报告专门研究上海对非洲工业化与可持续发展的作用。作为中国最为发达的地区，上海不仅承担着对标更为先进的国家和地区，更承担着为较落后国家和地区提供国际公共产品的使命。因此，上海是全国早期承担与非洲交往的省区市之一，早在1963年中国首次向阿尔及利亚派遣医疗队时上海就承担了其中部分任务。随着“一带一路”倡议的提出和推进，上海在服务推动非洲地区工业化和可持续发展方面做出了大量有益尝试，取得了较为显著的进步。

还有报告聚焦于上海如何成为服务“一带一路”建设的科创中心。作为一项关键的制度创新，上海证券交易所设立了科创板并以试点注册制首次在科创要素与金融资本之间架起了桥梁，以此赋能资本市场深化改革，有助于上海科创中心建设与国际金融中心建设相互配合、协同增效。此外，上海自贸试验区临港新片区应努力打造成为科创中心建设的主体承载区，长三角一体化发展的国家战略有助于增强上海科创中心的策源能力。

作为服务“一带一路”建设的桥头堡，上海需要从国家战略高度，结合上海自身特色，在如下方面提升上海服务“一带一路”建设的综合能力。一是要增强上海智慧对接“一带一路”的能力。“一带一路”需要高端的专业服务业，如熟悉国际业务的会计审计、评级机构、战略咨询机构等。著名的评级公司，如穆迪、惠誉、标普等，总部都在美国。国际社会最著名的战略咨询公司，如ADL、麦肯锡、波士顿、贝恩咨询，总部也全都在美国。四大会计师事务所，三个总部在英国伦敦，一个总部在荷兰首都阿姆斯特丹。这些公司是轻资产，但非常关键，对美欧企业国际化进行“把脉”，避免了重复试错，降低了国际化风险。中国企业也需要这类能够实现智慧对接的专业服务，这是痛点，也是机遇。

二是要加强“一带一路”相关的研究资源整合，提升研究布局系统性和针对性。“一带一路”倡议提出后，很多高校、企业、地方都成立了专门研究机构，但“多而不强、有库无智”的问题依然凸显。目前，国内智库大多在论证“一带一路”的重要性，缺乏具体咨询建议和长期跟踪研究的长效机制。充分整合上海“一带一路”研究的学术资源，提升研究设计的系统性，避免重复浪费。加强基础性和前瞻性研究，避免陷入传统研究俗套。一方面，回应企业发展现实需求，探索与政策制定的协作互动；二是以上海建立“四大中心”角度，进行“一带一路”建设与宏观经济改革的内在联系机制的分析，加强基础性问题的研究公关。

三是建议上海利用自身优势，加强第三方市场合作。第三方市场合作指两国合作开发第三方国家市场，是一种国际合作新模式，秉持“一带一路”建设“共商、共建、共享”的精神，这种国际合作新模式将中国的优势产能、发达国家的先进技术和广大发展中国家的发展需求有效对接，共同为第三国经济发展注入新动能。2018 年 5 月，在中日两国人民的共同见证下，国务院总理李克强和日本首相安倍晋三，签署了《关于中日企业开展第三方市场合作的备忘录》，同意在中日经济高层对话框架下建立推进中日第三方市场合作工作机制。目前，包括英国、荷兰、德国、瑞士等国家都有强烈的意向深度参与第三方市场合作，这种合作方式不仅为中国与西方发达国家共建“一带一路”开辟了新空间，也有利于国内产业升级。

总之，“一带一路”这一倡议将助益中国经济从高速度增长转变为高质量发展，将助益中国城市实现跨越式发展，将助益国际社会实现公平、包容、普惠。

数据报告

Data Report

B.9

上海服务“一带一路”建设数据报告

周亦奇　张　春*

摘　要： 本报告以区域比较为特色，重点比较北京、上海和广州三地服务“一带一路”建设工作的成果。通过评估三地在贸易联通、投资互动上的异同，本年度数据分析表明，上海服务“一带一路”建设在全国处于领先地位，但特色性略显不足，并且在部分方面与兄弟省市还存在一定差距。本数据库继承了2018年的研究特色，将现状分析与影响分析相结合，继续通过数据模型方式测量上海服务“一带一路”建设对沿线国家的贡献度。根据2019年的数据，上海的服务对共建“一带一路”国家全方位发展依然维持了较好水平，与2018年基本保持一致。

关键词： “一带一路”　上海　北京　广州

* 周亦奇，上海国际问题研究院比较政治与公共政策研究所，博士，助理研究员；张春，云南大学国际关系研究院，博士，研究员。

随着“一带一路”建设工作的稳步推进，围绕“一带一路”倡议的科学评估日益成为各方关注的焦点。伴随着信息技术的突飞猛进和量化手段的普及，数据分析正成为评估“一带一路”建设成效的重要手段。在《上海服务“一带一路”建设报告（2018）》中，本课题组首次使用了数据分析的方式，通过现状描述与影响分析两个路径，描绘了上海参与“一带一路”建设的现状及其相应影响。本报告在既有基础上，进一步拓宽了数据分析的广度。在2018年版本的基础上增加了比较视角，将上海参与“一带一路”建设的贡献与国内其他部分省区市进行对比，从全局角度进一步探讨上海参与“一带一路”建设的当前定位与未来机遇。

本报告主要分为以下四部分：第一部分首先介绍数据分析采取的思路和研究路径，并重点讨论本年度报告数据分析的创新点；第二部分从现状评估的角度分析上海服务“一带一路”建设在经贸往来与经济投资等维度上的进展，在比较视角下将上海与国内其他同类型城市进行对比，以识别上海的优势与不足；第三部分，课题组将根据数据分析的结果提出相关政策建议。

一　数据库建设思路与新亮点

当前有关“一带一路”倡议数据库的建设，已成为众多研究机构关注的重点。在《上海服务“一带一路”建设报告（2018）》中，本课题组系统讨论了国内外相关政府机关和研究机构构建的涉及“一带一路”倡议的数据库①的情况。本课题组认为既有数据库建设存在数据分析层次不够、缺少影响分析及缺乏可推广性等问题。以此为基础，本报告创新性地开发了“上海服务

① 当前，国内外涉及“一带一路”倡议的相关数据库主要有国家推进“一带一路”建设工作领导小组办公室与国家信息中心等机构合作建立的“一带一路”大数据综合服务门户和国家信息中心连续三年发布《“一带一路”大数据报告》。美国威廉玛丽学院设计的中国对外发展合作数据库也包括了许多与“一带一路”倡议有关的发展援助和对外贸易信息。此外，在美国著名智库传统基金会和企业研究所设计的中国全球投资追踪数据库中，也专门设计了与“一带一路”倡议相关的模块。经济学人智库（Economist Intelligence Unit）也利用其既有的情报分析机构设计了相应的关于“一带一路”项目的专题讨论。

'一带一路'建设数据库"，首开从地方视角对"一带一路"建设成效进行数据分析的先河。在此次的"上海服务'一带一路'建设数据库V2.0"版本中，一方面延续了1.0版本的基本架构，并在其基础上补充了最新年份的相应数据，另一方面也扩大了数据库的覆盖范围，引入比较视角，从更高站位与更广范围讨论上海服务"一带一路"建设的相应内容。

（一）2.0版本数据库的新特色：区域比较

区域比较是"上海服务'一带一路'建设数据库V2.0"的最主要亮点。在"上海服务'一带一路'建设数据库V1.0"中，研究分析侧重于上海自身的发展，从历史角度回顾了过去数年来上海参与"一带一路"建设的发展变化。然而，在"上海服务'一带一路'建设数据库V1.0"中，国内其他省区市参与"一带一路"建设的情况并未能得到体现。尽管这不违背本报告的主题，却使相关讨论失去了重要的参照坐标，也在一定程度上限制了数据分析的视野和相应分析结果的推广性。自"一带一路"倡议实施以来，国内各省区市都掀起了服务"一带一路"建设的热潮，而不同省区市的服务模式和发展阶段各有特色。因此，只有采取区域比较的方法，才能更客观与理性地判定上海服务"一带一路"建设的进展程度，了解其优势、特色和不足。"区域比较"视角将为本研究带来许多积极意义。

第一，区域比较视角进一步明确了上海在全国服务"一带一路"建设中的定位与方向。当前，上海被定位为"一带一路"建设的"桥头堡"，这既体现了中央对上海工作的肯定，也表明中央对上海发挥特殊作用的期待。本研究通过区域比较的方式，可借助数据分析准确清晰地确定上海与其他地区服务"一带一路"建设的相似点与差异性，确定上海自身参与"一带一路"建设的相应特点，并与"桥头堡"的要求进行对标，进一步明确当前成绩与未来的工作方向。

第二，区域比较的视角将有利于促进"一带一路"数据分析研究的标准化。当前，对于"一带一路"倡议的数据分析日渐增多，但除本研究之前提到的问题之外，尚缺乏统一的分析比较标准，这也是当前“一带一路”倡议数据分析与评估存在的重要问题。数据分析虽然都依托于客观数据，但数据分析的维度、指标的设计等都有很强的主观设计成分。因此，对“一带一路”建设中的数据分析，如果缺少基本标准统一意识，就很容易陷入不同地区机构各自为战的局面，使地方参与“一带一路”的评估标准陷入碎片化状态。为避免此情况的出现，本报告 2019 年的数据分析采取区域比较的方式，这也将有利于建立一个全国通行、标准化的“一带一路”倡议服务程度评价体系。

（二）数据库2.0基本框架

“上海服务‘一带一路’建设数据库 V2.0”延续了 1.0 版本的基本架构。总体数据库分成了两部分，分别为现状分析部分和影响分析部分。现状分析侧重于描述上海和国内其他省区市与“一带一路”倡议沿线国家的经贸往来，着重于分析贸易往来和经济投资往来。在贸易方面，“上海服务‘一带一路’建设数据库 V2.0”与上一版本均以上海海关通关数据为基础。基于当前国内不同城市的发展阶段，以及不同地区海关数据库的标准格式的考虑，本研究还在贸易数据库增加了北京、广州等两个地区的对外贸易数据，可对“北上广”等一线城市地区进行比较分析，进而辨别上海与“一带一路”沿线国家贸易情况和其他两个城市的差别。在投资方面，本研究除继续参考上海市商务委最新出版的《2019 年上海对外经贸投资报告》外，将在 2018 年的基础上利用大数据技术完整分析商务部对外投资和经济合作司公布的《境外投资企业（机构）备案结果公开名录》相应企业名单，对其来源地进行归类，对当前我国不同地区的境外投资情况进行考察，并与上海在共建“一带一路”国家中的投资进行区域比较，拓展研究视野。

在第二部分影响分析中，本数据库采取与去年类似的架构，重点探讨上海参与“一带一路”建设对相关国家经济、政治与社会发展的影响。具体而言，即依然采取共变效应和固定效应等两类分析模型，从趋势和数量等两方面评估上海在共建“一带一路”国家中的投入所带来的影响。具体来说，本研究将分析上海参与“一带一路”建设对沿线国家的经济发展、经济结构、政治治理、社会稳定和社会公正等方面的影响，具体测量标准和数据来源均与2018年的数据库保持一致（见表1）。

表1　数据库相应指标、测量模式和数据来源

衡量维度	涉及指标	测量	数据来源
现状分析	指标1：与“一带一路”沿线国家贸易	涉及贸易量、进出口金额	上海、北京、广州等三地的海关数据
	指标2：与“一带一路”沿线国家投资	投资数量、金额、种类，投资公司	商务部《境外投资企业（机构）备案结果公开名录》，上海市商务委《上海对外经贸合作报告》
	指标3：上海服务“一带一路”建设年度总价值	参与总投入＝指标1＋指标2	基于前述贸易和投资数据，本报告将其加以整合
影响分析	指标4：经济增长影响	指标4[①]共变效应模型计算公式： $EGI = \frac{\Sigma\left(\frac{TV_t}{TV_t - 1} / \frac{GG_t}{GG_t - 1}\right) / (-\mu_{EGI})}{\sigma_{EGI}}$ 指标4固定效应模型计算公式： $GG_{ct} = \lambda_c + \gamma_t + \beta_{EGI} \times TV_{ct} + u_{ct}$	经济增长数据来自世界银行和国际货币基金组织
	指标5：经济结构转型影响	指标5[②]共变效应模型计算公式： $STI = \frac{\Sigma[TV_t/(TV_t - 1)]/[(IS_t - 1)/IS_t] - \mu_{STI}}{\sigma_{STI}}$ 指标5固定效应模型计算公式： $IS_{ct} = \lambda_c + \gamma_t + \beta_{STI} \times TV_{ct} + u_{ct}$	经济结构变化数据来自世界银行和国际货币基金组织
	指标6：政治治理影响	指标6共变效应模型计算公式： $PSI = \frac{\Sigma[(TV_t - 1)/TV_t]/[(WGI_t - 1)/WGI_t] - \mu_{PSI}}{\sigma_{PSI}}$ 指标6固定效应模型计算公式： $WGI_{ct} = \lambda_c + \gamma_t + \beta_{PSI} \times TV_{ct} + u_{ct}$	世界银行世界治理数据库（World Governance Data）、世界和平研究所“失败国家指数”

续表

衡量维度	涉及指标	测量	数据来源
影响分析	指标7：廉洁影响	指标7共变效应模型计算公式： $AI=\frac{\sum[(TV_t-1)/TV_t]/[(TI_t-1+PV_t-1)/(TI_t+PV_t)]}{\sigma_{AI}}$ 指标7固定效应模型计算公式： $TI_{ct}=\lambda_c+\gamma_t+\beta_{AI}\times TV_{ct}+u_{ct}$	透明国际“腐败认知指数”
	指标8：社会稳定影响	指标8共变效应模型计算公式： $SSI=\frac{\sum[(TV_t-1)/TV_t]/[(VN_t-1)/VN_t]-\mu_{SSI}}{\sigma_{SSI}}$ 指标8固定效应模型计算公式： $VN_{ct}=\lambda_c+\gamma_t+\beta_{SSI}\times TV_{ct}+u_{ct}$	政体4数据库（Polity Ⅳ）
	指标9：社会公正影响	指标9共变效应模型计算公式： $SJI=\frac{\sum[(TV_t-1)/TV_t]/[(UE_t-1)/UE_t]-\mu_{SJI}}{\sigma_{SJI}}$ 指标9固定效应模型计算公式： $UE_{ct}=\lambda_c+\gamma_t+\beta_{SJI}\times TV_{ct}+u_{ct}$	世界和平研究所的“失败国家指数”

① EGI代表经济增长影响，I代表投资，GG代表GDP增长率；c代表国家，t代表时间（当前年份），t-1代表上一年份；λ_c代表国家的固定效用系数，γ_t代表对时间的固定效用系数，得出的影响系数是β_{EGI}，U_{ct}代表残差；μ代表平均数，σ代表方差（下文相同）。

② STI代表经济结构转型影响，IS代表工业在GDP中所占比重。

资料来源：笔者自制。

二　上海服务“一带一路”建设绩效评估

《上海服务“一带一路”建设报告（2018）》对2013～2017年上海参与“一带一路”建设的相关成果进行了量化绩效评估，用数据勾勒出上海在“一带一路”建设中与共建国的贸易往来和经济投资上取得的成就。本报告将在《上海服务“一带一路”建设报告（2018）》基础上加入新一年最新数据，并首次采用区域比较方式，进一步明确上海服务“一带一路”建设的定位、进展与不足。

（一）贸易绩效评估

根据数据分析，上海与“一带一路”沿线国家的贸易往来基本维持了2017年和之前几年的发展态势，呈现出明显侧重周边且重点突出的特征。东南亚依然是上海最主要的贸易往来地区，但其内部的主要贸易伙伴出现了一定分化；以俄罗斯和中东欧为代表的欧洲地区，成为上海在“一带一路”沿线贸易往来的新增长点，与部分国家的贸易额过去一年内出现了井喷式增长。

1. 与“一带一路”沿线国家的基本贸易格局

首先，与此前一致，东南亚依然是上海最主要的贸易往来地区。马来西亚、新加坡、越南、印度尼西亚、菲律宾等国依然是上海在“一带一路”沿线最主要的外贸伙伴。2017年，上海与新加坡的进出口总额达到163.27亿美元，与马来西亚150.51亿美元、泰国90.48亿美元、印度尼西亚67.91亿美元、越南92.34亿美元。2018年，上述国家依旧是上海在“一带一路”沿线位居前十位的贸易伙伴，但内部出现了一定分化。与2017年相比，上海与新加坡的双边贸易额出现一定幅度的回落，从2017年的163.27亿美元回落至2018年的137.58亿美元。相比之下，上海与其他数个东南亚国家的双边贸易额均有一定上升，马来西亚同比增长了4%，达到157.24亿美元，一举超越新加坡成为上海在“一带一路”沿线的首要贸易伙伴。印度尼西亚、越南与上海的贸易往来也有进一步提升，分别达到72.57亿美元和100.74亿美元（见图1）。

其次，除东南亚国家外，具有较好发展前景的新兴经济体依然是上海在“一带一路”沿线重要的贸易伙伴。2017年，印度是上海在“一带一路”沿线的第五大贸易伙伴；2018年，印度继续保持第五贸易伙伴的合作，但贸易数量同比增长了7%，达到93.33亿美元。

在新兴发展地区之外，拥有较好发展基础和较多优质商品的欧洲国家仍是上海在“一带一路”沿线的重要贸易伙伴，并在2018年实现了较大幅度增长。2017年，俄罗斯、捷克和斯洛伐克等国成为上海在“一带一路”沿

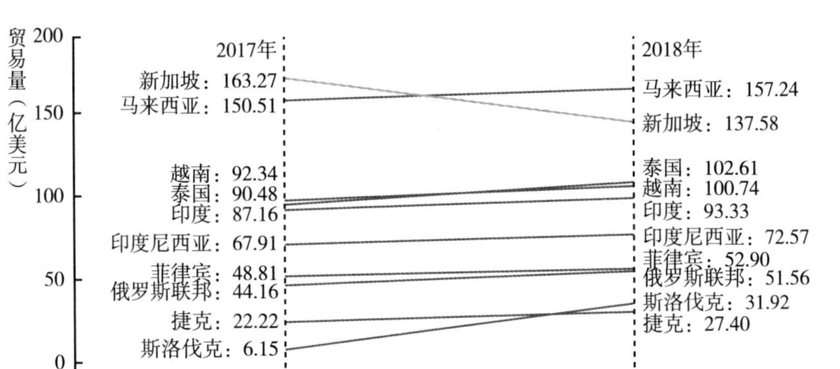

图1　2017～2018年上海与“一带一路”沿线主要国家贸易往来

资料来源：上海国际问题研究院“上海服务‘一带一路’建设数据库V2.0”。

线的重要贸易伙伴，其地位仅次于东南亚和南亚地区，位于第三阵营。2018年，该地区国家在上海与“一带一路”沿线国家/地区贸易中的作用日益壮大，其中斯洛伐克与上海在2018年的贸易额增长迅猛，从2017年的6.15亿美元上升到2018年的31.92亿美元，同比增长419%。2018年首届中国国际进口博览会上，斯洛伐克公司AeroMobil生产的飞行汽车成为万众瞩目的明星产品，这也从一个侧面反映了上海与斯洛伐克贸易发展的良好态势。

在今年的报告中，除分析上海自身服务“一带一路”建设的相关数据外，还将分析北京与广州两个城市服务“一带一路”建设的相关数据。根据北京海关和广州海关的相关统计，北京与“一带一路”沿线国家/地区的贸易结构与上海存在较为明显的差异，而广州则由于与上海同为沿海地区，其与共建“一带一路”国家/地区的贸易结构与上海尽管也存在一定的差异，但同质性相对较高。

根据北京海关统计，北京市在共建“一带一路”国家/地区的主要贸易伙伴以西亚国家为主，呈现出较为明显的以资源和初级产品为主导的特征。2018年，北京在共建“一带一路”国家/地区的前五位贸易伙伴中，伊拉克、沙特阿拉伯、伊朗占据其中三位。进一步而言，北京与伊拉克贸易额高达199亿美元，与沙特阿拉伯高达195亿美元，与伊朗则达到131亿美元。除西亚国家外，俄罗斯和新加坡也是北京重要的贸易伙伴。2018年，北京与俄罗斯贸易往来总金额高达176亿美元，其中进口160亿美元，出口16亿美元。北京与新加坡的双边贸易额也达到125亿美元的规模。

广州市与共建“一带一路”国家/地区贸易往来的绝对数额，与北京和上海存在一定差距，这主要是由于本研究采用的国别统计数据中，广东地区的海关数据仅纳入广州海关的数据，而其他如深圳和汕头海关的数据，却并未纳入其中，因此，广州海关的贸易数据可能仅仅包含了广州的贸易数据，而没有涵盖整个广东省。但从广州的贸易结构来看，已呈现出明显的沿海特征。首先，广州与“一带一路”沿线国家的贸易往来前五位的伙伴除印度外均为东南亚国家，这一点与上海基本相同。广州排名首位的“一带一路”沿线贸易伙伴也是马来西亚，与广州有43.41亿美元的贸易往来，排名第二位的是印度，与广州有38.62亿美元的贸易往来，广州的其他贸易伙伴包括印度尼西亚（35.90亿美元）、越南（35.41亿美元）、泰国（33.12亿美元）和新加坡（23.81亿美元）。

与上海和北京相比，广州另一个特色是其贸易伙伴的均衡化，在本报告提出的数据可视化中，上海与北京的贸易网络中都存在数个规模巨大的关键节点。例如，在上海的贸易网络中，新加坡和马来西亚都占据了重要的节点地位，而在北京的贸易网络中，伊朗和沙特阿拉伯也是其在“一带一路”沿线最主要的贸易伙伴。但是，在广州的贸易网络图中，贸易伙伴的节点大小差距不大，并没有类似北京和上海那样的贸易节点。这也表明，广州与“一带一路”沿线国家的贸易往来虽然规模一般，但相对较为均衡。

2. 与“一带一路”沿线国家/地区的贸易均衡情况

当前，全球化发展已经进入了调整和转型的关键阶段，贸易逆差与顺差不仅关系到贸易平衡问题，更与相关国家国内的政治经济矛盾相互交织，进而对总体发展产生深远影响。因此，2018年的报告专门讨论了上海与“一带一路”沿线国家贸易往来中的均衡问题，并从历史的角度回顾了自2013年以来上海与“一带一路”沿线区域中的顺差与逆差情况。相比于过去几年的发展，2018年上海与“一带一路”沿线地区贸易顺差与逆差情况呈现出了相对积极的变化，朝着更为均衡的方向发展。在过去数年内，上海与

“一带一路”沿线地区的贸易除东南亚之外，都存在较为明显的顺差，也即上海出口到共建“一带一路”国家商品金额通常高于其从“一带一路”沿线国家进口的商品金额，但是在 2018 年，这一形势出现了变化。一方面，在东南亚地区，上海与相关国家的贸易往来近年来均保持逆差势头，但是上海在其他地区的贸易顺差近年来均有所降低，除南亚之外，上海与欧洲、西亚和中亚地区国家基本都保持贸易平衡的状态。这一方面说明，在全球经济和贸易格局深刻调整的当下，上海本身的出口有所降低；另一方面也表明，伴随“一带一路”建设的持续推进，越来越多“一带一路”沿线国家的优质产品开始逐步进入上海市场，进口扩大效应逐步体现，这使得“一带一路”建设的成果在上海继续深入发展，落地开花。

除上海之外，北京和广州与“一带一路”沿线地区/国家的贸易平衡情况也都呈现出自身的特点。北京与“一带一路”沿线国家的贸易呈现出了明显的逆差特征，这主要与其侧重于能源和初级产品的贸易结构有关。根据目前掌握的数据，北京与东南亚和南亚的贸易总体处于较为平衡和适度顺差的阶段，但其与欧洲、西亚和中亚地区国家的贸易呈现出了明显逆差（欧洲地区：174. 59 亿美元；中亚地区：126. 73 亿美元；西亚地区：762. 26 亿美元）。将这一分析结果与此前北京主要贸易伙伴的情况进行结合，可以进一步确定，能源进口是北京与“一带一路”沿线国家贸易往来的重要组成部分。

与北京和上海相比，广州与“一带一路”沿线国家的贸易往来则呈现出明显的出口导向特征。在 2019 年报告所比较的三个城市中，广州是唯一实现了对“一带一路”沿线所有主要区域（东亚、南亚、欧洲、西亚、中亚）全部顺差的城市，这也是其产业结构以出口型企业为导向的结果。结合此前的分析，广州在“一带一路”沿线的贸易往来中呈现出较为均衡的分布方式，这也进一步说明广州的出口产业具有较广的地域覆盖性，其生产的产品可出口到“一带一路”各区域市场，市场渗透力较强（见图 2）。

3. 与发达国家和“一带一路”沿线国家贸易情况比较

在 2018 年的数据分析中，研究发现，虽然“一带一路”沿线国家/地

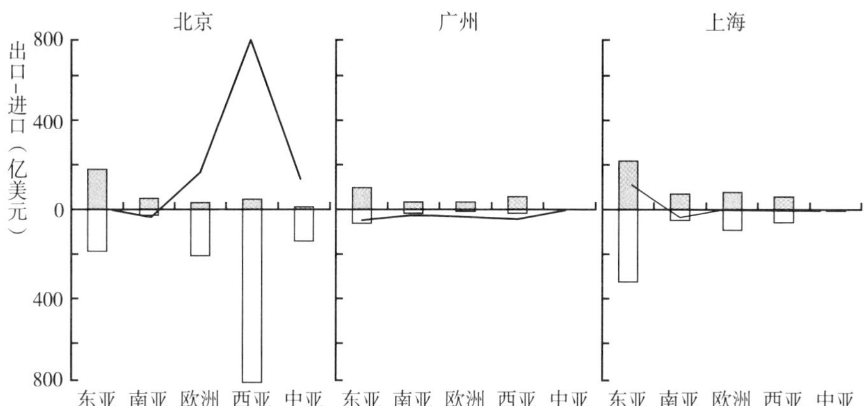

图 2　2018 年上海、北京、广州三地与“一带一路”沿线国家贸易均衡

区在上海对外贸易结构中的重要性逐步增加，但上海的主要贸易伙伴依然是以七国集团为代表的欧美发达国家。此对比有助于对上海服务“一带一路”建设的商贸工作进行客观、理性的评估。2019 年的报告继承了这一分析模式，并将比较研究对象拓展至北京与广州。根据目前的研究，2018 年上海的贸易往来中，以七国集团为代表的发达国家依然是上海主要的贸易伙伴，而“一带一路”沿线国家多年来依然保持稳步追赶的态势。通过和北京与广州进行比较，可以发现上海的贸易结构具有一定独特性，需要作进一步分析。

首先，2012～2016 年，上海与七国集团贸易额高达 11520 亿美元，是其与“一带一路”沿线国家的近一倍。2018 年，上海与七国集团的贸易额高达 2059 亿美元，而其与“一带一路”沿线国家的贸易额为 961.27 亿美元，仅为七国集团贸易额的 47%。这说明，2018 年上海与“一带一路”沿线国家贸易额稳步上升，但其与发达国家贸易往来差距依然保持稳定，发达国家依然是上海对外经贸的主要伙伴。

其次，北京与“一带一路”沿线地区/国家的贸易额明显高于其与七国集团的贸易往来。2018 年，其与“一带一路”沿线国家/地区的贸易额高达 1750 亿美元，而与七国集团的贸易额则为约 954 亿美元，北京与“一带一路”沿线国家/地区的贸易额是其与七国集团贸易额的 1.7 倍。相比之下，广州与七国集团和“一带一路”沿线国家/地区的贸易数据基本持平。2018 年，广州与“一带一路”沿线国家/地区的贸易总额为 342.6 亿美元，而其与七国集团的贸易额为 500.83 亿美元。其与七国集团的贸易额相较来说略高于其与“一带一路”沿线国家/地区的贸易额（见图 3）。

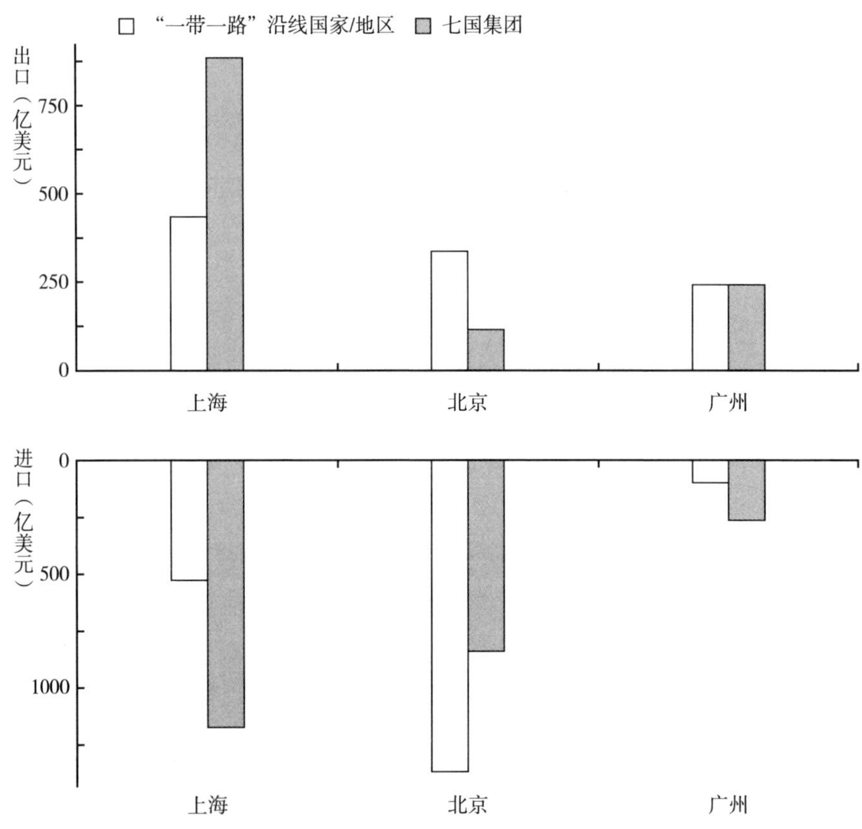

图 3　2018 年上海、北京、广州三地与“一带一路”沿线国家/地区和七国集团贸易关系对比

4. 总结

根据对北京、上海和广州三个城市贸易情况的比较分析，可以发现上海服务“一带一路”建设在贸易领域具有市场导向、重点突出，进出均衡、侧重高端等方面特点。

首先，上海与“一带一路”沿线国家/地区的经贸往来，呈现出明显的市场主导特点。上海在“一带一路”沿线主要的贸易伙伴和相应贸易增长点主要均为市场调节的产物。上海与“一带一路”沿线国家/地区的贸易依然以满足相应工商业产品生产、制造和消费为主，侧重于直接满足生产、生活需求。这与北京参与“一带一路”建设的方式呈现出显著差别，在北京与“一带一路”沿线国家/地区的贸易中，能源与初级产品是其核心。这虽然与北京自身的需求有关，但更与响应国家部署和统筹协调有关。因此，北京在贸易领域对于“一带一路”建设的参与主要是为满足国家建设和发展所需的基础性需求，是政府顶层设计和计划安排的产物。这与上海的模式呈现出明显区别。相比之下，上海在贸易领域服务“一带一路”建设的模式与广州相似度更高，两者基本是以相应生产和生活所需的直接产品有关，较少涉及大宗能源和初级产品贸易。

其次，上海与“一带一路”沿线国家/地区的贸易呈现出重点突出的模式。值得注意的是，东南亚国家依然是上海服务“一带一路”建设的最主要贸易伙伴，上海与东南亚地区的贸易也显著高于与其他地区、国家的贸易。这表明，上海的主要贸易形式与长三角其他省市的沿海区域贸易保持一致，侧重于东南亚方面的来料加工出口贸易，自身特色尚需进一步挖掘。2019 年数据同时也表明，上海与“一带一路”沿线国家/地区的贸易虽然仍以东南亚地区为重点，但外延有所扩大，逐步从东南亚地区发展为印太地区，印度成为上海对外贸易的重要伙伴，这一方面体现了印度近年来经济增长对于国际贸易需求的增加，另一方面也体现了在当前全球贸易结构转型和美国对印度发起贸易纠纷的背景下，印度自身贸易重点方向的调整，这一动向无疑需要进一步跟踪。

在区域比较的视角下，北京与“一带一路”沿线地区/国家的贸易也呈现出重点突出的模式，其主要贸易对象以西亚国家为主，与这些国家的贸易数额显著高于其他国家。但正如前文所言，北京在“一带一路”沿线的贸

易重点是典型的能源主导型贸易结构，因此不但是区域集中，而且领域也十分集中。而上海的贸易虽然在区域国别上重点突出，但在领域上相对多元。而广州与“一带一路”沿线国家/地区的贸易合作则呈现出多元分散的格局，并没有数个明显高于其他国家的重点贸易伙伴，当然，由于本研究的数据统计仅仅包含了广州的国别贸易往来数据，而广东省其他地市的贸易往来并没有包含其中，因此这一分析结果还需要在未来进行更为细致的探讨。

再次，2018 年，上海与“一带一路”沿线国家/地区的贸易往来呈现出更为均衡的情况。2018 年，上海在“一带一路”沿线的贸易呈现出较为均衡的局面，并且呈现出温和逆差。上海从“一带一路”沿线国家/地区进口的货物金额超过了其向沿线国家出口的货物金额。与上一年相比，2018 年上海与“一带一路”沿线国家/地区的贸易均衡化不仅仅局限于与上海临近的东亚与东南亚地区，更逐步扩展到西亚、中亚和欧洲等地区。伴随着“一带一路”建设的日益深入和当前西方国家经贸结构的转型，上海市场正越来越接受来自“一带一路”沿线国家/地区的优质商品，同时其与“一带一路”沿线国家/地区的贸易往来日趋活跃。在区域比较的视角下，北京、上海和广州三地与“一带一路”沿线国家/地区的贸易展示出不同的发展模式，北京以能源贸易为主导，与“一带一路”沿线国家/地区的贸易均衡度呈现出严重的逆差情况。一方面北京大量进口“一带一路”沿线国家/地区的能源和初级产品，另一方面又向这些区域出口大量商品。广州长期以来是中国出口加工产业的聚集地，是“一带一路”沿线众多国家天然的出口伙伴，但限于本身的经济发展和市场容量，目前其与“一带一路”沿线国家/地区的进口贸易还有较大提升空间，因此与“一带一路”沿线国家/地区的贸易发展格局呈现出了顺差形态。

最后，上海贸易发展的侧重点依然聚焦发达地区。以七国集团为代表的发达国家在上海对外贸易中的比重依然显著高于“一带一路”沿线国家/地区，并且在“一带一路”沿线国家/地区中，2018 年与上海贸易往来增长最快的国家也是克罗地亚等相对较为发达的国家。这些数据都表明，上海作为中国大陆国际化程度最高的城市，其本身市场定位相对较为高端，市民对于进口产品具有高品质需求，这虽对上海开展与“一带一路”沿线国家/地区贸易产生了一定限制作用，但这同时也表明，在“一带一路”沿线国家/地区中拥有较高品质但又暂时不为上海市场所熟悉的产品，将会成为上海与“一带一路”国家/地区贸易增长的新亮点。伴随着进博会在上海的落地生根和常态化举办，“一带一路”国家/地区的优质产品将获得更好的推介平台，向上海市场和上海市民推广。

（二）投资绩效评估

对外投资是上海服务“一带一路”建设的又一重要领域。在2018年的报告中，根据商务部国际经济合作司对外投资公司备案数据库和上海市商务委发布的上海对外投资报告，本研究对此问题进行了初步的分析。本报告拟在此基础上，将分析范围从上海扩展至全国，通过比较分析上海在“一带一路”沿线国家/地区中的对外投资情况，明确其服务“一带一路”建设在全国的位置。数据分析表明，上海在“一带一路”沿线投资领域活跃程度、投资目的地数量和投资公司种类多样性等指标处于全国领先地位，但其自身特色还需进一步提升。

1. 对外投资公司数量与活跃度

根据商务部国际经济合作司的相关数据，截至2019年3月，全国共有3万多家企业参与境外投资，本研究通过对其关键词进行提取和定位，整理出我国不同省份参与境外投资的投资数量，并根据其投资范围将其分为全球层面投资和“一带一路”层面投资两类。在这两类企业中，上海企业在数量上均位居前列。在全球层面，上海参与境外投资的企业数量仅次于广东、江苏和浙江，排行第四位，高于北京、山东等省市。而在“一带一路”层面，上海参与对外投资的企业数量也排名靠前，位居全国第五，仅次于江苏、浙江、广东、山东。对以上两个数据进行分析对比，可以发现我国在全球层面境外投资企业数量上，排名前十的省份主要有北京、天津、上海三个直辖市和广东、江苏、浙江、山东、福建等沿海省份，以及四川等内陆较发达省份。总之，上述地区多为沿海地区和发达地区。这表明不同省市对外经济投资活跃程度与自身发展水平呈现对应关系。发达地区通常资本密集度较高，经济外向性强，企业“走出去”需求旺盛。而我国在“一带一路”沿线国家/地区中的投资企业数量上，排名前十位的省份主要分为两类。前六位与全球层面的投资排行基本一致，包括江苏、浙江、广东、山东上海和北京，此类省市同时在全球范围内拥有较多的投资企业。而后四位则多为与“一带一路”沿线国家/地区毗邻的省、自治区与直辖市，包括云南、黑龙江、内蒙古和新疆等。这类地区虽然自身经济发展程度在全国范围并不位居前列，但由于其得天独厚的地理区位，也可借助“一带一路”建设积极开展跨境投资。

以上分析表明，上海在“一带一路”沿线国家/地区中的经济投资程度在全国处于领先地位。一方面，上海自身经济发展程度和资本积累水平已使其在全国范围内获得了对外投资的高起点，承载了国家众多重要的“走出去”项目。而在“一带一路”倡议提出后，上海也积极对自身对外投资结构进行转型，主动对接“一带一路”建设，进行相关项目投资。本研究总结的数据表明，不少在全球层面拥有较多境外投资企业的省市，其在“一带一路”沿线的直接投资项目并不多。这说明，虽然总体上地区经济发展程度可带动对外投资水平，但这一拉动作用并不能自动转化为一个省市对于“一带一路”建设的直接参与。因此，上海同时在两项排名中均名列前茅，这既体现了上海自身深厚的发展底蕴，同时也体现了上海主动参与“一带一路”建设的积极态度。本报告的数据分析，得到上海市商务委相关讨论的佐证，根据其最新报告，截至2018年底，上海企业以上海自贸区为创新载体，积极发挥对内对外辐射作用，在“一带一路”沿线国家/地区中投资了200多个项目，中方投资额达46.8亿美元。①

以上数据分析也表明，虽然在全国范围内，上海属于对外投资的第一梯队，但其与领先地位尚有一定距离。在全球层面参与投资的上海企业共有

① 上海市商务委：《上海市企业对外投资发展现状概览》，《上海对外投资合作（2019）年度发展报告》，http：//www.sohu.com/a/319717956_284463。

2859 家，而广东则有 5627 家，浙江有 3010 家，江苏有 3118 家。在“一带一路”沿线国家/地区中，共有 389 家上海企业参与投资，而排名第一位的江苏有 676 家企业，浙江也有 600 多家企业（见图 4）。虽然受相关数据的限制，本报告只可获得备案公司的数量，无法掌握相关投资金额，但即便是单纯的数量对比也表明上海在“一带一路”沿线层面的对外投资与其他省市还存在一定差距。同时，上海与中央赋予的“一带一路”建设“桥头堡”的战略定位尚有一定距离。

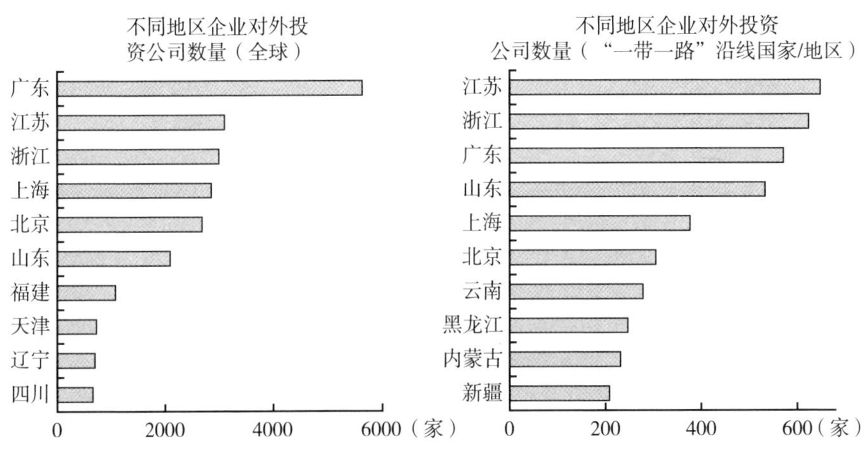

图 4　国内在全球投资排名前十的省市和在“一带一路”沿线国家/地区投资排名前十的省市

2. “一带一路”沿线国家/地区投资的地理分布

2018 年报告系统回顾了上海在“一带一路”沿线投资目的国的地理分布情况。在 2018 年基础上，本报告结合区域比较的视角，通过与国内其他省区市在“一带一路”沿线的投资目的地进行比较，可更全面地展示上海投资地点选择的特点与特色。

就投资国数量而言，上海参与“一带一路”建设的投资项目范围覆盖广，总共覆盖 38 个国家，占整个“一带一路”沿线国家/地区的 58%，在全国排名第五。浙江、山东、江苏、广东四省在覆盖国家数量上超越上海，其中浙江、山东、江苏三省覆盖国家超过 40 国（浙江：44、山东：42、江苏：42），覆盖近70%的“一带一路”沿线国家/地区（见图5）。此数据也从另一个侧面反映上海在“一带一路”沿线国家/地区中的投资虽在全国处于领先地位，但与长三角毗邻省份相比，其投资覆盖依然存在差距，企业主动谋划参与和服务“一带一路”建设的积极性有待提高。以江苏为例，近年来，江苏不仅鼓励企业“走出去”，更鼓励企业通过在外建设工业园区等方式搭建平台，吸引更多企业入驻，形成集聚效应。江苏省民营企业红豆集团就在柬埔寨西哈努克港一带专门建立西哈努克工业园，吸引大量企业投资，带动当地就业，成为“一带一路”建设的重要典范。

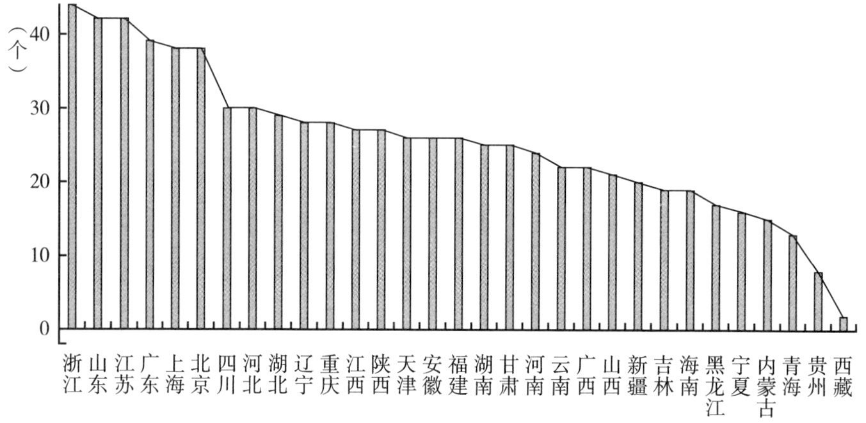

图5 投资对象国数量排行

除国家数量之外，投资国别的选择也是评估上海服务“一带一路”建设的重要维度。上海投资的地理范围跨度大，在“一带一路”范畴内，北至俄罗斯，西至捷克，南至印度尼西亚都有上海公司投资的项目。在上海目前的投资中，东南亚和南亚依然是对外投资的主要目的地，据本研究数据统计，在东南亚和南亚地区，共有277家参与对外投资的上海企业，占总体备案上海企业的75%。这一结果与上海对外贸易格局基本重叠，说明上海企业对外投资首要侧重的是其邻近地区和国际产业链的节点地区。东南亚国家属于中国的海上邻国，与上海地理区位接近，语言、文化和风俗也有一定相似性，这些国家在当前世界贸易的产业链布局中占据了重要地位，是国际投资和贸易的重要节点。而南亚地区的印度近年来积极对内推动改革，对外塑造大国地位，成为世界经济增长的重要驱动力量，从而带动南亚成为上海投资的重要目的地。总之，以上数据表明上海企业对外投资具有侧重毗邻方便性、紧跟国际产业链走向和侧重新兴发展中国家等特点。

从区域比较的角度出发，上海对外投资目的国的选择基本与其他主要发达地区城市属同一范畴。我国在“一带一路”沿线国家/地区投资企业最多的十个省市中，上海的投资目的国分布与浙江、江苏、广州和北京属于同一类。以在东南亚和南亚国家投资的企业占全部“一带一路”沿线境外投资企业的比例为指标进行分析，我国大部分省区市将东南亚和南亚地区设为其投资重点。例如，江苏在东南亚的投资企业数量占其总对外投资企业的78%，浙江为72%，广东为77%，山东为68%。这些数据表明，我国各主要发达省市在“一带一路”投资国家目的地选择上具有相似考虑。当前，我国发达地区主要集中于沿海省份，其经济结构和投资取向有所类似，较多依赖制造、加工和出口等产业，因此其在选择对外投资目的地时具有较强的同质性。而反观以跨境贸易为主要参与形式的数个边境省份，其主要投资的“一带一路”沿线国家/地区基本是与其有直接边境接壤的邻国。例如，黑龙江的对外投资中就有88%的企业项目是在俄罗斯，而新疆的对外投资中有78%的企业的投资对象国是中亚国家，而内蒙古的对外投资企业中有89%的企业将投资目的国设定为俄罗斯和蒙古国。

与其他省区市相比，上海在“一带一路”沿线投资国分布重点更为突出，多元性与其他发达地区相比相对不足。根据这一地区在“一带一路”沿线前三大投资国中的公司数量在其整体对外投资数量中的比例，本研究计算了参与“一带一路”建设的我国相关省份的投资国别集中度。根据目前的统计，上海的比例为41%，即上海在“一带一路”沿线前三大投资目的国（新加坡、越南、印度）中的投资公司数量占其总体对外投资公司数量的41%，而我国其他省区市的这一指标普遍比上海低，例如北京为35%，广东为39%，江苏为33%，浙江为36%，山东为28%。而在一部分经济相对欠发达的边陲省份，此指标比例则明显偏高，例如新疆占比为65%，黑龙江占比为92%，云南占比为73%。这表明投资对象国多元性和平衡性是反映一个地区经济发展水平的重要参照。在具有较高经济发展水平和多样化产业结构的省区市，公司和产业通常具有更高的商业定位和更开阔的市场发展视野，因此可以选择更多国家和地区进行投资，而经济产业相对落后的地区，由于其生产发展资料相对单一，多以边境和跨境投资为主，其投资的地区明显单一，也更为集中。根据此指标进行统计，可发现上海的“一带一路”投资基本符合我国发达省市的一般特征，即相对较为多元，投资公司地理分布较高，但上海与其他一线省区市相比，这一指标相对较高，说明上海的“一带一路”投资的分布多元性有所不足，主要都集中在数个关键国家。上海目前境外投资虽在范围上已经覆盖了“一带一路”沿线大部分国家，但在不同国家的投入还应有所平衡和增加，从而实现投资进一步多元化。

3. 投资类别分布

除对外投资数量和地理分布外，对外投资的产业结构分布也是决定上海对外投资质量的重要因素。2018 年，上海对外投资结构总体上进一步优化发展。根据市商务委 2018 年的最新数据，最近一年中上海总体对外投资的产业结构分布比 2017 年呈现出较为明显的变化，2018 年租赁与商务服务业、制造业和信息制造业是上海企业对外投资的前三大支柱产业。其中，租赁与商务服务业的投资额为383591 万美元，占2018 年总投资额的22.74%，同比增长103.41%；制造业投资额为305087 万美元，占2018 年总投资额的18.08%，同比增长 17.38%；信息传输/软件和信息技术服务业投资额为212886 万美元，占2018 年总投资额的12.62%，同比涨幅达81.12%。[①] 同时，过去几年中占较高比例的房地产和文化娱乐产业的投资进一步降低。

从以上这些数据结构可以看出，上海的对外投资呈现出以下特点。

首先，传统优势产业继续领跑对外投资。上海作为中国大陆的金融中心和商业中心，同时又是中国现代化工业的发源地，商业服务和制造业是上海

① 上海市商务委：《上海市企业对外投资发展现状概览》，《上海对外投资合作（2019）年度发展报告》，http：//www. sohu. com/a/319717956_ 284463。

的传统优势。近年来，上海在“四大品牌”建设的推动下，“上海制造”和“上海服务”在过去基础上进一步腾笼换鸟，改造升级。这些传统优势成为上海对外投资的主要支撑，在海外市场获得较好发展。其次，以信息产业为代表的高科技产业正成为上海对外经贸投资新增长点。2018 年，软件和信息技术产业成为上海对外投资的第三大产业。近年来，上海主动布局高端制造产业，以建设国际科创中心为契机积极对接新科技发展潮流，大力发展以信息技术为代表的科技产业。这些布局都推动科技产业成为上海对外发展的新动力。

《上海服务“一带一路”建设报告（2018）》对上海对外投资公司名称进行了文本分析，创新性地分析了上海参与对外投资的产业结构，弥补了目前公开数据中缺乏直接讨论上海在“一带一路”沿线布局产业结构的特点的局限。2019 年的报告将继承此研究路径，并加入区域比较的视角，通过分析上海在“一带一路”沿线投资企业与全国省区市公司名称中关键词的变化，侧面展示上海投资与全国其他省区市投资的相似度和不同特点。

首先，从全局角度看，通过比较上海与全国其他省区市涉“一带一路”投资公司的名称[①]，可发现与上海公司具有较高相似度名称的省份多集中于沿海经济发达地区，江苏、广东、北京、浙江和山东是与上海在公司名称关键词上相似度最高的五个地区（见图 6）。与上海地理区位较远或经济发展水平差异较大的省份，其在“一带一路”沿线国家/地区投资公司名称关键词上相似度随之减弱。这表明上海在“一带一路”沿线的对外投资在国内属于领先的第一梯队，并与多个东部沿海和重点城市的对外投资格局保持一致。

其次，本研究还分别选取北京、上海、广东、浙江和江苏等五个发达省市的相关公司名称，提取数量最多的十个关键词。通过对这些关键词的研究，可发现上海与国内其他发达省市类似，其在“一带一路”沿线国家/地区的投资都侧重技术传播、贸易推广等方面。

---

① 相似度比较时去除了公司名称中地理称谓和无解释意义的名词。

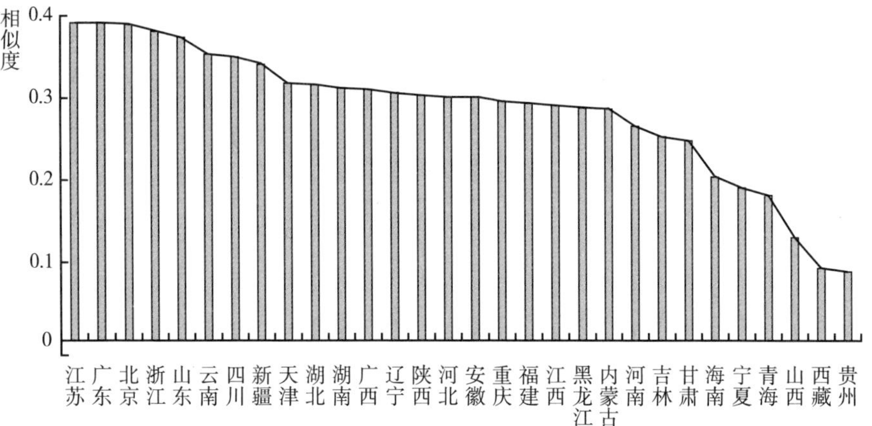

图6　国内省区市投资“一带一路”沿线国家/地区公司名称相似度分析

第一，中国自身发展带来的科技优势是推动各省区市向“一带一路”沿线国家/地区投资的首要因素。在统计的五省市企业中，排名第一的关键词都是“科技”（上海：41，北京：72，广东：69，江苏：64，浙江：40）。而在前十位的关键词中，大部分关键词与技术等有关，例如在上海和北京公司的关键词中，分别有13个和10个公司名称中包含着信息技术，在广东的企业中，有18家公司在名称中包含电子，浙江企业中有16家公司在名称中包含电器（见图7）。这些都表明上海与全国其他发达省市一样，都希望通过投资来向“一带一路”沿线国家/地区推广自身先进技术和服务，扩展自身优质产品的海外市场。

第二，侧重服务业也是上海在“一带一路”沿线国家/地区进行对外投资的重要特点。在上海统计的公司名称关键词中，有15家企业名称中包含管理，而广东则有17家，北京有19家，浙江和江苏则没有。这说明北、上、广等国内一线城市，除具备制造业优势外，其长期积淀形成的管理和服务模式也已经在“一带一路”沿线国家/地区中占据优势，因此也是其对外投资的重要抓手。

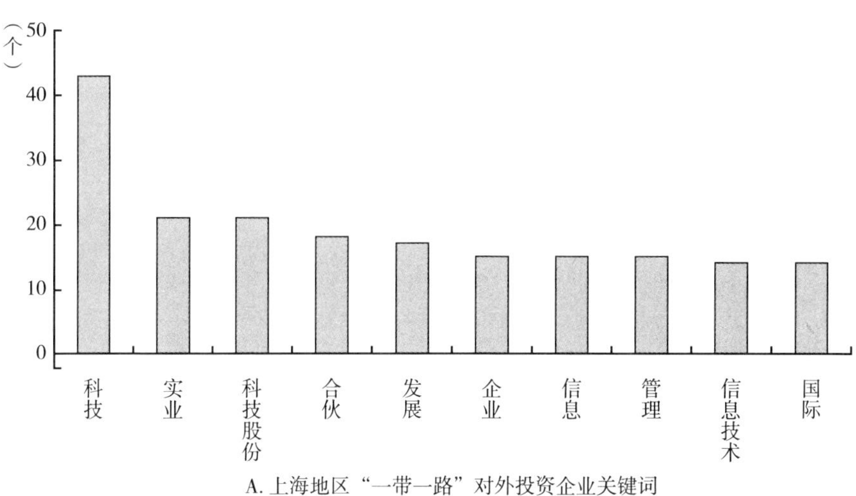

A. 上海地区“一带一路”对外投资企业关键词

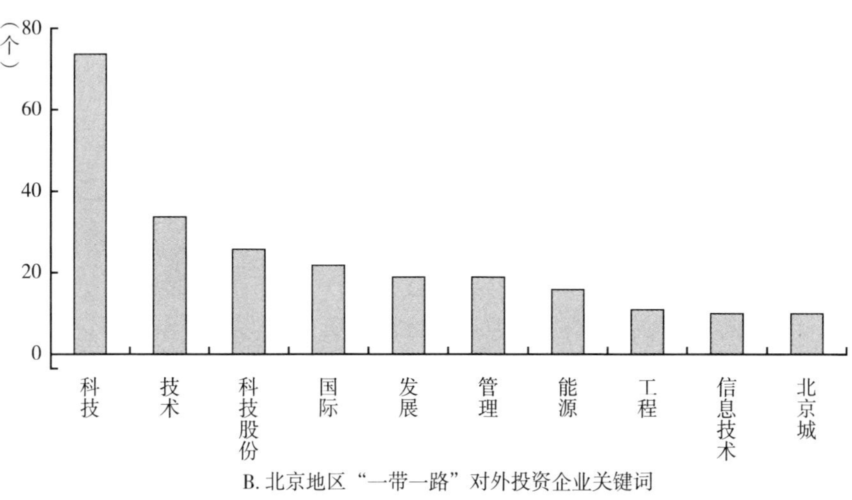

B. 北京地区“一带一路”对外投资企业关键词

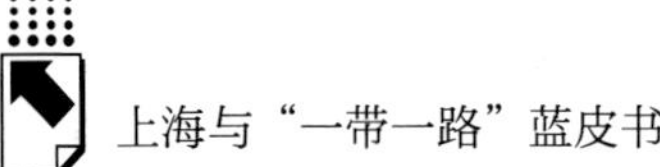

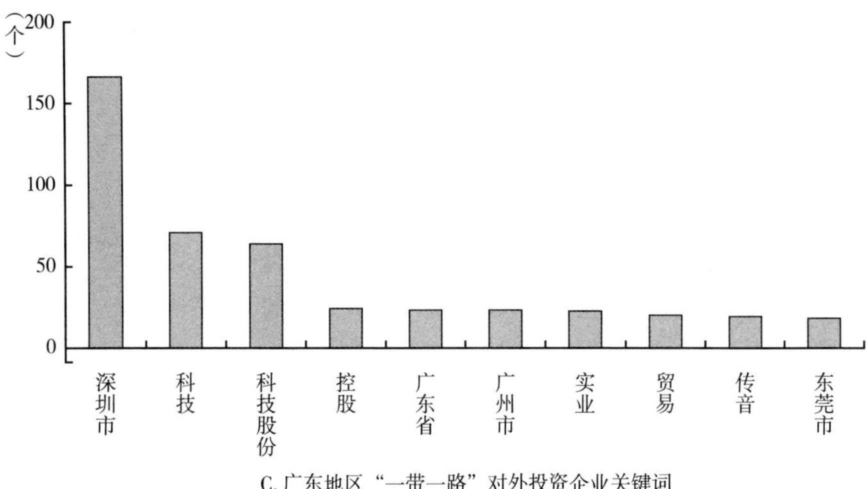

C. 广东地区“一带一路”对外投资企业关键词

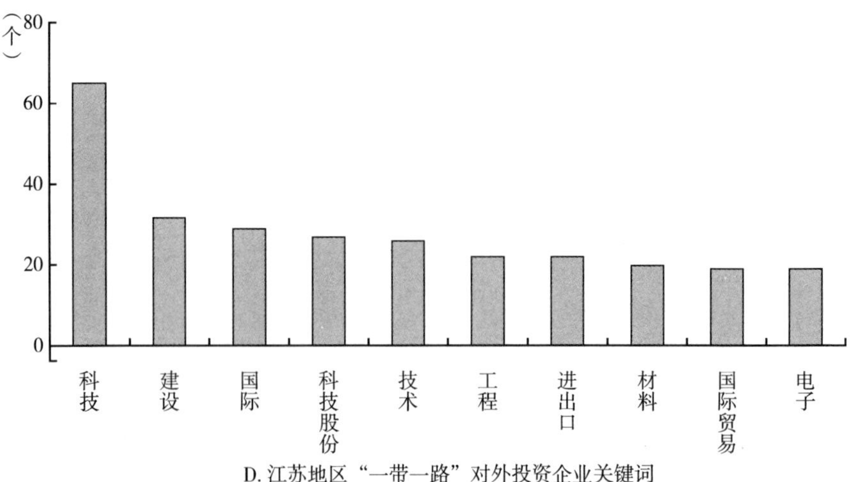

D. 江苏地区“一带一路”对外投资企业关键词

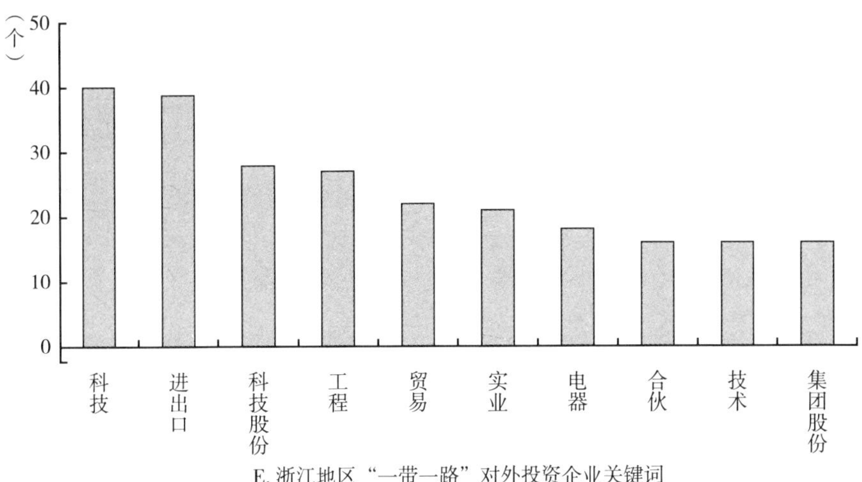

E. 浙江地区“一带一路”对外投资企业关键词

图7　国内不同省区市投资“一带一路”沿线国家/地区公司名称比较分析

第三，仅从公司名称中就可推断，单纯促进国际贸易并非上海对外投资主要的工作范畴。上海在“一带一路”沿线国家/地区的投资公司中，没有一家公司名称中包含“贸易”等关键词，而反观其他省份，浙江有58家境外投资企业的名称中包含了“进出口”与“贸易”，广东有20家企业的名称中包含“贸易”，江苏有58家企业的名称中包含“国际贸易”。

4. 总结

通过以上数据分析，可发现上海在“一带一路”沿线国家/地区的投资情况处于全国领先地位，稳居第一梯队，但相比上海自身的发展定位和中央对上海参与“一带一路”建设的定位与相关要求，上海在升级和扩大“一带一路”沿线国家/地区的投资方面还有所不足。

首先，上海投资在服务“一带一路”建设上位于全国领先地位。根据本报告选取的各项测算指标，上海投资无论其数量、覆盖范围还是金额，都在全国位居前列，充分体现了上海作为中国经济最发达城市主动承担“一带一路”建设使命，积极参与投资的责任意识。上海也在服务“一带一路”建设过程中，不断将其与自身发展相结合，将自身发展优势和品牌建设融入其中。从投资类别和投资公司的名称可看出，上海并没有如其他省份那样，走上一条简单的进出口加工贸易投资的道路，而是不断追寻产业链高端地位，以上海自身在科技创新、高端制造等领域的优势主动占据他国市场的关键节点，建立相关产业链。上海积极通过服务“一带一路”建设，倒逼自身企业“走出去”，在复杂的国际市场上进行竞争，在优胜劣汰中锻造企业核心竞争力。近年来，从上海自贸区在金融上支持上海电气主动并购与装备EPC项目到上海航运中心地位促进中远海运海外发展，再到上海建工以“上海制造”的高品质促进“一带一路”沿线国家/地区基础设施建设，上海企业正在服务“一带一路”建设的进程中树立鲜明的“上海特色”与“上海标准”，因此也必将从根本上提升上海在“一带一路”沿线国家/地区的形象，并为“一带一路”建设的高质量发展做出更大贡献。

其次，上海在“一带一路”沿线国家/地区的投资还存在公司数量不足、国家分布不均匀、同质化竞争等问题。从公司数量上看，虽然上海在“一带一路”沿线国家/地区的投资在全国范围内名列前茅，但与广东、浙江等省份之间还存在数量上的差距。伴随着“一带一路”沿线国家/地区自身经济社会发展和上海企业未来生存与升级的需求，两者之间的契合度将进一步提升，这将为上海拓展在“一带一路”沿线国家/地区扩大投资打下坚实的基础。上海在“一带一路”国家/地区的投资分布还不够均衡，与其他省份相比，上海投资前三位的国家均为东南亚国家，这说明未来上海除要进一步深耕东南亚的既有投入之外，还应努力拓展“一带一路”沿线其他地区的经济投资。此外，上海在“一带一路”沿线国家/地区投资也存在过度同质化的问题，与其他省份的公司名称重复度相对较高，这也说明上海需要利用自身优势，开发具有自身特色的投资项目，逐步打造自身服务“一带一路”建设的品牌。

三　政策建议

本报告数据分析表明，上海服务“一带一路”建设取得了重要突破。一方面，上海服务“一带一路”建设在投资和贸易等领域有进一步发展，提升存量，拓展范围，优化种类；另一方面，上海服务“一带一路”建设的影响也在逐步超越单纯的经济领域，扩展到社会与公共政策领域。为在未来更好地促进上海服务“一带一路”建设工作，本报告提出如下建议。

首先，在贸易畅通领域，上海应巩固当前出现的平衡局面，同时加大对“一带一路”沿线国家/地区优质产品的挖掘，利用当前全球经济调整的契机，提升“一带一路”国家/地区在上海总体对外贸易结构中的比重。2018年，上海对“一带一路”沿线国家/地区的贸易平衡情况进行改善，反映了沿线国家/地区的优良商品正在逐步为上海市场所接受。但是，在上海总体外部贸易结构中，以欧美发达国家为代表的七国集团依然占据主导，上海与“一带一路”沿线国家/地区的贸易虽保持了稳步追赶的态势，但相关差距并未缩小。因此，在未来发展中，上海应进一步加强对“一带一路”沿线国家/地区优秀商品的挖掘，利用中国国际进口博览会的契机，通过上海自贸区平台，逐步扩大“一带一路”沿线国家/地区的优质商品与上海市场相接触的渠道。同时，伴随当前全球总体贸易格局的深刻转型，上海有关部门应在积极应对贸易摩擦的同时，向上海市场与市民积极推介“一带一路”沿线国家/地区的优秀公司、商品与优质旅游目的地，增强相关国家在上海的知名度与美誉度。可考虑在进博会期间专门主办“一带一路”沿线国家/地区优质商品进上海的相关活动，可利用相关新闻媒体、社交网络自媒体等主动宣传推介“一带一路”沿线国家/地区的商品、旅游景点和风土人情等，多措并举，共同推高“一带一路”沿线国家/地区在上海的认可度与美誉度，提升上海与“一带一路”沿线国家/地区的贸易能级。

其次，在投资领域，上海需进一步发挥自身特色，打造自身品牌，将“四大品牌”建设与上海服务“一带一路”建设相结合，以特有质量优势而非简单的数量为依托，打造上海“一带一路”“桥头堡”。当前，上海与“一带一路”沿线大多数国家/地区建立了较强的投资关系，但与其他位于前列的省份相比，上海在覆盖国家范围、投资国家数量等方面并不占优势，并且其投资企业与其他省份的对外投资企业也较为重叠。上海应积极发挥自身特色，将自身品牌建设与企业对外投资相结合，以高端制造、信息产业等高科技行业与相关的金融和商业服务等现代服务业为上海投资“一带一路”沿线的主要品牌，充分发挥独有特色，将“四大品牌”建设的成果直接转化为建立“一带一路”“桥头堡”的优势。

最后，上海应进一步发掘参与“一带一路”建设的社会影响，建立系统管理模式，对“一带一路”项目的社会影响进行评估和引导。伴随着全球世界经济发展模式的转型，传统的以单纯利润和财富累积为唯一目标的新自由主义式的发展模式正受到越来越多的挑战，经济发展的社会影响不仅成为经济发展所带来的外部效应，更成为制约经济长远可持续发展的重要因素。因此，上海要实现服务“一带一路”建设的可持续发展，就必须高度关注相关项目对所在国社会公平、政治稳定等方面的影响。上海可以委托相关有资质的智库与学术机构，设立专门的“一带一路”社会影响评价指标，并组织专门机构对上海在“一带一路”沿线国家/地区的投资项目进行调研，将本报告提出的项目影响评估维度，进一步微观化和实时化，定期发布相应评估报告。同时，还应积极利用大数据和互联网信息技术，对“一带一路”倡议中涉及上海投资和上海形象的海外舆情进行定期跟踪和汇报，把握上海在外项目与所在社区、城市之间的关系；将上海友城工作与在“一带一路”沿线国家/地区投资的上海企业挂钩，经政结合，将海外投资项目与友城推介结合，主动激发上海在外投资项目的正面社会影响。

大　事　记

Chronicle of Events

B.10
上海服务"一带一路"建设大事记（2019）

1月

2日，上海市委书记李强主持召开中共上海市委全面深化改革委员会第一次会议，李强在会议上强调，要深入学习贯彻习近平总书记综述及在庆祝改革开放40周年大会上的重要讲话精神和考察上海重要讲话精神，深入推进上海改革进程，始终用改革精神引领上海发展。

8日，中共中央、国务院在北京举行国家科学技术奖励大会，共有278个项目和7名科技专家获奖。上海共有47项牵头及合作完成的重大成果荣获国家科学技术奖，占全国获奖总数的16.5%。

17日，中国人民银行会同国家发展改革委、科技部、工业和信息化部、财政部、银保监会、证监会、外汇局联合印发《上海国际金融中心建设行动计划（2018—2020年）》（以下简称《行动计划》）。《行动计划》从加快金融改革创新、提升金融市场功能等六个方面阐述了主要任务和措施。

23日，中共中央总书记、国家主席、中央军委主席习近平主持召开中央全面深化改革委员会第六次会议。会议审议通过《在上海证券交易所设立科创板并试点注册制总体实施方案》及实施意见等。

25日，泰国普吉孔院“大美中国”文化体验系列之“海上繁花”——上海大学上海美术学院手工艺邀请展在宋卡王子大学普吉校区开展。此次展览由宋卡王子大学普吉孔子学院主办，上海大学上海美术学院公共艺术实验中心和传统工艺研究所协办，展览期间普吉政商学各界领导嘉宾、普吉大中小学师生、普吉当地民众纷纷前来观赏，参观人数众多。

29日，新疆亚欧国际跨境大宗商品交易平台日前正式上线运行，乌兹别克斯坦国家商品原料交易所同期落户上海。

31日，中共中央政治局常委、国务院副总理、推进“一带一路”建设工作领导小组组长韩正31日主持召开推进“一带一路”建设工作领导小组会议，认真学习贯彻习近平总书记关于推进“一带一路”建设的重要讲话和指示批示精神，总结2018年工作情况，审议有关文件，研究部署2019年重点工作。

2月

11日，上海市召开进一步优化营商环境工作会议。李强出席会议，强调要以更大力度、更实举措把优化营商环境各项工作向纵深推进。会议宣布，2019年上海将实施启动进一步优化营商环境计划，从对标改革、制度创新、精准服务、工作机制入手，提出25项工作任务。

25日，李强主持召开市委外事工作委员会会议，指出上海外事工作要更好对接服务国家总体外交大局，提升同国际友城合作交流实效。

28日，上海市委副书记、市长应勇主持召开中国（上海）自贸试验区推进工作领导小组扩大会议，部署2019年重点任务，强调要以更大力度实现制度创新的新突破。

3月

1~4日，第29届华东进出口商品交易会（华交会）在上海举行。本届华交会共设11个展馆，展览面积12.65万平方米，展位总数5868个，设立服装服饰、纺织面料、家庭用品等5个专业主题展；来自112个国家和地区近4000家企业参展，累计成交23亿美元。

1日，第46届世界技能大赛组织委员会第一次全体会议在上海召开。李强出席会议并指出，要按照党中央、国务院决策部署，全力以赴、加速推进各项筹办工作，为世界奉献一届富有新意、影响深远的世界技能大赛。

1日，中国证监会发布《科创板首次公开发行股票注册管理办法（试行)》和《科创板上市公司持续监管办法（试行)》。上海证券交易所随之发布设立科创板并试点注册制相关业务规则。

15日，加快推进上海国际金融中心建设座谈会在北京举行，李强、应勇同与会的国家金融管理部门及金融机构负责同志就相关问题进行深入交流，认真倾听意见建议，携手推进国家战略。

17日，在上海自贸试验区金桥片区，沃尔沃建筑设备投资（中国）有限公司前不久完成了一项全新尝试——“一带一路”项下首单离岸贸易业务，借助自贸试验区的制度创新，一举突破困扰已久的跨境结算难题。

18日，上海证券交易所科创板股票发行上市审核系统正式运行。

19~20日，2019~2020年上海市及长三角地区公共文化和旅游产品采购大会举行。本届文采会共吸引240家参展单位及1500家采购主体参展、1万多人次观展；共达成采购意向371个，现场成交意向金额共计10373.82万元。

25日，李强主持召开上海市推进科技创新中心建设领导小组第五次会议，要求着力增强创新策源能力、提升创新浓度，推动科创中心建设不断取得新进展、迈上新台阶。

26日，上海市召开推进“一带一路”建设工作领导小组会议。应勇出席会议并指出，要牢牢抓住自贸试验区和进口博览会等重要载体，推动共建“一带一路”走深走实。

27 日，应勇与国家发展改革委副主任林念修共同主持召开上海推进科技创新中心建设办公室第九次全体会议。

30 日，全球首个行政区域 5G 网络在上海市虹口区建成并开始试用。同日，在“全球双千兆第一区”开通仪式上，首个 5G 网络手机通话拨通，上海成为全国首个中国移动 5G 试用城市。

4月

3 日，李强主持召开市委全面深化改革委员会第二次会议。会议强调要聚焦三项新的重大任务抓突破，聚焦重点领域关键环节抓推进，聚焦解决突出难点问题抓实效，聚焦激励担当作为抓落实，不断推动全市改革开放向纵深发展。

16 日，以“共建‘一带一路’，共享发展繁荣”为主题的第二届中国－阿拉伯国家改革发展论坛在上海举行。该论坛由外交部依托中阿改革发展研究中心举办，是中阿交流改革发展、治国理政经验的重要平台。来自 14 个阿拉伯国家以及阿拉伯国家联盟的政界、商界、学界代表同中方共同交流和探讨合作路径，为推动中阿共建“一带一路”、构建中阿命运共同体作出积极努力。

16～25 日，以“共创·美好生活”为主题的第十八届上海国际汽车工业展览会（2019 上海车展）在上海举行。本届车展展出总面积超过 36 万平方米，吸引 99.3 万人次到现场观展；20 个国家和地区的 1000 余家知名汽车厂商共展出整车近 1500 辆，其中全球首发车 129 辆。

18～20 日，以“汇聚全球科创新智慧，共谱技术贸易新华章”为主题的第七届中国（上海）国际技术进出口交易会（上交会）在上海举行。本届上交会展览面积 3.5 万平方米，共有 916 家境内外知名科技企业和交易服务机构参展；观众总计 58223 人次，其中专业观众比例为 81.5%。

20日，以“长三角一体化：理论与对策”为主题的中国城市百人论坛2019春夏研讨会在上海举行。李强出席并讲话，第十届全国政协副主席、中国工程院主席团名誉主席徐匡迪作主旨演讲，中国工程院院长李晓红在会上致辞。

25～27日，第二届“一带一路”国际合作高峰论坛在北京举行，本次论坛以“共建‘一带一路’、开创美好未来”为主题，论坛期间举行了高峰论坛开幕式、领导人圆桌峰会、高级别会议、12场分论坛和1场企业家大会。包括中国在内，共有38个国家的元首和政府首脑以及联合国秘书长、国际货币基金组织总裁等40位领导人出席圆桌峰会。来自150个国家、92个国际组织的6000余名外宾参加了论坛。习近平主席出席高峰论坛开幕式并发表主旨演讲，全程主持了领导人圆桌峰会，同与会各国领导人举行了双边会见。在习近平主席的亲自主持和引领下，与会各方就共建“一带一路”深入交换意见，普遍认为“一带一路”建设是机遇之路，就高质量共建“一带一路”达成广泛共识，取得丰硕成果。

5月

10日，以“中国品牌，世界共享；加快品牌建设，引领高质量发展；聚焦国货精品，感受品牌魅力”为主题的2019年中国品牌日活动在上海开幕。国务院总理李克强对活动作出批示，要求通过持续推进“放管服”改革着力营造公平竞争的市场环境，鼓励大众创业、万众创新上水平，让中国与世界共享更好的中国产品与服务。

11～15日，第四届丝绸之路国际博览会在西安举行，本次会议的主题是“新时代·新格局·新发展”，会议期间举办了丝绸之路经济带国际合作论坛、扶贫减贫国际合作论坛、丝绸之路商务合作（西安）圆桌会、丝绸之路国际商协会（西安）圆桌会、中国（陕西）自由贸易试验区发展论坛等涉及经贸、文化、旅游、法律、投资便利化自由化等领域的多场国际会议和论坛活动。共有来自哈萨克斯坦、哥伦比亚、斯里兰卡、日本、秘鲁、韩国、突尼斯、意大利等69个国家和地区的政府团、企业团、商协会、参展商共计1762人参加了本届丝博会。

13日，中共中央总书记、国家主席、中央军委主席习近平主持召开中共中央政治局会议，审议《长江三角洲区域一体化发展规划纲要》等。会议强调，长三角一体化发展具有极大的区域带动和示范作用，要紧扣“一体化”和“高质量”两个关键，带动整个长江经济带和华东地区发展，形成高质量发展的区域集群。

14日，李强主持召开市委常委会扩大会议，传达学习贯彻中共中央政治局会议审议《长江三角洲区域一体化发展规划纲要》的有关精神。

15日，上海市科学技术奖励大会举行，表彰为上海科技事业和现代化建设做出突出贡献的科技工作者。2018年度上海市科学技术奖共授奖300项（人），其中28项成果获自然科学奖，30项成果获技术发明奖，231项成果获科技进步奖。

15~26日，以“万众创新——向具有全球影响力的科技创新中心进军”为主题的2019年上海科技节举行。

17日，52位来自欧洲不同国家的文化使者们乘坐两辆豪华大巴从德国汉堡启程，沿古丝绸之路前往中国上海。该活动标志着2019年德国“中国旅游文化周”正式拉开帷幕。

22日，以“长三角：共筑强劲活跃增长极”为主题的2019年长三角地区主要领导座谈会在安徽芜湖举行。中共中央政治局委员、上海市委书记李强，市委副书记、市长应勇；江苏省委书记娄勤俭，省委副书记、省长吴政隆；浙江省委书记车俊，省委副书记、省长袁家军；安徽省委书记李锦斌，省委副书记、省长李国英出席会议。会议深入学习贯彻习近平总书记关于长三角一体化发展的一系列重要讲话和重要指示批示精神，部署落实《长江三角洲区域一体化发展规划纲要》的重大事项等。

23日，上海自贸试验区“一带一路”技术交流国际合作中心中（中国）沙（沙特）进出口商品合格评定工作站在中国质量认证中心上海分中心成立。今后，国内贸易企业，特别是长三角区域内的贸易企业在“家门口”就可享受一次受理、一揽子服务。

24～26日，以“科技创新：新愿景　新未来”为主题的2019浦江创新论坛举行。本届论坛由1场开幕式暨全体大会、4场特别论坛以及11场专题论坛组成。25日，李强出席开幕式暨全体大会并讲话；全国人大常委会副委员长陈竺作大会报告；新加坡副总理兼财政部部长王瑞杰，中国科技部部长王志刚分别作主旨演讲。

6月

3日，中共中央政治局常委、国务院副总理、推动长三角一体化发展领导小组组长韩正在上海主持召开推动长三角一体化发展领导小组全体会议，强调要紧扣“一体化”和“高质量”两个关键，做好一体化发展这篇大文章，建设最具影响力和带动力的强劲活跃增长极。

6日，李强主持召开市委常委会会议，传达学习推动长三角一体化发展领导小组全体会议精神。

7日，由商务部主办的第三次中国－中东欧国家经贸促进部长级会议在浙江宁波召开，本次会议的主题是“深化16＋1经贸合作”，中东欧16国的经贸部长或代表率团与会。中国商务部部长钟山在部长级会议上代表中方发言，国际贸易谈判代表兼副部长傅自应主持会议。

13～14日，以“加快国际金融中心建设，推动经济高质量发展”为主题的第十一届陆家嘴论坛举行。本届论坛设有8场全体大会和1场浦江夜话，聚焦深化中国资本市场改革创新、支持民营企业与中小微企业发展等议题。论坛上，上海证券交易所科创板正式开板。

14日，中国科学院与上海市人民政府在沪签署合作共建上海量子科学研究中心协议；中科院党组书记、院长白春礼，市委副书记、市长应勇共同为研究中心揭牌。研究中心聚焦国家重大科技创新战略，推进重大基础前沿科学研究、关键核心技术突破和系统集成创新，支撑量子信息领域发展。

15日，市委、市政府印发《关于支持浦东新区改革开放再出发实现新

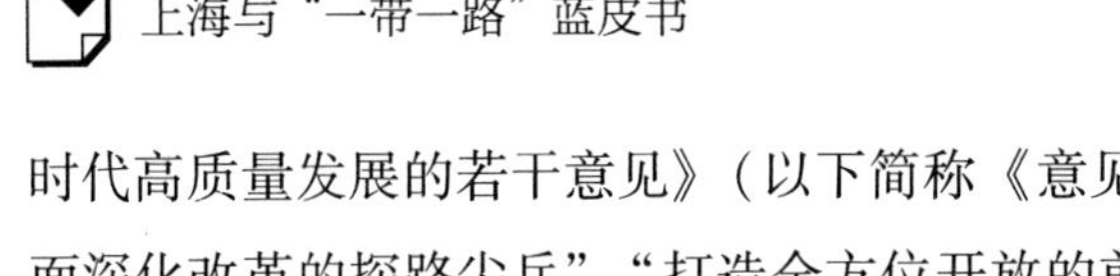

时代高质量发展的若干意见》（以下简称《意见》）。《意见》围绕“当好全面深化改革的探路尖兵”“打造全方位开放的前沿窗口”“建设具有全球影响力的科技创新中心核心承载区”“建设具有国际竞争力的产业新高地”等方面，提出20条支持浦东发展的改革举措。

15日，由国家新闻出版广电总局指导，中央广播电视总台与上海市人民政府共同主办的第22届上海国际电影节在上海大剧院正式揭开大幕。来自海内外的电影界代表、金爵奖国际评委会成员、入围片和展映片剧组成员与各界嘉宾和上海观众一起，共同见证了电影节开幕。

17日，中国证监会和英国金融行为监管局发布了沪伦通《联合公告》，原则批准上海证券交易所（以下简称上交所）和伦交所开展沪伦通；双方监管机构签署了《上海与伦敦市场互联互通机制监管合作谅解备忘录》，将就沪伦通跨境证券监管执法开展合作。上交所上市公司华泰证券股份有限公司发行的沪伦通下首只全球存托凭证（GDR）产品同日在伦交所挂牌交易。

25日，李强主持召开市委常委会会议，审议《上海市贯彻落实〈长江三角洲区域一体化发展规划纲要〉实施方案》。

27日，中国共产党上海市第十一届委员会第七次全体会议举行。全会审议通过《中共上海市委关于进一步加强干部队伍建设奋力担当新时代新使命的若干意见》，强调要切实做好第二届中国国际进口博览会服务保障工作，促进经济平稳健康发展，扎实做好保障和改善民生工作，切实防范化解重大风险，并持续抓好“不忘初心、牢记使命”主题教育。

28日，李强主持召开上海市推动长三角一体化发展领导小组第一次全体会议。

28日，上海市轨道交通市域线机场联络线工程开工。该工程计划于2024年建成投运，届时虹桥和浦东两大枢纽间预计中转运行时间在40分钟之内。

7月

1日，应勇主持召开市政府常务会议，部署推进“一网通办”改革，切实优化营商环境，贯彻落实国务院及国家金融管理部门领导在陆家嘴论坛讲话精神和交办任务，大力推进上海国际金融中心建设。

2 日，国务院新闻办举行中华人民共和国成立 70 周年省（区、市）系列主题新闻发布会，应勇围绕“深化改革开放——全面提升上海城市能级和核心竞争力”作新闻发布，回答了媒体和公众关心的诸多热点问题。

3 日，《跨越太平洋的交流与合作——上海纪念中美建交 40 周年》图片展在上海市档案馆外滩馆开幕。第十届全国政协副主席、中国美国人民友好协会会长徐匡迪，中国人民对外友好协会会长李小林，上海市副市长许昆林，美国驻上海总领事谭森等近百位嘉宾出席了启动活动。

6 日，李强会见第 74 届联合国大会候任主席班德一行，表示将加强与联合国等国际组织的交流合作，为构建人类命运共同体做出地方的积极贡献。

8 日，应勇主持召开市政府常务会议，部署配合新一轮中央生态环境保护督察，进一步提升生态环境治理水平；部署市政府总体目标推进工作，推动各项政策措施落地生效；研究完善本市跨国公司地区总部政策，进一步扩大对外开放，不断提高利用外资的质量和水平。

11 日，上海市政府与中国民航局正式签署《关于推进新时代上海民航高质量发展战略合作协议》，加快上海国际航运中心和上海航空枢纽建设。

15 日，应勇主持召开市政府常务会议，研究发挥资本市场作用，促进上海科创企业高质量发展等事项。

15 日，上海自贸区外汇管理改革试点再升级。日前，国家外汇管理局上海分局印发《关于印发〈进一步推进中国（上海）自由贸易试验区外汇管理改革试点实施细则（4.0 版）〉的通知》，从简政放权、贸易和投资便利化、总部经济发展、离岸金融服务四个方面为上海自贸试验区创新试点增加新动能。

19 日，李强主持召开市委常委会会议，传达习近平总书记在深化党和国家机构改革总结会议上的重要讲话精神，听取上半年全市经济社会发展形势和下半年重点工作建议的汇报，研究落实减税降费政策、推进上海“四大品牌”建设、新一轮扩大服务业开放、加强和改进市级机关党的建设等事项。

22 日，上海证券交易所科创板首批 25 家公司正式上市交易，标志着中国资本市场又迈出重要一步。市委书记李强、中国证监会主席易会满共同为科创板鸣锣开市。

22 日，李强主持召开中国国际进口博览会城市服务保障领导小组会议，传达学习中国国际进口博览会组委会第二次全体会议精神，进一步研究部署第二届进口博览会城市服务保障工作。应勇和商务部副部长王炳南出席会议并讲话。

22 ~ 23 日，中共中央政治局常委、国务院总理李克强在李强和应勇陪同下在上海考察，要求以更大力度改革开放促发展惠民生。

25 日，第 46 届世界技能大赛组织委员会第二次全体会议在沪举行。市委书记、第 46 届世界技能大赛组委会主任李强，与人力资源和社会保障部部长张纪南共同出席会议并讲话，市委副书记、市长，第 46 届世界技能大赛组委会执行主任应勇主持会议。

25 日，应勇主持召开市政府常务会议，部署推进“互联网 + 监管”工作，促进政府监管的规范化、精准化、智能化，研究修订《上海市科学技术奖励规定》等。

26 日，李强主持召开市委常委会会议，指出要认真学习贯彻李克强总理考察上海重要讲话精神，更加奋发有为地担起新使命，更好服务全国发展大局。

27 日，第二届中国国际进口博览会倒计时 100 天上海城市服务保障工作推进大会在国家会展中心（上海）举行。市委书记李强、商务部部长钟山出席会议并讲话。

29 日，李强会见哥伦比亚总统伊万 · 杜克 · 马克斯，表示将进一步加强与哥伦比亚在经贸、人文、科创等各领域、全方位合作交流，为推动两国关系发展做出上海的更大贡献。

29 日，上海市政府与清华大学在北京签署加强科技人才合作共建国际创新中心协议，市委书记李强，市委副书记、市长应勇出席会议。

30日，上海推进科技创新中心建设办公室召开第十次全体会议，总结上半年科创中心建设情况，部署下阶段重点工作，研究推进上海人工智能产业发展。市委副书记、市长应勇，国家发展改革委副主任林念修共同主持会议并讲话。

8月

6日，国务院印发《中国（上海）自由贸易试验区临港新片区总体方案》全文公布。

13日，上海市政府出台《上海市新一轮服务业扩大开放若干措施》和《本市促进跨国公司地区总部发展的若干意见》（“30条”），旨在助推新一轮服务业扩大开放，加快跨国公司地区总部等功能性机构集聚上海。

14日，2019上海书展暨“书香中国”上海周正式开幕，市委书记李强参观上海书展，指出要充分发挥上海书展促进全民阅读、增强文化底蕴的重要作用，为打响“上海文化”品牌、加快建设国际文化大都市做出更大贡献。

16日，外高桥造船海洋工程有限公司制造的自升式钻井平台“亚洲奋进者1号”挂上了马绍尔群岛旗，经半潜作业，重达9600多吨的海洋重型装备被装载在“华兴龙”号半潜船上，踏上了远赴新加坡的航程。

16日，应勇主持召开市政府常务会议，审议通过《上海市公共数据开放暂行办法》，着力提升治理能力和公共服务水平，促进数字经济发展。研究部署在上海市重点行业执行国家排放标准大气污染物特别排放限值，推动产业绿色发展。

20日，中国（上海）自由贸易试验区临港新片区揭牌仪式暨建设动员大会在临港办公中心举行，李强出席会议并为临港新片区揭牌，应勇和商务部部长钟山致辞并为临港新片区管理委员会揭牌。

20日，上海市政府正式公布《中国（上海）自由贸易试验区临港新片区管理办法》。

23 日，市委书记李强主持召开市委常委会会议，传达习近平总书记在中共中央政治局会议上关于上半年经济形势的重要讲话精神，研究放大中国国际进口博览会溢出带动效应，推进健康上海行动等事项。

24 日，李强会见世界顶尖科学家协会主席、诺贝尔化学奖获得者罗杰·科恩伯格，表示上海将为中外顶尖科学家在沪开展科技创新、进行合作交流创造更好条件、营造更好环境。

26 日，应勇在俄罗斯喀山察看第45 届世界技能大赛场馆，看望慰问参加比赛的上海选手，并会见喀山市市长梅特申。

27 日，中共上海市委中心组举行学习会，听取国务院发展研究中心党组书记、副主任马建堂关于推动长三角一体化高质量发展和中国（上海）自由贸易试验区临港新片区发展建设的专题辅导报告。

27 日，李强会见德国汉堡市市长彼得·琛切尔一行，见证上海市与汉堡市签署 2019 ~2020 年友好城市合作备忘录。

29 ~31 日，2019 世界人工智能大会在上海举办，市委书记李强在开幕式上致辞，市委副书记、市长应勇主持开幕式。

30 日，上海市政府出台 50 条特殊支持政策，促进临港新片区高质量发展。

31 日，上海清华国际创新中心揭牌活动在沪举行。上海市委书记李强，市委副书记、市长应勇和清华大学校长邱勇共同为上海清华国际创新中心揭牌。

9月

5 日，国务院国资委与上海市政府在沪签署深化合作共同推进落实国家战略合作框架协议，李强出席签约仪式并讲话。国务院国资委党委书记、主任郝鹏在签约仪式上讲话，并与应勇代表双方签署协议。

6 日，李强主持召开企业家座谈会，围绕更好发挥市场主体作用，加快推进上海自贸试验区临港新片区和长三角生态绿色一体化发展示范区建设，深入听取各类中外企业负责人的意见建议。

9日，应勇主持召开市政府常务会议，研究部署进一步促进外商投资工作，推动形成全方位高水平开放新格局。

10日，以"中国与世界：70年的历程"为主题的第八届世界中国学论坛在上海开幕。中共中央政治局委员、中宣部部长黄坤明出席开幕式并发表主旨演讲。李强在开幕式上致辞。

12日，中国（上海）自由贸易试验区临港新片区首批23个重点项目集中签约，总投资超过110亿元。

14日，以"辉煌70年，美好与欢乐"为巡游主题的2019年上海旅游节开幕式暨开幕大巡游活动举行，李强出席开幕活动，应勇宣布2019年上海旅游节开幕。

16日，上海浦东国际机场三期扩建主体工程暨卫星厅正式启用开航。李强、应勇出席仪式并察看卫星厅及旅客捷运系统。

16日，上海市政府举行市外资项目集中签约仪式，签约外资项目达42个，总额约77亿美元。应勇出席签约仪式。

17日，以"智能、互联——赋能产业新发展"为主题的第21届中国国际工业博览会开幕式暨颁奖仪式在国家会展中心（上海）举行。李强宣布博览会开幕。

17日，中共上海市委召开专题协商座谈会，围绕"推进中国（上海）自由贸易试验区新片区建设，加快构建开放型经济新体制"这一议题，听取各民主党派市委、市工商联及无党派人士的意见和建议。应勇出席会议并与大家座谈交流。

17～18日，中国工程院与上海市政府、工业和信息化部共同牵头，会同国家发展改革委、科技部、商务部、中国科学院、中国贸促会、联合国工业发展组织在上海召开"2019创新与新兴产业发展国际会议（IEID）"。中国工程院院长李晓红和上海市委副书记、市长应勇致辞。

18日，应勇主持召开市政府常务会议，研究部署举办上海城市推介活动，进一步放大进博会的溢出带动效应。

19 日， 国务院办公厅印发《关于做好优化营商环境改革举措复制推广借鉴工作的通知》，向国内其他省市推广上海优化营商环境的典型做法。

19 日， 英国智库 Z/Yen 集团发布第 26 期“全球金融中心指数”，上海继续位列世界第五，与第四名差距进一步缩小。

20 日， 上海自贸区临港新片区揭牌两个月之际，临港新片区管委会发布促进产业发展若干政策共 16 条，以及集聚发展集成电路、人工智能、生物医药和航空航天四大重点产业共 40 条支持措施，进一步推动世界级产业集群建设。

21 日， 李强会见伊拉克总理阿迪勒·阿卜杜勒－迈赫迪一行，表示将在“一带一路”框架下推动上海与伊拉克务实合作。

21 日， 2019 中国上海“一带一路”艺术展在上海龙现代艺术中心开幕。

22 日， 由中华全国归国华侨联合会、中国致公党中央委员会指导，上海市归国华侨联合会、致公党上海市委员会、上海海外联谊会主办的 2019“一带一路”华侨华人与中国市场高峰论坛在沪开幕，共有包括 36 个“一带一路”国家在内的 72 位沿线国家和地区的海外华侨华人与国内企业家共 300 多人参加。

23 日， 应勇主持召开市政府常务会议，研究制定上海市长江经济带发展负面清单指南实施细则，建立健全生态环境硬约束机制，同时研究了第三十一次上海市市长国际企业家咨询会议筹备工作。

24 日，《上海市推进科技创新中心建设条例（草案）》提交上海市十五届人大常委会第十四次会议审议。

25 日， 全球首个不锈钢期货合约在上海期货交易所挂牌交易。

25 日， 李强会见中国投资有限责任公司董事长兼首席执行官彭纯和巴基斯坦前总理肖卡特·阿齐兹、德国前总理格哈德·施罗德等参加中投公司国际咨询委员会会议的委员。

25 日， 上海嘉定、江苏苏州、浙江温州和安徽芜湖在第二届长三角科技交易博览会期间共同签署了《深化长三角地区科技创新一体化发展战略协议》，旨在进一步加强长三角科技创新战略协同、成果对接、资源共享和生态共建。

25～26日，上海合作组织国家法律服务国际论坛在上海举办。司法部部长傅政华，市委副书记、市长应勇出席并致辞。

26日，中国（上海）自由贸易试验区临港新片区推动智能网联新能源汽车产业发展和重点项目签约仪式举行。包含制造、应用、服务和功能平台四大类型共24个智能网联新能源汽车重点项目签约，涉及总投资近80亿元。

26日，2019“一带一路”科技创新联盟国际研讨会在华亭宾馆举办。本次活动在上海市科委的支持与指导下，由“一带一路”科技创新联盟主办，中科院上海分院、上海交通大学、上海科学技术交流中心、中科院上海药物所共同承办。来自中国、塞尔维亚、北马其顿、克罗地亚、匈牙利、俄罗斯等近20个国家150人参会，集聚了来自联盟成员、科研院所、优秀企业代表的共同智慧。

26日，中央广播电视总台长三角总部暨上海总站启用活动在上海徐汇滨江国际传媒港举行。李强出席活动并为中央广播电视总台上海总站、长三角总部启用揭幕，中宣部副部长、中央广播电视总台台长慎海雄在启用活动上致辞，并与应勇共同为中央广播电视总台“国家多语种影视译制基地”揭牌。

26日，2019中投论坛暨跨境投资与国际产业合作大会在上海举行。应勇和中投集团董事长彭纯出席并致辞。论坛举办期间，应勇还会见了高盛集团总裁兼首席运营官温泽恩一行。

29日，2019年上海市“白玉兰荣誉奖”授奖仪式在市政府隆重举行，意大利籍人士杰安彼德·柏罗第等12位外籍人士获奖。应勇为获奖者及代表颁授奖章和证书，副市长许昆林在授奖仪式上致辞。

29日，李强主持召开市委常委会会议，传达习近平总书记关于举办2021年上海第46届世界技能大赛重要指示和李克强总理重要批示精神，研究了第二届中国国际进口博览会城市服务保障、乡村振兴、虹桥商务区建设等事项。

30日，应勇主持召开市政府常务会议，研究浦东新区国土空间总体规划，提出将浦东新区打造为中国改革开放示范区，上海建设“五个中心”和国际文化大都市的核心承载区，全球科技创新的策源地和世界级旅游度假目的地。会议还研究部署了建设上海智能传感器产业园，推进智能传感器和物联网芯片产业发展。

10月

1 日，上海市庆祝中华人民共和国成立 70 周年升国旗仪式上午在人民广场隆重举行。应勇主持仪式，市人大常委会主任殷一璀、市政协主席董云虎、市委副书记殷弘等市领导和社会各界代表出席仪式。

3～5 日，复旦大学美国研究中心与美国加州大学圣地亚哥分校 21 世纪中国中心联合举办的第二届“中美大学智库对话”在圣地亚哥举行。

9 日，“2019 摩登中国时尚艺术季”开幕式在沪举行。

10 日，李强会见了来沪出席 2019 亚太邮轮大会的嘉宾代表，并为中国邮轮旅游发展示范区揭牌。

11 日，李强会见了所罗门群岛总理索加瓦雷。这是该国与我国建交后总理首次访华到沪访问，李强会见并商讨推进双边地方合作。

14 日，应勇主持召开市政府常务会议，研究部署进一步提升外贸发展质量和效益，巩固外贸竞争新优势；研究推动会展业发展，加快国际会展之都建设。

15 日，中国国际进口博览局发布：第二届中国国际进口博览会于 11 月 5～10 日在上海举办。

15 日，上海电力大学承办的“‘一带一路’沿线国家能源电力人才高级研修班”开班仪式在临港校区举行。

15 日，国务院副总理、中国国际进口博览会组委会主任胡春华 15 日在上海出席第二届进口博览会综合演练活动。

18 日，2019 丝绸之路国际艺术节联盟年会以圆桌会议的形式在沪召开。今年，联盟又添新伙伴，截至目前，共有来自 44 个国家和地区的 163 家艺术机构加盟。

18 日，作为上海市服务国家“一带一路”的重要活动，备受瞩目的“一带一路”上海非物质文化遗产精品展于当地时间 10 月 18 日下午，在土耳其伊斯坦布尔世界文化遗产地的国立土耳其和伊斯兰艺术博物馆开幕。

18 日，中国（上海）自由贸易试验区临港新片区管委会发布促进产业发展若干政策共 16 条，以及集聚发展集成电路、人工智能、生物医药和航空航天四大重点产业共 40 条支持措施。着力提升科技创新和产业融合能力，整体提升区域产业能级，打造以关键核心技术为突破口的世界级前沿产业集群，加快推进建成具有国际市场竞争力的开放型产业体系。此外，还有 15 个生物医药重点项目签约，涉及总投资超 70 亿元。

19 日，第 31 次上海市市长国际企业家咨询会议在上海世博中心举行。多位来自美国的重量级企业家与会，包括美国安永会计师事务所全球主席狄思博（Carmine Di Sibio）、铁狮门公司总裁兼首席执行官徐瑞柏（Rob Speyer）、普华永道全球主席罗浩智（Robert E. Moritz）、江森自控全球董事长兼首席执行官乔治·奥利弗（George Oliver）、美国国际集团总裁暨首席执行官布莱恩·杜普雷特（Brian Duperreault）、通用汽车公司董事长兼首席执行官玛丽·博拉（Mary Barra）等，围绕“提升上海城市能级和核心竞争力”这一主题，共同交流探讨，分享全球智慧。美国企业家在沪期间，市委书记李强、市长应勇分别会见了部分与会代表。

19 日，由中华人民共和国文化和旅游部主办、上海市人民政府承办的第二十一届中国上海国际艺术节在沪开幕。

19 日，第十五届世界武术锦标赛开幕式在东方体育中心举行。李强宣布第十五届世界武术锦标赛开幕。国家体育总局局长苟仲文，国际奥委会副主席、国际武术联合会主席于再清与应勇分别致辞。

20 日，吉祥航空在上海宣布将开通又一欧洲新航点，计划于 2020 年夏秋航季起在上海－赫尔辛基航线基础上，延伸至英国曼彻斯特。伴随着此次首条第五航权航线的开通，将进一步推动吉祥航空的欧洲地区航线网络布局规划，提高航班运营效率和竞争力；也将为三地旅客提供更多、更便利的出行选择。

21日，中国国际进口博览局发布：第二届进博会即将正式拉开帷幕，2019年国家展总面积3万平方米（建筑面积），将有来自世界各地的64个国家和3个国际组织搭建展台，展示贸易投资领域的发展状况和成就。

21日，第十六届上海知识产权国际论坛举行。李强在论坛开幕前会见了世界知识产权组织总干事弗朗西斯·高锐一行。

21日，第83届国际电工委员会大会开幕式21日在上海举行。国家主席习近平向大会致贺信。

23～24日，第四届“一带一路”上海国际论坛在上海大学成功举办。此次论坛由上海大学和中国社会科学院俄罗斯东欧中亚研究所联合举办。来自中国、俄罗斯、哈萨克斯坦、乌兹别克斯坦、吉尔吉斯斯坦、塔吉克斯坦、亚美尼亚和乌克兰等欧亚地区国家的专家学者以及上海合作组织秘书处、相关国家驻华使领馆代表近百人参会。

23日，2019“一带一路”艺术上海国际博览会23日在上海世博展览馆开幕。本届展会为时五天，共有41个国家、100多家画廊及机构携其精品画作参展。

24日，世界银行最新发布的《2020年营商环境报告》中，中国排名再次大幅上升15位，位列第31位。这是继去年由第78名提升至第46名之后又一重大进步。上海作为中国重要的样本城市，通过世行营商环境评价对标改革，在办理建筑许可、保护中小投资者、办理破产、跨境贸易、纳税等指标的全球排名上均有显著提升。执行合同、获得电力、开办企业、财产登记、保护中小投资者等5个指标均进入全球前30名。

26日，进博局正式推出全新第二届进博会形象片。60秒影像，以“四叶草”为主要视觉形象标识和线索贯穿全片，展现进博会对民众生活、商业贸易和国家战略的重要影响，同时也向大家传递新一届进博会的美好期许与祝愿。

27日，第二届中国国际进口博览会各项筹备工作已经进入最后冲刺阶段。李强来到国家会展中心（上海）等场馆以及周边地区进行实地检查，再推进、再落实。

27日，2019全球城市论坛在上海交通大学徐汇校区举办。本次活动系“世界城市日”上海主场活动之一，由上海市人民政府发展研究中心、上海市住房和城乡建设管理委员会、上海交通大学、联合国人居署和世界银行共同主办，上海交通大学中国城市治理研究院、上海交通大学国际与公共事务学院、上海世界城市日事务协调中心承办，上海市海洋局为支持单位。论坛主题为“城市转型·创新发展”。

29日，第二届世界顶尖科学家论坛在中国（上海）自由贸易试验区临港新片区开幕。国家主席习近平向论坛致贺信。

31日，上海5G商用启动仪式举行，标志着上海正式进入5G时代。

11月

1日，长三角生态绿色一体化发展示范区正式揭牌，长三角一体化发展国家战略的实施迈出新的重要一步。下午，长三角生态绿色一体化发展示范区建设推进大会在位于示范区的上海青浦举行。

1日，上海市委书记李强，市委副书记、市长应勇会见了香港特别行政区行政长官林郑月娥一行。李强表示上海愿同香港一道，更好发挥各自优势和作用。林郑月娥表示希望不断把经贸、金融、文化艺术、创意产业等领域合作交流推向更高水平。

2日，习近平总书记2日在上海市考察调研。当天下午，他来到杨浦区滨江公共空间杨树浦水厂滨江段、长宁区虹桥街道古北市民中心实地考察，了解城市公共空间规划建设和社区治理与服务情况，并同当地居民亲切交谈。

2日，作为第二届进博会官方配套活动的举办地之一，位于浦东新区外高桥的上海首个“一带一路”国别汇正式揭幕。约7000平方米的空间不仅集中呈现了上海自贸区内各国别（地区）中心的精华，还为自贸区各国商品线上线下互联互通搭建资源平台，展示了外高桥区域“一带一路”共建成果，同时也为消费者提供了异国风情的零距离体验。

3 日，李强会见了希腊总理米佐塔基斯一行。李强表示愿在“一带一路”框架下，持续深化拓展双方各领域合作交流，为促进中希友好关系发展做出积极贡献。米佐塔基斯表示欢迎更多中国企业、上海企业到希腊投资发展，深化航运、港口、旅游、农业、制造业等领域合作，实现共赢发展。

4 日，“沪澳合作会议机制”签约仪式在沪举行，澳门特别行政区行政长官崔世安，上海市委副书记、市长应勇，国务院港澳办副主任黄柳权，澳门特区政府社会文化司司长谭俊荣出席。澳门特区政府经济财政司司长梁维特、上海市副市长许昆林代表双方签约。

4 日，“香港主题电影展 2019——上海”在沪开幕。香港特别行政区行政长官林郑月娥，上海市委副书记、市长应勇出席，并与其他嘉宾共同启动影展开幕仪式。

4 日，国家主席习近平和夫人彭丽媛 4 日晚在上海和平饭店举行宴会，欢迎出席第二届中国国际进口博览会的各国贵宾。

5～10 日，第二届中国国际进口博览会在沪举办。本届进博会美国参展企业达 192 家，比去年增加了 18%；参展面积达 4.75 万平方米，位居榜首。埃克森美孚、福特汽车、微软、波音、戴尔、Facebook 等美国世界 500 强企业参展。其中有不少跨国公司的高层亲自带队参展，还有很多企业在本次展览会上“首发”重磅产品。中国市场对包括美国企业在内的海内外企业有巨大的吸引力。

5 日，由上海市人民政府外事办公室、上海国际问题研究院、上海市人民对外友好协会联合主办的“2019 中国国际进口博览会上海友好城市合作论坛”在沪开幕，论坛主题为“共享进博机遇、同促开放合作”。本次论坛是服务第二届中国国际进口博览会的配套活动之一，同时也是上海外事部门配套进博会举行的最大规模论坛活动。

6 日，应勇会见了来自包括美国旧金山市、休斯顿市等 20 个友城的代表团，对友城团来沪观摩第二届中国国际进口博览会并出席上海友好城市合作论坛表示欢迎。

6日，2013年诺贝尔化学奖得主、美国国家科学院院士、美国艺术与科学院院士、美国斯坦福大学教授迈克尔·莱维特（Michael Levitt）到访上海交通大学，作题为“精彩的科学人生（A Wonderful Life in Science）”的讲座。莱维特教授重点强调了技术对于科学研究的巨大推动力，并期望年轻人要热情、善良、坚持不懈、创意无限。

6日，在上海市商务委、上海市人民政府外事办公室指导下，上海国际问题研究院主办的“用好进口博览会机遇、建设长三角高质量营商环境”国际研讨会在沪举行。

6日，在第二届中国国际进口博览会在沪举办之际，以“拥抱进博，共享未来”为主题的2019上海城市推介大会在上海国际会议中心举行。李强出席大会并致辞。

6日，在第二届中国国际进口博览会上，国家电力投资集团有限公司举办进口采购专场签约仪式，共与14家国际知名企业签署合作协议20项，内容涵盖燃气轮机、核能等方面。

7日，上海国际贸易单一窗口“区块链+”新闻发布会上午在上海国际会展中心新闻中心举行，由上海市商务委（市口岸办）会同上海海关、上海虹桥管委会、中国人民银行上海总部、上海市药品监督局、中国检验认证集团、中国出口信用保险公司、中国银行上海市分行、工商银行上海市分行、建设银行上海市分行、农业银行上海市分行、交通银行上海市分行等单位，共同发布并推出上海国际贸易单一窗口“区块链+”多项应用成果。会上，政企双方代表共同签署《上海电子口岸区块链联盟倡议书》，标志着上海电子口岸区块链联盟正式成立。

8日，进博会上海交易团现场配套活动之一，“第二届中国国际进口博览会·国际质量创新论坛”在上海贵都国际大饭店举行。

8日，主题为“中国新开放战略与长三角国际产业合作”的2019年产业国际竞争力合作论坛在上海成功举办。

8日，李强会见了来沪参加第二届中国国际进口博览会的美国杜邦公司首席执行官杜孟轲（Marc Doyle）一行。

11 日， 上海科技大学携手美国费城交响乐团和上海爱乐乐团共同举办交响艺术校园行系列活动，其中包括上海爱乐乐团与费城交响乐团联袂献演室内专场，与上科大师生进行对话交流，费城交响乐团演奏家指导上科大学生管弦乐团并同台演出等。此前，三方签署合作协议，将深入开展“校团合作”的跨国文化交流。此次校园行标志着合作正式启动和首次落地。

12 日， 在上海市经济和信息化委员会、上海市商务委员会以及长三角区域合作办公室的指导下，上海市信息服务外包发展中心与中国网＋联合相关研究机构、社团和行业组织、知名企业于 2019 年 11 月 12 日举办 2019 年“一带一路”信息产业国际合作高峰论坛。

14 日， 马耳他外长在进博会上讲述“一带一路”故事——中企来了，用电的烦心事没了。

16 日， 应勇会见上海市集成电路设计产业并购投资基金战略委员会成员一行。委员会成员说，上海是集成电路产业的重镇，很高兴看到上海集成电路产业发展取得了一系列重要成果。希望能集结全球产业链和生态系统的力量，助推行业加速发展，也促进上海经济实现更高质量的发展。

18 日， 美中公共事务协会会长滕绍骏先生、美国主要犹太人组织主席联席会议候任 CEO 威廉·达罗夫（William Daroff）、纽约犹太人社区关系委员会执行副主席兼 CEO 迈克·米勒（Michael Miller）等一行七人访问上海市美国问题研究所。双方就犹太人在上海、当前中美关系、中美地方交流，以及中国与以色列关系等话题进行了交流。

19 日， 微软人工智能和物联网实验室在上海张江人工智能岛举办“创新驱动、智造未来”首期孵化创新企业成果展示，入选实验室二期的创新企业也在当天正式入营。该实验室为微软全球目前规模最大的人工智能和物联网实验室；此前，IBM 中国与张江集团联合宣布，双方将联手打造中国首个 Watson Build 人工智能创新中心，预计将在三年内累计服务 500 家国内外企业。同为美国企业，同样落地上海，他们看中的正是上海浦东作为全国首个人工智能创新应用先导区的“先导”优势。

20 日，《“一带一路”合作与发展年鉴》近日由上海社会科学院出版社正式出版，并在上海社会科学院举办首发式。

20 日，中国（上海）自由贸易试验区临港新片区管委会发布新片区支持人才发展的若干措施，围绕加大国内人才引进、促进海外人才引进、加强人才住房保障、实施人才专项奖励等方面内容，提出 48 条措施，力求通过一系列高含金量的人才政策，促进新片区人才集聚，推动人员自由执业。

20 日，上海举行第三十一批跨国公司地区总部和研发中心颁证仪式，应勇为新认定的 25 家跨国公司地区总部和 11 家研发中心颁发证书。

21 日，上海市人民政府与中国建筑集团有限公司在沪签署战略合作框架协议，上海市委副书记、市长应勇，中国建筑集团有限公司党组书记、董事长周乃翔出席。市委常委、副市长吴清与中建集团党组副书记、董事郑学选代表双方签约。

22 日，中国科学院、中国工程院公布增选当选院士名单：共 64 名中国科学院院士、20 名中国科学院外籍院士和 75 位中国工程院院士、29 位中国工程院外籍院士当选。

25 日，国家发改委地区司张东强副司长带队赴一体化示范区调研，研究推动一体化示范区建设的有关工作。

28 日，第二届中国国际进口博览会城市服务保障工作总结表彰大会在国家会展中心（上海）举行。

28 日，上海市人民政府与国家电力投资集团有限公司在沪签署战略合作协议。市委书记李强会见国家电力投资集团有限公司董事长钱智民一行。

28 日，为贯彻落实国家发改委何立峰主任 11 月 4 日在一体化示范区调研期间的指示精神。

29 日，文旅部公布了最新国家级非物质文化遗产代表性项目保护单位名单，上海共有 63 家单位上榜，涉及 55 个“非遗”代表性项目，包括沪谚、沪剧、滑稽戏、浦东说书、上海灯彩等。

30 日，第二届全国红色故事讲解员大赛在上海开赛。全国 195 名讲解员来沪参赛。大赛历时 9 天，分为初赛和决赛。

12月

1日，中共中央、国务院印发了《长江三角洲区域一体化发展规划纲要》，规划范围包括上海市、江苏省、浙江省、安徽省全域（面积35.8万平方公里）。根据规划目标，到2035年，长三角一体化发展达到较高水平，成为最具影响力和带动力的强劲活跃增长极。根据规划，上海发挥龙头带动作用，苏浙皖各擅所长，加强跨区域协调互动，构建区域联动协作、城乡融合发展、优势充分发挥的协调发展新格局。

2日，市政府办公厅印发《关于在中国（上海）自由贸易试验区开展“证照分离”改革全覆盖试点的实施方案》的通知，自12月1日起，在中国（上海）自由贸易试验区（含临港新片区）对本市所有涉企经营许可事项实行全覆盖清单管理，按照直接取消审批、审批改为备案、实行告知承诺、优化审批服务等四种方式分类推进改革，探索创新和加强事中事后监管的有效方式。

2日，国务院召开“证照分离”改革全覆盖试点工作培训动员部署电视电话会议，市委副书记、市长应勇代表上海作题为《勇当排头兵、敢为先行者，率先推动“证照分离”改革不断深入》的交流发言。

3日，临港新片区管委会公布《关于支持临港新片区产业、研发用地提高容积率的实施意见》以及《关于支持临港新片区园区平台提升创新服务能力工作的实施意见》，鼓励优质产业项目提升容积率，简化产业用地规划调整程序，降低优质产业用地扩建成本，降低园区平台用地成本等，以利于优质企业提容增效。

4日，中共上海市委举行学习讨论会，全面贯彻落实党的十九届四中全会精神和习近平总书记考察上海重要讲话精神，全力推进党中央交付的重大战略任务和全市改革发展重点工作。

5日，中以（上海）创新园开园暨第三届中以创新创业大赛总决赛启动仪式举行。李强出席并宣布中以（上海）创新园开园，应勇致辞。

5 日，以“台商聚力长三角、两岸共享新机遇”为主题的台商参与长三角区域一体化发展活动 5 日在上海举行。这次活动旨在贯彻落实习近平总书记在《告台湾同胞书》发表 40 周年纪念会上的重要讲话精神，率先同台湾同胞分享发展机遇，支持台商参与长三角区域一体化发展战略，促进两岸经济交流合作，深化两岸融合发展。

5 日，李强会见了萨尔瓦多总统布克尔。李强欢迎更多萨尔瓦多优质产品通过中国国际进口博览会进入中国市场，共享发展机遇。布克尔表示学习借鉴上海城市治理经验，依托进口博览会进一步加强经贸合作，携手共创更加美好的未来。

6 日，德雷威亚太区总部在沪开业运营，并持续加大在华投资。

6 日，上海推进科技创新中心建设办公室召开第十一次全体会议，总结 2019 年科创中心建设情况，研究推进上海生物医药等产业发展。市委副书记、市长应勇指出，习近平总书记考察上海重要讲话精神，为上海推进科创中心建设提供了根本遵循。明年是科创中心建设形成基本框架之年，要咬定目标，再接再厉，全力推进，更好发挥创新引领和辐射示范作用。

6 日，市商务委召开第二届进博会总结表彰大会。

6 日，全球化工巨头亨斯迈亚太地区总部落子上海，本地化策略再延伸。

9 日，上海建工集团承建的特多西班牙港综合医院项目近日举行动工仪式。特多总理基思·罗利，中国驻特多大使宋昱旻，特多卫生部部长德亚尔辛格等特方官员、业主方代表、项目管理团队及媒体记者等近 200 人出席。

10 日，临港新片区先进制造一期标准厂房翡翠园开园仪式顺利举行。翡翠园位于上海临港产业区核心区域，是临港产业区发展高新技术产业的重要承载基地，重点打造集成电路、智能新能源汽车、高端装备制造、航空航天、绿色再制造等领域的具有创新引领功能的研发中心、技术中心、设计中心、制造中心和创新服务为一体的智能制造产业基地。

11 日，由上海中医药大学附属岳阳中西医结合医院负责建设的“中国－毛里求斯中医药中心”正式开张。“中国－毛里求斯中医药中心”是国家中医药管理局国际合作“一带一路”项目，中毛双方将在中医药医疗服务、教育培训、科学研究等领域进行全面战略合作，推动中医药海外发展。

11日，长三角政务一体化“自助通办”有新成果，151台综合自助终端在长三角生态绿色一体化发展示范区内布设、上线，青浦、吴江、嘉善三地居民凭身份证可在自助终端办事。

12日，市经信委表示，首批上海市人工智能创新中心名单正在公示，上海寒武纪信息科技有限公司、上海商汤智能科技有限公司、上海汽车集团股份有限公司等7家单位入选名单。

12日，以“应对国际经贸风险，推动产业高质量发展”为主题的2019年长三角生物医药行业公平贸易及产业合作发展论坛在上海举行。本次论坛，由上海市商务委员会、中国医药保健品进出口商会、中国医药生物技术协会指导，上海市生物医药行业协会主办。

12日，上海自贸区临港新片区产、教、城融合新发展论坛12日举行。会上宣读了关于邀请临港新片区高校联盟共建产业大学倡议书，计划建立“临港新片区产业大学”。

13日，上海市副市长许昆林会见了美国亚马逊公司全球副总裁艾立克（Eric Broussard）。双方就亚马逊全球开店业务在中国和上海的发展情况以及未来规划进行了深入探讨。

14日，由中国社会科学院和上海市人民政府联合主办的第四届“世界考古论坛·上海”上午在上海大学开幕，主题为“城市化与全球化的考古学视野：人类的共同未来”。

16日，李强就加快国际金融中心建设赴部分金融科技企业深入调研。李强指出，2020年上海要基本建成与我国经济实力及人民币国际地位相适应的国际金融中心，现在已经到了最后冲刺阶段。

16日，“民间外交与城市国际交往能力建设”研讨会在上海国际问题研究院举行。本次研讨会由中国人民对外友好协会、上海市人民政府外事办公室指导，上海市人民对外友好协会与上海国际问题研究院主办，外交学院公共外交研究中心、上海民间外交研究基地、上海外国语大学新时代中国外交研究中心和上海世界城市日事务协调中心协办。

16日，由上海建工集团与上海城建职业学院联合承办的“一带一路”基础设施建设国际人才研修班近日顺利举办。来自柬埔寨、东帝汶、马尔代夫、尼泊尔、特多、萨摩亚、瓦努阿图、津巴布韦等8个国家的30名学员参加。

17日，上海市人民政府与中国人民保险集团股份有限公司在沪签署战略合作协议。上海市委书记李强，市委副书记、市长应勇会见中国人保集团董事长缪建民一行。

17日，为表彰外商投资企业对上海经济、社会发展的突出贡献，上海市外商投资协会举办“2019年上海市外商投资企业双优百强发布会”。

18日，上海市人民政府与中国航空工业集团有限公司在沪签署战略合作协议。上海市委书记李强出席签约仪式并会见中国航空工业集团董事长谭瑞松一行。

18日，首届中国家政产业发展·投资国际论坛成功举办。

19日，李强在调研长三角生态绿色一体化发展示范区建设推进情况时强调，要深入贯彻落实习近平总书记关于长三角一体化发展的重要讲话和重要指示批示精神，认真落实党中央、国务院决策部署，牢记使命、强化担当、奋发作为，迅速推动政策举措落地，迅速彰显集聚度显示度，迅速提升联动示范效应，迅速形成各方工作合力，以更大格局、更宽视野高水平、高质量建设好示范区。

20日，中国共产党上海市第十一届委员会第八次全体会议12月20日在世博中心举行。全会审议通过《中共上海市委关于以习近平总书记考察上海重要讲话精神为指引，全面贯彻落实〈中共中央关于坚持和完善中国特色社会主义制度、推进国家治理体系和治理能力现代化若干重大问题的决定〉的意见》，认真总结2019年工作，全面部署2020年任务。

24日，上海市人民政府与中国建设银行股份有限公司在沪举行签约揭牌仪式。上海市委书记李强，市委副书记、市长应勇会见了中国建设银行董事长田国立一行。

24日，2019年第十场，也是最后一场政企合作圆桌会议（美资企业专场）在市政府会议室举行，埃克森美孚、波音、和睦家、赛默飞世尔等十几家美资企业地区总部、研发中心的负责人，与市商务委、市发改委、市经信委、浦东新区、闵行区、临港新片区管委会等十几个政府部门的负责人进行了面对面沟通。

26日，中国上海门户网站发布消息，市政府批复同意《上海市浦东新区国土空间总体规划（2017—2035）》。批复明确，浦东新区是上海建设“五个中心”和国际文化大都市的核心承载区之一。

26日，应勇主持召开座谈会，就2020年《政府工作报告》（征求意见稿）和政府工作，与本市各民主党派、工商联负责人及无党派代表人士座谈，听取意见和建议。

27日，C919大型客机106架机于10时15分从浦东机场第四跑道起飞，经过2小时零5分钟的飞行，在完成了30个试验点后，于12时20分返航并平稳降落浦东机场，顺利完成其首次飞行任务。至此，C919大型客机6架试飞飞机已全部投入试飞工作，项目正式进入“6机4地”大强度试飞阶段。

27日，上海自贸区吸引合同外资已达1271.04亿美元，实到外资也从去年的221.33亿美元增至今年的318.16亿美元，这些项目98%以上是通过备案方式设立的。

30日，市高院发布《上海法院服务保障中国（上海）自由贸易试验区临港新片区建设的实施意见》和《上海法院涉外商事纠纷诉讼、调解、仲裁多元化解决一站式工作机制的指引（试行）》。这将推进国际商事审判体制机制的创新完善，强化我国法院对国际商事纠纷的司法管辖，强化涉新片区司法政策的开放性和包容度，深化国际商事诉讼机制改革以及完善国际商事诉讼便民机制。

30日，“感知中国·‘一带一路’沿线国家媒体长三角行”采访活动来到上海自贸区临港新片区，媒体采访团参访了上海临港智能网联汽车综合测试示范区、上海临港科技城、上海交大智邦科技项目等，实地感受临港新片区创新活力。

31 日，“感知中国·‘一带一路’沿线国家媒体长三角行”采访团来到长三角 G60 科创走廊策源地上海松江，实地感受 G60 科创走廊在推进长三角一体化发展中的先行先试和实践探索。

Abstract

This book is an achievement from joint research conducted by the Shanghai Institutes for International Studies (SIIS) and Shanghai Academy of China Academy of Social Science-Shanghai Municipal Government (Shanghai Academy hereafter) .

SIIS is an advanced research institute and renowned think tank affiliated to city government. The main tasks of SIIS are: providing effective intellectual support for party and government's decision making through comprehensive studies on contemporary international politics in modern times, economy, diplomatic relations and security with the purpose of serving the decision making of party and government and providing policy consulting as the direction; strengthening China's international influence as well as more international voice and improving the nation's soft power with cooperation and exchange between research institutes and scholars at home and abroad.

Shanghai Academy is a research institute co-established by China Academy of Social Science and Shanghai Municipal Government. Shanghai Academy firmly follows the guide of Xi Jinping Thought on Socialism with Chinese Characteristics for a New Era, closely focuses on important theoretical and practical issues around reform and development. Taking the advantages of China's Academy of Social Science in the fields of scientific research and policy consulting, Shanghai Academy, with its root in Shanghai and a national vision, will build itself into a four "high-end" institute: high-end think tank, high-end talent cultivation base, high-end international exchange and cooperation platform and high-end national situation survey base.

SIIS and Shanghai Academy jointly compiled a blue book of "Shanghai's Role in BRI Implementation (No. 1)" (blue book), which is the first blue book in China to systematically introduce the city's participation in the implementation of

BRI. The blue book analyses Shanghai's role in BRI from various aspects including national characteristics, fields, data and cases. The book of this year, which is the second report of this series, continues with the structure of the first blue book and is divided into six parts—the main report, thematic report, regional report, data reports, case analysis and chronicle of events. Compared with book No. 1, book No. 2 has been modified significantly in research on specific regions and fields. Starting with Shanghai's new practice in building open economy, blue book No. 2 studies new measures and progress as well as the problems of existing practice.

In the main report, the author analyzes the evolution of external economic environment that China faces in the context of new trend of globalization and argues that China will face increasing challenges brought by techno-nationalism and tariff barrier. Author proposes that institutional openness will be a major way for China to adapt to new trend of globalization and the set-up of Lin-gang special area will be an important means for China to launch institutional openness and implement experimental policies, which will play a new role of guiding new real economy, facilitating industrial security and promoting the construction of Shanghai's role as the "bridegehead" of BRI.

In the thematic reports, two authors discuss the role of Shanghai and its direction for policy innovation from two distinctive perspectives-Shanghai's construction of Scientific and Technological Innovation Center with Global Influence and Entrepreneurship for BRI. The report believes that Shanghai's construction of International Scientific and Technological Innovation Center has a tremendous positive impact in leading its construction as the bridgehead of BRI, which nowadays has entered a stage of plan refinement, optimization of division of labor and strengthening of effectiveness. The construction of Scientific and Technological Innovation Center will become the new momentum for Shanghai to better serve BRI. What's more, the report also analyzes entrepreneurship's influencing mechanism on BRI from the perspective of market behavior. The author thinks that Shanghai should explore the essence of entrepreneurship in its city spirit and set the best example to form the echoing of value, which will combine the interests and ideas.

In the regional reports, five reports give analysis based on three geographical regions and two categories of economies. Differing from the book No. 1, which completely focuses on the geographical division, the book No. 2 has combined the both geographical and thematic analysis in this section.

This section firstly chooses three representative geographical regions ASEAN, Africa and Central Eastern Europe, which correspond to three different stages of Shanghai's role in implementing BRI. ASEAN exemplifies the high-quality cooperation. ASEAN is the region involved in BRI that has the closest economic connection with Shanghai and the Shanghai-ASEAN relation has evolved from a mere material exchange to institutional cooperation. Africa exemplifies BRI's global public goods provision and its surplus of developmental dividends. The report has put Shanghai and Africa's BRI cooperation in the context of UN 2030 developmental goals and the background of regional industrialization, which proposes that Shanghai should become a catalyst for Africa's regional industrialization. Central Eastern Europe is land of potential for Shanghai's role in BRI. The blue book points out that despite the current preliminary stage of cooperation between Shanghai and Central Eastern Europe, Central Eastern Europe has tremendous room for development in its scientific innovation and infrastructure investment, which may turn itself a new hotspot for Shanghai's role in implementing BRI.

The blue book also studies the cooperation of Shanghai with newly emerging economies and developed economies from the perspective of national developmental stage. As Chinese military strategist Sun Zi said in his art of war, to use the regular army rightly to fight, and to win with an army the enemy never expected. To balance the emerging economies and developed economies is the key developmental direction for the high-quality development of BRI. Emerging economies cover a wide range of developing countries which are the key partners that BRI needs to engage, which reflects the co-building outlook of international development and sustainable developmental idea of balanced world economy. Developed economies are important international partners for BRI, which will be critical carrier for the promotion of open economy development.

Following the innovative practice of blue book No. 1, the blue book No. 2 also have specific sections for data analysis and case study. Through the cooperation with relevant government departments including local development and reform committee, committee of commerce, and foreign affairs office, the research team of SIIS has integrated multiple data sources and standardize different measuring scale. Now it has built a preliminary data system. The blue book No. 2 adopts the method of visualization and presents the analytical results to reader in a more direct and acceptable way. The section of case study is finished by Shanghai branch of Xinhua News Agency. Based on numerous news resources, they have selected several highly representative cases and made deep field researches. All cases in the blue book strive to restore the original situation of business projects and contained many first-hand information of relevant corporation's investment, which have high values for future investment and academic research.

Since 2020, the global pandemic of Covid-19 has shocked the world with a cruel fact that the world is not the same as it used to be any more. The great transformation that has been seen in almost century has formally stepped into the front stage of human world as a form of "viral black swan." What will the world be like after this pandemic? The answer to this question is not a prediction for the inevitable future, but to propose of the direction of future endeavor. 2020 is the 7th year after the proposal of BRI, the year of building a moderately prosperous society in all respects and the year Shanghai finishes its initial stage of the construction of four centers. Facing the grand transformation, where should Shanghai go to break through the barriers? How can BRI optimize its overall arrangement and enhance its potential for sustainable development? How should we innovate the BRI research? The answers to these questions are not only related to the development of Shanghai and BRI, but also matter the national rejuvenation and world's future. The research team of the blue book No. 2 is actively conceiving the policy direction of "Belt and Road Initiative" for the construction of an open economy and high-quality development of Shanghai in the post-2020 era.

Contents

I　General Report

Abstract: Institutional openness will optimize the combination of productive factors and a key innovation for the enhancement of high quality development. Shanghai Lin-gang Special Area demonstrates the developmental concept of institutional openness and experimental economic policy. Under current situation, it is necessary to optimize and design from the perspective of institutional openness and study the reform area and direction of n Shanghai Lin-gang Special Area as the economic region with special assignment. Based on the function and duty of national strategy and Shanghai reform, the article explores the new position for Shanghai Lin-gang Special Area to serve Belt and Road Initiative to fulfill its "Bridgehead" function, which will exert positive impact in guiding the development of real economy and safeguarding the industry security. The article also studies the new path for open of capital market to guide the coordinative innovation of industry and integration of Yangtze Delta region. The safeguard of imported risks during openness and new duty to serve the financial security along BRI countries will also be covered in the research.

Keywords: Institutional openness; new zone of Shanghai FTZ; New Real Economy

Ⅱ Topical Reports

Abstract: From 2018 to 2019, the "Belt and Road" initiative continued to make steady progress in the ASEAN region. Due to the general slowdown in global economic growth, uncertainties in the process of globalization are increasing. Through the construction of "Belt and Road Initiative", the economic and trade cooperation between China and ASEAN countries has been further improved. Shanghai continues to participate deeply in the construction of "Belt and Road" Initiative, providing services for the promotion of local enterprises in the ASEAN region. In order to achieve this goal, Shanghai is establishing a closer cooperative relationship with Singapore, which is the most important country in the economic system of the ASEAN region. Shanghai is constantly trying to create a more effective cooperation mechanism, making use of the innovation of the cooperation model between Shanghai and Singapore to continuously release the potential of regional economic development and provide support for the construction of "Belt and Road" Initiative in ASEAN.

Keywords: Shanghai; ASEAN; Belt and Road Initiative; Singapore

Abstract: As the most developed region in China, Shanghai during its service for "Belt and Road" initiative, not only should pay attention to the meeting with global advanced standard and guiding the high quality development of "Belt and Road" Initiave, but also put emphasis on the formation of its own role as guiding benchmark which motivate the regional industrialization and sustainable development in developing regions, especially in Africa to consolidate the foundation of China's diplomacy. Since the proposal of Belt and Road Initiative, the trade and investment relation between Shanghai and Africa has maintained a stable and progressive relationship, which plays positive role in Africa's urgently needed field such as fuding and talents, which contributes to fulfillment of Africa Union's Agenda 2063 and UN 2030 Agenda. However, Shanghai still has a huge room to enhance compared with other provinces in China and the future emphasis should center on the clarification of strategic position and work routine and specification of action pan.

Keywords: Belt and Road Initiative; Shanghai; Africa; Industrialization; Sustainable Development

B. 4 Shanghai with Central and Eastern Europe: Towards Closer Trade and Economic Ties *Cao Jiahan* / 092

Abstract: As a transit hub connecting European and Asian markets, Central and Eastern Europe (CEE) has been playing a key role in China's Belt and Road Initiative (BRI). Since Greece joined the "16 +1" mechanism which was then upgraded into "17 + 1", cooperation between China and Central and Eastern European Countries (CEECs) on jointly promoting the BRI has entered into a new stage, with numerous achievements on the five pillars of policy coordination, infrastructure connectivity, unimpeded trade, financial integration and people-to-people bond. Over the past few years, Shanghai has made unique contributions in the BRI development in CEE, showing its strengths in the fields of trade and finance, scientific and technological innovation as well as people-to-people exchanges. Particularly, closer trade and economic ties are witnessed while huge potentials for cooperation can still be tapped between Shanghai and CEE countries. In the future, Shanghai needs to seize the invaluable opportunities of implementing national strategies, namely the three new major tasks and one platform, as well as developing "Five Centers" and "Four Brands", to enormously increase its urban functional level and core competitiveness and make itself a gateway of better serving the BRI development in CEE.

Keywords: Belt and Road Initiative; Central and Eastern Europe (CEE); Shanghai

Abstract: Despite the limited absolute number, developed economies' participation in Belt and Road Initiative is critical in the quality and contribution. During the course of Shanghai's participation in Belt and Road Initiative, the relation between Shanghai and Developed countries has a special asymmetric advantage. With the focus on this type of advantage, the report evaluates the background, contemporary situation and future prospect of the cooperation between Shanghai and Developed economies. The major findings of the report are that developed economies are becoming essential component of BRI development and Shanghai has favorable historical advantage and present foundation to cooperate with developed economies due to its economic structure and developmental foundation. In the future, Shanghai should strengthen its cooperation with developed economies in BRI and makes developed economies new parties for BRI initiative.

Keywords: Shanghai; Developed Economies; New Partners

Abstract: The collective rise of emerging economies is a key variable in the global economic system in the first 20 years of the 21st century. Many emerging economies with growing economic strength and increasing political and cultural influence constitute the key links for "Belt and Road" construction. In the "Belt and Road" system, Russia, India, Turkey and Saudi Arabia are the main representatives of emerging economies. They play important roles in the construction of "Belt and Road". As a "bridgehead" of "Belt and Road", Shanghai maintains close cooperative relations with Russia, India, Turkey, Saudi Arabia and other important emerging economies within the framework of "Belt and Road". Shanghai has made full use of its advantages in capital, technology and finance, and with the help of the bilateral and multilateral platforms built by the "Belt and Road", has made contributions to the further promotion of cooperation between China and emerging economies.

Keywords: Emerging Economies; Belt and Road Initiative

Ⅲ Special Reports

B. 7 Building Shanghai into A Global Science and Technology Innovation Center: New Momentum for Belt and Road

Cao Jiahan / 173

Abstract: As the general guidline for China's opening-up and international cooperation in the new era, the Belt and Road Initiative (BRI) can also be regarded as as China's exploratory attempt to achieve high-quality and sustainable rise in the future. Since the BRI has entered into the phase of high-quality development, the building of Shanghai Science and Technology Innovation (STI) Center is loaded with new tasks of further advancing the BRI. The three new major tasks assigned from the central government to Shanghai at the end of 2018 offer strategic opportunities for Shanghai to enormously increase its urban functional level and core competitiveness. They will also promote Shanghai's building into a gobal STI center that lays a solid foundation for high-quality development of the BRI. With detailed policy measures, optimized division systems and enhanced performance evaluation, Shanghai STI Center is equipped with new functions to better serve the development of the BRI. In the long run, Shanghai needs to focus its efforts on innnovation sourcing excellence, to make the building of a global STI center new momentum for Belt and Road.

Keywords: Belt and Road Initiative; Shanghai Science and Technology Innovation Center; High Quality Development

B. 8 Building Shanghai Mode of Belt and Road Initiative

Abstract: The logic of the Belt and Road is to transcend and turn the traditional world order composed of a center and its periphery, into "decentralized" one, in which the peripheral nodes are connected into a network. All previously marginalized countries are now becoming equal nodes (or signal centers) connecting and interacting with each other. Thus, they can enjoy unprecedented fairness and inclusiveness. The new and comprehensive opening-up of China will surround the construction of the BRI, linking the land and sea, making the East and West of China support each other. Shanghai is best equipped to become a testing ground for new opening-up policies and an excellent business incubator for the BRI. A common virtue of all excellent enterprises is a strong sense of entrepreneurship. After several years of development, the more mature BRI has been set new and higher standards, prioritizing systematic and multi-layer development. It will pay more equal attention to introducing businesses into China and sending Chinese firms abroad. Based on connecting infrastructure of those BRI countries, the initiative will lead to more institutional coordination. Therefore, Shanghai should try its best to meet such new requirements and make targeted efforts so that it can make breakthroughs in key fields and accumulate a number of convincing and successful cases, which together could form a Shanghai model for participants of the BRI.

Keywords: Belt and Road Initiative; Shanghai Model; Entrepreneurship

Ⅳ Data Report

Abstract: Regional Comparison is the key feature of data analysis section of this year's report. The major characteristic in this chapter is to compare the achievement of Beijing, Shanghai, Guangzhou in their serving for Belt and Road Initiative. Based on the evaluation of three cities' performance on trade connection, investment interaction, the data analysis of this year reveals that Shanghai is in the leading position in the service for BRI, but has not demonstrated its uniqueness and lagged behind other regions in some field. Following last year's feature, the data analysis this year also combine situation and impact analysis and continue to use model method to evaluate the contribution of Shanghai's participation in BRI to the development of countries along BRI. Based on this year's data, Shanghai's service in BRI has maintained a positive impact on the comprehensive development of countries along BRI.

Keywords: Belt and Road Initiative; Shanghai; Beijing; Guangzhou

Ⅴ Chronicle of Events

皮 书

智库报告的主要形式
同一主题智库报告的聚合

皮书定义

皮书是对中国与世界发展状况和热点问题进行年度监测，以专业的角度、专家的视野和实证研究方法，针对某一领域或区域现状与发展态势展开分析和预测，具备前沿性、原创性、实证性、连续性、时效性等特点的公开出版物，由一系列权威研究报告组成。

皮书作者

皮书系列报告作者以国内外一流研究机构、知名高校等重点智库的研究人员为主，多为相关领域一流专家学者，他们的观点代表了当下学界对中国与世界的现实和未来最高水平的解读与分析。截至 2020 年，皮书研创机构有近千家，报告作者累计超过 7 万人。

皮书荣誉

皮书系列已成为社会科学文献出版社的著名图书品牌和中国社会科学院的知名学术品牌。2016 年皮书系列正式列入“十三五”国家重点出版规划项目；2013~2020 年，重点皮书列入中国社会科学院承担的国家哲学社会科学创新工程项目。

中国皮书网

（网址：www.pishu.cn）

发布皮书研创资讯，传播皮书精彩内容
引领皮书出版潮流，打造皮书服务平台

栏目设置

◆ **关于皮书**

何谓皮书、皮书分类、皮书大事记、
皮书荣誉、皮书出版第一人、皮书编辑部

◆ **最新资讯**

通知公告、新闻动态、媒体聚焦、
网站专题、视频直播、下载专区

◆ **皮书研创**

皮书规范、皮书选题、皮书出版、
皮书研究、研创团队

◆ **皮书评奖评价**

指标体系、皮书评价、皮书评奖

◆ **互动专区**

皮书说、社科数托邦、皮书微博、留言板

所获荣誉

◆ 2008 年、2011 年、2014 年，中国皮书网均在全国新闻出版业网站荣誉评选中获得“最具商业价值网站”称号；

◆ 2012 年，获得“出版业网站百强”称号。

网库合一

2014年，中国皮书网与皮书数据库端口合一，实现资源共享。

权威报告·一手数据·特色资源

皮书数据库

ANNUAL REPORT(YEARBOOK) DATABASE

分析解读当下中国发展变迁的高端智库平台

所获荣誉

- 2019年，入围国家新闻出版署数字出版精品遴选推荐计划项目
- 2016年，入选“‘十三五’国家重点电子出版物出版规划骨干工程”
- 2015年，荣获“搜索中国正能量 点赞2015”“创新中国科技创新奖”
- 2013年，荣获“中国出版政府奖·网络出版物奖”提名奖
- 连续多年荣获中国数字出版博览会“数字出版·优秀品牌”奖

成为会员

通过网址www.pishu.com.cn访问皮书数据库网站或下载皮书数据库APP，进行手机号码验证或邮箱验证即可成为皮书数据库会员。

会员福利

- 已注册用户购书后可免费获赠100元皮书数据库充值卡。刮开充值卡涂层获取充值密码，登录并进入“会员中心”—“在线充值”—“充值卡充值”，充值成功即可购买和查看数据库内容。
- 会员福利最终解释权归社会科学文献出版社所有。

数据库服务热线：400-008-6695
数据库服务QQ：2475522410
数据库服务邮箱：database@ssap.cn
图书销售热线：010-59367070/7028
图书服务QQ：1265056568
图书服务邮箱：duzhe@ssap.cn

社会科学文献出版社 SOCIAL SCIENCES ACADEMIC PRESS (CHINA) 皮书系列
卡号：837881867149
密码：

中国社会发展数据库（下设 12 个子库）

整合国内外中国社会发展研究成果，汇聚独家统计数据、深度分析报告，涉及社会、人口、政治、教育、法律等 12 个领域，为了解中国社会发展动态、跟踪社会核心热点、分析社会发展趋势提供一站式资源搜索和数据服务。

中国经济发展数据库（下设 12 个子库）

围绕国内外中国经济发展主题研究报告、学术资讯、基础数据等资料构建，内容涵盖宏观经济、农业经济、工业经济、产业经济等 12 个重点经济领域，为实时掌控经济运行态势、把握经济发展规律、洞察经济形势、进行经济决策提供参考和依据。

中国行业发展数据库（下设 17 个子库）

以中国国民经济行业分类为依据，覆盖金融业、旅游、医疗卫生、交通运输、能源矿产等 100 多个行业，跟踪分析国民经济相关行业市场运行状况和政策导向，汇集行业发展前沿资讯，为投资、从业及各种经济决策提供理论基础和实践指导。

中国区域发展数据库（下设 6 个子库）

对中国特定区域内的经济、社会、文化等领域现状与发展情况进行深度分析和预测，研究层级至县及县以下行政区，涉及地区、区域经济体、城市、农村等不同维度，为地方经济社会宏观态势研究、发展经验研究、案例分析提供数据服务。

中国文化传媒数据库（下设 18 个子库）

汇聚文化传媒领域专家观点、热点资讯，梳理国内外中国文化发展相关学术研究成果、一手统计数据，涵盖文化产业、新闻传播、电影娱乐、文学艺术、群众文化等 18 个重点研究领域。为文化传媒研究提供相关数据、研究报告和综合分析服务。

世界经济与国际关系数据库（下设 6 个子库）

立足“皮书系列”世界经济、国际关系相关学术资源，整合世界经济、国际政治、世界文化与科技、全球性问题、国际组织与国际法、区域研究 6 大领域研究成果，为世界经济与国际关系研究提供全方位数据分析，为决策和形势研判提供参考。

法律声明